Erich Engler
mit Susanne van Hees

Getragen von Gnade

Widmung

Dieses Buch widme ich in Liebe meiner Frau Susanne.
Die beste Frau, die sich ein Ehemann wünschen kann –
voller Inspiration und tiefer Liebe zu Jesus.

Inhalt

Prolog

Wenn ich mich zurückerinnere an meine Schulzeit, bin ich besonders dankbar für einen Lehrer, den besten Lehrer, den ich je hatte. Er hieß Dieter. Ich war schon ein sehr spezielles Kind – »speziell normal«, wie ich es nenne. Einfach gesagt, ich war schulisch nicht gerade bei den Besten. Als ich dann in der Realschule war – heute Sekundarschule B –, zitierte mich mein Lehrer zu sich. Meine Knie schlotterten. Er saß mir gegenüber und sprach das aus, wovor ich solche Angst hatte: »Wenn du nicht in der nächsten Mathematikprüfung eine 4,5 (in der Schweiz ist 6 die beste Note) erzielst, kann ich dich nicht in der Realschule halten. Deine Qualifikationen sind nicht besonders und sie reichen eigentlich nicht einmal für die Realschule.«

Das saß. Mit dem Abstieg in die Oberschule vor Augen (in der Schweiz war dies damals die unterste Stufe), gab ich mir dann wirklich alle Mühe und schaffte gerade die 4,5. Meine ganze Schulzeit hindurch blieb es so: Ich musste mich immer durchkämpfen. Meine Fähigkeiten, meine schulischen Leistungen waren nicht besonders. Meine Qualifikationen, aus natürlicher Sicht, würden es mir nicht erlauben, all das zu tun, was ich heute tue. Aber das Entscheidende ist: Es geht nicht um meine oder deine Qualifikationen. Es geht um Jesu Qualifikationen. Er kann aus jedem etwas Großes und Wertvolles machen. Denn jede Person kann zu seinem Kind werden. Und in dem Moment ändert sich alles. Jetzt werden seine Fähigkeiten und seine Stärken in uns wirksam und qualifizieren uns zu Aufgaben, die jenseits dessen liegen, was wir uns selbst zutrauen.

Genau 30 Jahre nach meiner Erfahrung, fast in die Oberschule absteigen zu müssen, geschah etwas Himmlisches. Ich war ja gerade mal 12 Jahre alt, als mich mein Lehrer darauf aufmerksam machte, ich müsste diese 4,5 in Mathe wirklich erzielen. Das hat mich geprägt. Später wurde Studieren für mich zu einem ganz normalen Teil meines Lebens.

Machen wir einen Zeitsprung. Ich war 42 Jahre alt, als ich in meinem Büro saß und die Bibel studierte, wie ich es oft tue. Ich wollte mehr über Gnade erfahren und so vertiefte ich mich mit einigen Hilfsmitteln ins hebräische Alphabet. Als ich mir dann den fünften Buchstaben, das sogenannte hebräische »He« anschaute, das in der Bibel immer mit Gottes Gnade in Verbindung gebracht wird, war mir noch gar nicht bewusst, was der Herr in einem Moment mit mir anstellen würde. Verblüfft stellte ich fest, dass das griechische Epsilon (ebenfalls der fünfte Buchstabe im Alphabet) denselben numerischen Wert wie der hebräische Buchstabe aufweist – fünf. Das Zeichen »E« stammt nämlich ursprünglich vom gleichen phönizischen Buchstaben wie das hebräische »He« und wurde von den Griechen für den Vokal »E« verwendet. Im nächsten Moment ging der Himmel über mir auf: »E« korrespondiert voll und ganz mit »He« und bedeutet ebenfalls Gnade.

Die nächsten zehn Minuten konnte ich nur noch weinen, denn erst jetzt begriff ich, was für eine wunderschöne Berufung Gott durch die Initialen meines Vor- und Nachnamens auf mein Leben gelegt hatte. Dieser besondere Hinweis auf die biblischen Ursprungssprachen war sehr persönlich, da er bereits andeutete, dass das hebräische Alphabet und die Gematria (die Deutung der Zahlenwerte von Buchstaben in der Bibel) ein wichtiger Bestandteil meiner Predigten und Lehre sein würden. Doch keine Sorge, selbstverständlich werden auch Menschen mit anderen Initialen von Gottes Gnade vollkommen berührt.

In dieser so persönlichen Begegnung mit der Erkenntnis Gottes dachte ich: Dass Gott jemanden wie mich aussucht, der beinahe nur in der Oberschule gelandet wäre, jetzt das Evangelium der Gnade Gottes im deutschsprachigen Raum bekannt zu machen … Das bewegte mich zutiefst. In diesem Moment waren bei mir alle Zweifel, ob ich mit Gnade auf dem richtigen Weg sein würde, wie weggefegt. Tief in mir stellte sich die Ruhe Gottes ein, in der Gewissheit, dass diese Botschaft von *Grace* (engl. für Gnade) noch viele tausend Menschen erreichen und verwandeln würde. Ich verstand in diesem Moment, warum mein Herz so sehr für Gnade brennt. Ich verstand, warum ich nicht mehr von ihr loskomme und weshalb sie mein Leben und das meiner Familie, meiner lieben Frau Susanne und unseren Kindern Samuel und David, so grundlegend bestimmt.

Mein Gebet zu Gott ist es, seine Gnade immer in der möglichst reinsten Form verkünden zu können, damit du, lieber Leser und Freund, von Leistungsdruck, Verdammnis, Schuldgefühlen und Minderwertigkeit befreit werden und frei sein kannst.

Falls du dich unfähig fühlst oder denkst, du seist zu wenig ausgebildet, möchte ich dir sagen: Gerade diese Schwachheit ist deine Qualifikation für Gottes Reich.

Erich Engler
Pastor Grace Family Church
Bubikon/Schweiz

Kapitel 1

Geliebt – Bevorzugt – Getragen

Wie oft haben wir das Gleichnis vom verlorenen Schaf gehört. Diverse Auslegungen und Interpretationen legten dabei alle Verantwortung und Last auf die Pastoren. Sie sollten sich um Menschen kümmern, die Probleme mit der Kirche, der Gemeinde oder ihrem Christsein haben. Das übersteigt die Möglichkeiten und Kapazitäten von Menschen bei Weitem. Welchem Schaf soll ich jetzt gerade hinterherlaufen, wenn gleichzeitig 1000 Schafe in verschiedene Richtungen davonlaufen? Es gibt nur einen, der das kann – und das ist Jesus. Er geht jedem einzelnen nach, und das jenseits von zeitlichen Begrenzungen.

Dieses Gleichnis in Lukas 15 ist für mich der Ausgangspunkt für dieses Buch. Wir sehen hier, dass Jesus die offene Tür ist für jeden Menschen mit Fehlern und Unzulänglichkeiten – und keiner ist ohne Makel. Jesus ist nicht der Weg, der mit Regeln und Gesetzen gepflastert ist. Der schwierige Weg der Schriftgelehrten ist der Grund, warum Menschen sich vom Glauben distanzieren und keine persönliche Beziehung zu Jesus Christus entwickeln wollen oder können. Unsere Kirchen und Gemeinden sind voll von Geboten und Gesetzen und viele haben genug von diesem Weg, den sie nicht bewältigen können. Oftmals versuchen sie es auch gar nicht mehr. Das muss so nicht sein.

Jesus Christus ist keine Religion und auch keine Theologie. Er ist Gnade in Person. Deshalb verlässt er die 99 Schriftgelehrten, die sich selbst für gerecht halten, und geht jedem Einzelnen nach, der sich von Kirche, Gemeinde, Religion und Theologie abgewendet hat. Er findet ihn und nimmt ihn auf seine Schultern. Was für ein Bild! Jetzt jubelt der Himmel.

Die Frage »Und wo um Himmels Willen bleibt jetzt die Buße dieses Schafes? Wann geht es auf die Knie und sagt: ›Gott vergib mir!‹?« beschäftigte mich lange Zeit. Denn Buße war und ist doch ein zentrales Thema in den Kirchen und Gemeinden. Die Antwort auf diese Frage war dann so deutlich: Buße ist, wenn ich es zulasse, dass Jesus Christus mich tragen darf.

All die falschen Vorstellungen vom Umgang mit Sünde, Buße und dem Bund des Gesetzes hat Jesus aufgehoben. Es wird Zeit, dass sich jeder von Jesus Christus finden und auf seinen Schultern tragen lässt.

Seit einigen Jahren erlebe nicht nur ich Gottes dauerhafte Gunst – ein Getragen-Werden, das Segen mit sich bringt –, sondern auch viele andere erfahren sie täglich. Umgangssprachlich wird Gnade bisher eher als »Glück« bezeichnet. Der Begriff Glück ist jedoch ein viel zu eng gefasster Ausdruck. Er limitiert unsere Vorstellungskraft. Das Entscheidende fehlt dabei.

Zu gut, um wahr zu sein?

Ist Gottes Gunst, seine Gnade, zu gut, um wahr zu sein? Ich kann mir nicht vorstellen, dass jemand es ablehnt, begünstigt zu werden. Ganz im Gegenteil, wir strecken uns danach aus. Wenn dir die Güte und Gnade Gottes nachjagen[1], heißt das, du erlebst Bevorzugung, Wohlwollen und Vorteile. Das ist ein das Normalmaß übersteigendes Einfühlungsvermögen und eine Zuwendung, die Innigkeit und Menschlichkeit, aber auch Nachsicht und Verständnis beinhaltet. Dann macht es so richtig Spaß, die alltäglichen Herausforderungen anzugehen. Dein Becher fließt über,[2] nicht nur mit ideellen, sondern auch mit materiellen Dingen. Der Becher ist nicht halb- und auch nicht randvoll, sondern überfließend. Das bedeutet, du hast mehr als genug. Kannst du dir diese Dimension vorstellen?

Frei von Ballast unbeschwert das Leben genießen und tiefe Liebe spüren, sie erleben und geben, das sind keine Träumereien. Gottes *Amazing Grace*, seine erstaunliche Gnade, wird für dich zur Wirklichkeit, wenn es nicht nur eine abstrakte Theologie oder ein religiöser Begriff bleibt. Denn Gnade und Wahrheit spiegeln sich in der Person Jesus Christus wider.[3] In dem Moment, in dem Gnade bzw. *Grace* – ich verwende gerne den englischen Ausdruck – für dich zur Person wird, ist dir Jesu Gegenwart in deinem Leben konstant bewusst. **Jesus Christus ist *Grace*, und *Grace* ist Jesus Christus.** Du bringst ihn in jede Situation deines Lebens hinein. Das verändert alles. Denn je mehr wir jemanden ergründen, ihn kennenlernen, umso vertrauter gehen wir miteinander um, unsere Beziehung intensiviert sich und wir verstehen den Anderen. Wir sind uns darüber im Klaren, dass uns durch das Entdecken und Begreifen von Jesus Christus mehr und mehr Gnade und Frieden zuteil werden.[4]

Warum schwierig, wenn es auch einfach geht?

Erstaunlicherweise blieb dieses himmlische Geschenk der Gnade bisher weitgehend unbeachtet. Manchmal fehlte die richtige Anweisung und von dem Geschenk wurde irgendwie Gebrauch gemacht, es aber nicht ergriffen und verstanden. Warum war das so? Die biblischen Gebote des Alten Testaments waren die Richtschnur – nicht nur für das Alltagsleben der Juden. Jeder kämpfte sich lieber durch Gebote und damit durch das Leben. Dies schien greifbarer und damit näher an der Realität zu sein. Später erhielten wir das Geschenk der Gnade in vollendeter Form ohne Ausnahme für jeden, der es annehmen wollte. Wieder wanderten viele in gewohnten Bahnen von Regeln und Gesetzen: »Wenn du das und das tust, dann wirst du dies oder jenes erhalten. Aber wehe, wenn du dich nicht so verhältst«. Die eine oder andere Erziehungsmethode hat darin ihren Ursprung. Schuldbewusstsein und Begriffe wie »Kollektivschuld« konnten sich dadurch in der Gesellschaft etablieren und reichen oft bis in die heutige Zeit hinein.

Zwischendurch wurde zwar viel über dieses vollkommene Geschenk der Gnade gesprochen und geschrieben – gehört es doch zum Christentum wie das Amen zum Gebet – und trotzdem blieb es eine abstrakte Angelegenheit, die einem eher wie ein Wunder vielleicht ab und zu widerfährt. Wirklich zu erleben, was es heißt, in allem begünstigt zu sein, davon konnte keine Rede sein. Viele erlebten und erleben auch heute noch Gnade aus einer sicheren Distanz. Ganz so, als würde das Geschenk in ihren Händen explodieren, falls sie es tatsächlich vertrauensvoll in Empfang nähmen, nach dem Motto: »Das ist zu gut, um wahr zu sein.«

Es scheint fast, als wäre es zu simpel für uns, darum übersehen wir es so leicht. Oder wir – geprägt durch unsere christliche Tradition – verpacken das Geschenk mit Bedingungen, die schwer zu erfüllen sind. Kein Wunder, dass manche einfach aufgeben und sich dahintreiben lassen, indem sie sich mit den Umständen arrangieren. Für den Einen oder Anderen ist es sicher nicht leicht, jahrhundertealte Traditionen kritisch zu reflektieren und ein neues Denken mit einer völlig anderen Perspektive zu übernehmen – aber dabei soll dieses Buch helfen.

Habe ich die richtige Brille auf?

Die christliche Lehre schuf über zwei Jahrtausende hinweg einen Blick durch die Brille der Sünde. Es entstand eine Kultur der Sündhaftigkeit. Jung und Alt sind mit dem Gedanken aufgewachsen, dass sie nur echte Christen sind, wenn sie beständig ihre Sünden bekennen. Verurteilung und Schuldgefühle waren und sind dabei an der Tagesordnung.

Worum geht es bei Gnade wirklich? Sie bedeutet die Freisetzung von einer Kultur des Schuldbewusstseins. Eine Freiheit, nach der sich jeder sehnt. Manche suchen sie in waghalsigen Abenteuern oder indem sie Gutes tun. Andere sehen ihre Freiheit in wechselnden Beziehungen oder finanzieller Sorglosigkeit. Du musst dir Freiheit hart erkämpfen oder sie zumindest verteidigen.

Nicht Sündenbewusstsein, sondern Christusbewusstsein!

Wir brauchen im Leben und in den Kirchen nicht ewiges Sündenbewusstsein, sondern ein klares, tief gehendes Christusbewusstsein. Jesus Christus war gehorsam, er hat seinen Auftrag vollendet. Deshalb sind wir von Gott freigesprochen – absolut frei von jeder Schuld.[5] Das Evangelium offenbart immer die Gerechtigkeit aus Glauben und nicht die Sündhaftigkeit der Menschen.

Offene Augen für Gnade

Mein Wunsch ist es, dass Gott dir die Augen für seine Gnade öffnet. Gehen wir doch kurz zurück zum Anfang, in den Garten Eden. Adam und Eva hatten alles, was sie zum Leben brauchten. Alle ihre Bedürfnisse waren gestillt – sie waren komplett versorgt. Trotzdem aßen sie von dem einen Baum, von dem sie nicht nehmen durften – es war der Baum der Erkenntnis von Gut und Böse. Nachdem sie davon genommen hatten, wurden ihnen die Augen geöffnet. Allerdings bedeutete das für sie nicht mehr Leben oder tiefere Einsicht von Gott, sondern sie erkannten vielmehr sich selbst. Sie sahen, dass sie nackt waren und als Folge davon fürchteten sie sich vor dem Schöpfer. Es wurden ihnen die Augen für das Gesetz aufgetan, für das dieser Baum bildhaft steht, denn das Gesetz ist die Erkenntnis von Gut und Böse. Stell dir vor: Gott schützte seine Menschen so sehr, dass er nicht einmal wollte, dass sie Böses auch nur im Ansatz erkennen sollten. Das Gesetz zeigt uns vor allem auf, was wir nicht schaffen und worin wir kläglich versagen werden – es zeigt uns sozusagen die böse Seite des Menschen. Umgekehrt offenbart das Gesetz uns Gottes Vollkommenheit und Reinheit, welche wir nie erreichen werden.

Im Lukasevangelium lesen wir davon, dass wieder zwei Menschen die Augen geöffnet wurden. Dieses Mal waren es zwei Jünger. Die Bibel nennt die beiden die Jünger von Emmaus.[6] Nachdem sie gehört hatten, wie Jesus ihnen die Schriften auslegte und sahen, wie er das Brot mit ihnen brach, öffneten sich ihre Augen – dieses Mal für Jesus und seine Gnade. Als sie ihn erkannten, brannte ihr Herz in ihnen. Jesus offenbarte den Jüngern nicht ihre Unvollkommenheit, sondern er zeigte ihnen, wer er ist und was er getan hat. Er erklärte ihnen, was in den Schriften über ihn geschrieben worden war, was sein Opfer bedeutet und dass jetzt die Vergebung aller Sünden gepredigt werden kann. Es ging also ausschließlich um Gnade; um nichts anderes – und dafür öffneten sich ihre Augen.

Was für einen Kontrast zeigen diese beiden Geschichten! Sind unsere Augen geöffnet für Furcht, Scham und Verdammnis, oder für die Offenbarung der Botschaft, dass uns alle Sünden vergeben sind? Wofür sind deine Augen geöffnet? Immer noch für das Gesetz, oder öffnen sich deine Augen langsam für Gottes Gnadenreichtum? Ich bete, dass deine Augen für eine Offenbarung der Botschaft der Vergebung der Sünden geöffnet werden.

Denn deine Gnade ist mir vor Augen. Und ich wandle in deiner Wahrheit. – Psalm 26,3

Gnade und Wahrheit werden als Einheit betrachtet. Sie sind ein und dasselbe. Die Wahrheit aus Gnade befreit jeden Menschen – ausnahmslos. Denn Gnade und Wahrheit kamen durch Jesus Christus. Seine Gnade ist die freisetzende Kraft, nach der Menschen und Religionen gestrebt und gesucht haben. Jesus sagte: »Ihr werdet die Wahrheit erkennen, und die Wahrheit wird euch frei machen!«[7] Wenn Gnade verkündet wird, dann öffnen sich deine Augen für die wahre Freiheit, nach der du dich seit Jahren oder Jahrzehnten gesehnt hast. Es gibt nichts Vergleichbares. Nichts kann Gnade ersetzen, sie ist einfach nur wahr! In dem Moment, wenn deine Augen dafür geöffnet werden, entzündet sich ein Feuer, das in deinem Herzen konstant brennen wird. Du darfst wissen: Wenn dieses Feuer brennt, dann ist es von Jesus entzündet und wird von ihm erhalten, denn Jesus ist immer mitten im Feuer.

Lass mich früh deine Gnade hören. Denn auf dich vertraue ich! Lass mich den Weg erkennen, auf dem ich gehen soll. Denn zu dir erhebe ich meine Seele.
– Psalm 143,8

Begünstigt und bevorzugt

Als Pastor mache ich mir oft Gedanken, was ich beitragen kann, damit es für jeden leichter wird, das gesamte Geschenk der Gunst anzunehmen. Wenn dieses Buch dazu beiträgt, dass deine Lebenseinstellung jeden Tag neu zeigt, wie reich beschenkt du bist, dann sehe ich den *Kingdom Lifestyle* (Lebensstil gemäß dem Reich Gottes) und bin dankbar. Es ist eine Herausforderung, in einer negativ geprägten Welt positiv zu bleiben. Wenn du aber weißt, wer du bist und welchen Status du hast, dann ist es einfach, bejahend und zuversichtlich zu denken und richtig zu handeln. Du bist begünstigt. Das heißt, du hast viel Gunst, im Sinne reichlicher Segnung und reichhaltiger Vermehrung[8] in allen Bereichen deines Lebens. So mancher fragt sich jetzt vielleicht: »Na ja, ich gehöre aber nicht zu den Begünstigten, ganz im Gegenteil.« Lass dich davon nicht beeinflussen. Werde dir bewusst, wer dich unterstützt und ermutigt.

Die Bibel sagt, durch das Werk Jesu Christi sind wir zur Gerechtigkeit Gottes geworden.[9] Der Herr warf all unsere Schuld auf ihn, damit wir Frieden hätten.[10] Jeder ist schuldig, egal ob er sich so fühlt oder nicht. Deshalb sind diese wichtigen Aussagen die Basis für vieles, was dein Leben lebenswert macht. Als unmittelbarer Adressat dieses einmaligen Werkes Jesu nutzt du alles, was damit verbunden ist und genießt es. Du kannst in eine Bereicherung eintreten, die nur einen Schritt von dir entfernt bereitliegt. Wie kann das aussehen? Dein Glaube löst den Schritt aus, damit du das Gnadengeschenk Gottes annehmen kannst.

Aber das ist nicht alles. Schauen wir weiter. Zu unserem royalen Lebensstil – und dazu kommen wir später noch ausführlich – gehört auch die Ge**recht**igkeit. Darin enthalten findest du das Wort *Recht*. Das bedeutet, seit dem Tag, an dem du Jesus Christus in dein Leben persönlich aufnahmst, hast du das **Recht** auf Gottes permanente Gunst. Völlig ohne Eigenleistung bist du begünstigt und hast ein Recht auf mehr als du dir vielleicht vorzustellen vermagst. Das bezieht sich nicht nur auf Materielles. Das Bewusstsein über deinen Status verleiht dir ungeahnten Auftrieb. Als Gerechter und durch Christus Begünstigter sagst du nie mehr »Ich bin schlecht«, sondern nur noch »Ich bin recht«. Jedes Mal, wenn du das Wort »Gerechtigkeit« hörst, denke an das mittlere Wort *Recht* und daran, dass du in den Augen Gottes recht bist. Dieser Status kann dir durch nichts und niemanden mehr weggenommen werden, worauf wir später noch näher eingehen werden. Durch Jesus Christus gehörst du in die große royale Familie und damit zu den Bevorzugten in allen Aspekten des Lebens.

Unbeschwert leben

Haben wir es überhaupt nötig, bevorzugt zu werden? Sind wir nicht gute Menschen, die viel Gutes tun, niemandem willentlich Schaden zufügen und meinen, vor Gott und der Welt gut dazustehen? Doch etwas Verunsicherung bleibt – darüber, wie weit mein eigenes Wirken reicht. Denn da gibt es ja auch noch Gottes Zorn – so haben wir es zumindest gelernt. Ja, wenn wir noch unter dem Bund des Gesetzes leben würden, träfe das zu. Denn der Mensch kann gar nicht anders, als das Gesetz zu übertreten und so zieht das Gesetz Gottes Zorn nach sich. Man kann aber kein Gesetz übertreten, wo es kein Gesetz gibt. Denn durch den Kreuzestod Jesu ist das Gesetz völlig aufgehoben worden.[11] Dagegen steht die sichere Erfüllung des göttlichen Ehrenwortes, eine Zusage mit Ewigkeitswert, dass wir begünstigt und bevorzugt sind und als Söhne und Töchter Gottes alle seine Rechte erhalten haben. Es ist ein Geschenk der Gnade. Ein Geschenk für jeden, der so glaubt, wie Abraham glaubte.[12]

Klingt das in deinen Ohren übertrieben? Oder liegt dir die Frage auf der Zunge: »Pastor, Jesus sagte doch, dass wir ja nicht meinen sollten, er sei gekommen, das Gesetz aufzulösen.[13] Wie kann es dann kein Gesetz mehr geben?« Darauf kann ich nur antworten: »Richtig, es stimmt absolut, dass Jesus das gesagt hat.« Allerdings gibt es einen großen Unterschied zwischen »Gesetz auflösen« und »Gesetz aufheben«. Am Kreuz wurde das Gesetz durch das vollendete Erlösungswerk Jesu für jeden gläubigen Christen erfüllt. Er hat uns losgekauft und in seine royale Familie Gottes mit aufgenommen.[14] Das heißt, das Gesetz ist außer Kraft gesetzt für alle, die zu seiner Familie gehören. Damit muss keiner mehr versuchen, es zu erfüllen – was sowieso nicht gelingt. Es geht nicht darum, im Versuch gefangen zu sein, die Gesetze selbst zu erfüllen, sondern darum, zu glauben, dass du für gerecht erklärt bist durch Christus.[15] Jesus hat das Gesetz für uns erfüllt. Damit ist es für jeden gläubigen Christen aufgehoben, außer Kraft gesetzt.[16]

Wir sind bevorzugt, nicht weil wir so gut sind oder einen so wertvollen Beitrag für die Gesellschaft leisten. Sondern einzig und allein, weil wir Gottes Geschenk, die unbegrenzte Gnade in Jesus Christus, annehmen und nicht abweisen. So gehören wir zur königlichen Familie. Gottes Zorn fiel ein für alle Mal auf den Einen, der für uns ans Kreuz ging – auf Jesus Christus. Markerschütternd schrie Jesus am Kreuz: »Eloi, Eloi, lama sabachthani?«[17] Er war zum ersten Mal getrennt von seinem Vater, den er in jenem Moment völlig distanziert als »Gott« ansprach. »Mein Gott, mein Gott, warum hast du mich verlassen?« In diesem Augenblick erlitt er die Schmerzen, die die Menschheit wegen all ihrer Schuld – die sie seit dem Sündenfall im Paradies auf sich geladen hat – hätte ertragen müssen.

Er durchlebte in dieser grauenvollen Stunde die volle Wucht von Gottes Zorn gegenüber dem rebellischen Verhalten der Menschen. Er, der völlig unbescholten, rein und gehorsam war und sicher wusste, von seinem Vater geliebt zu sein, erlebte diese Trennung und erlitt Qualen unvorstellbaren Ausmaßes.

Alles ist anders

Das Werk ist vollbracht! Christus hat mit diesem einen Opfer alle völlig und für immer von ihren Sünden befreit.[18] Niemand kann es rückgängig machen, verändern oder verbessern. Ein für alle Mal ist es erledigt. Genieße, dass du von königlicher Hand gefördert wirst. Ich weiß, damit tun wir uns ein wenig schwer. Nachdem bereits das Schulsystem auf Leistung ausgerichtet ist, du nichts bist, wenn du nichts geschafft hast in deinem Leben und nahezu die gesamte Gesellschaft sozusagen Betriebsamkeit in verschiedensten Bereichen atmet, kann man das fast nicht glauben. Dieser ansteckende Leistungsvirus hat sich bis in die Kreise gläubiger Christen verbreitet. Bisher war das Credo: »Wenn ich viel bete, das Wort Gottes auswendig lerne, fleißig in der Kirchengemeinde mithelfe und viel spende, dann wird Gott mich begünstigen.« Den Zugang zum Königreich Gottes – in dem jeder leben kann, wenn er sich dafür entscheidet – kann ich mir jedoch nicht erkaufen oder erarbeiten. Gott ist auch kein Bestellautomat und weder bestechlich noch manipulierbar.

Stell dir vor, du triffst die nötigen Vorbereitungen, um zum Beispiel deine Garage mit allem Werkzeug vollkommen neu zu ordnen. Das beinhaltet tagelanges Überlegen, Planen und Anschleppen von Teilen, die du brauchst. Am Tag X kommst du in die Garage und stellst zu deiner Überraschung fest, dass das Inventar der Garage bereits von jemand Anderem neu sortiert wurde. Eventuell ärgert dich das gewaltig, hattest du dir doch so viel Mühe gegeben mit der Vorarbeit. Du wolltest deinem Vater, der zu Besuch kommt, beweisen, wie gut du das kannst und hattest gehofft, dass er dir vielleicht das Geld für eine neue Bandsäge geben würde. Jetzt fällt der Lohn nicht mehr auf dich und dein Traum zerplatzt.

Bei einem genaueren Blick auf die neue Ordnung in deiner Garage stellst du fest, dass es sogar noch viel besser ist, als du es dir selbst vorgestellt hattest. Wow, damit wirst du so viel mehr erledigen können in wesentlich weniger Zeit! Als du in den Garten kommst, ruft dich dein Nachbar aufgeregt herbei. »Ich habe etwas für dich, komm!« Sprachlos stehst du mit ihm vor der offenen Garage und siehst *die* Bandsäge. Sie ist in Topzustand und hat viel Zubehör. »Sie gehört dir, ich schenke sie dir. Ich habe zwei davon.« Du bist der Begünstigte, obwohl du gar nichts dazu getan hast. Jetzt kannst du relaxen und einfach genießen. Denn du hast das Geschenk der überfließenden Gunst Gottes schlicht und ergreifend angenommen und erfährst es nun in der Realität.

Allerdings ist das kein Freibrief für Bequeme, die sagen: »Ach, sollen mal die anderen machen«, oder für Pessimisten, die sich lieber aus allem heraushalten, denn »es bringt ja sowieso nichts«. Ich sage es ganz deutlich: Wer nicht an Gottes Gunst glaubt und sich in ihr bewegt, kommt nicht weiter. Aber es hängt nicht von dir ab, ob du Gottes Gunst erhältst. Weder von deinem Aussehen noch von deinem Können, deinen Erfolgen oder deinem gesellschaftlichen Status. Entscheidend ist allein, ob du der Gnade Glauben schenkst und deinen Blick uneingeschränkt auf sie gerichtet hältst.

GSI Folge 1 – Der Polizist

Mit den »GSI-Folgen« sind wir *on the scene*, direkt mit dabei in den spannungsgeladenen Erlebnissen einiger Menschen, die Gnade ganz praktisch im Alltag erfahren haben. Wir leiten GSI von der Fernsehserie »CSI - Las Vegas« ab. Es ist sozusagen unsere »Grace Scene Investigation«, live vor Ort, mittendrin in den Schauplätzen des Lebens.

> *Voller Dankbarkeit möchte ich meine Geschichte mit euch teilen. Ich bin von Beruf Polizist. So kam es, dass ich eines Tages im August 2012 mit dem Streifenwagen unterwegs war. Ich fuhr am Freizeitpark im Bezirk Rio San Juan vorbei. Dort beobachtete ich eine Gruppe von Menschen, die meine Aufmerksamkeit weckten. Sie erzählten von Jesus und verschenkten CDs und DVDs.*
>
> *In diesem Augenblick hörte ich eine Stimme, die mir sagte: »Eines Tages wirst auch du Gottes Wort verkündigen.« Erst einmal war ich ziemlich überrascht. Doch dann ging ich auf eine der Personen zu und bekam eine DVD geschenkt. Danach fuhr ich zur Polizeistation. Im Büro angelangt fing ich an, diese Predigten von Pastor Erich Engler aus der Schweiz zu hören. Was ich hörte,*

begann mein Herz zu berühren und mein Denken zu verändern.

Am 15. August besuchte ich eine Gemeinde und nahm Jesus als meinen persönlichen Erlöser an. Im September wurde ich getauft.

Seitdem konnte ich im Laufe all der Monate das Wort Gottes tatsächlich an andere Menschen weitergeben und sie zu Jesus führen. In meiner Arbeit gab's auch Veränderungen. Ich wurde in einen viel höheren Rang versetzt. Heute bin ich ein hoher Offizier der Polizei. Gott belohnt reichlich! Leben im Überfluss ist echt möglich! »Wahrlich, wahrlich, ich sage euch, wer mein Wort hört und dem glaubt, der mich gesandt hat, der hat ewiges Leben und kommt nicht ins Gericht, sondern er ist vom Tode zum Leben hindurchgedrungen.«

Herzliche Grüße
Amilcar, El Salvador

Das Geschenk richtig auspacken

Wenn der Grund dafür aber die Gnade Gottes war, dann geschah es nicht aufgrund guter Taten, denn sonst wäre die Gnade Gottes nicht mehr das, was sie ist: ein freies, unverdientes Geschenk. – Römer 11,6 NLB

Das Geschenk der Gnade kam einzig und allein zu uns durch Jesus Christus und sein vollendetes Werk am Kreuz. Gottes Plan war und ist es immer, uns seine Gunst unaufhaltsam zuteil werden zu lassen. Manchmal braucht es Zeit, etwas anzunehmen und manchmal sind wir nicht zu Hause, um das Paket entgegenzunehmen. Oftmals schicken Menschen die Gnadenpakete Gottes direkt an den Absender zurück, weil sie nicht sicher sind, was darin zu finden ist. Aber es gibt immer einen Zeitpunkt, um mit dem Königsweg zu beginnen.

Unverdiente und bedingungslose Gunst!

Es gibt ja immer wieder Geschenke, mit denen wir nicht wirklich etwas anfangen können. Ein paar Hinweise zur Art des Geschenks sind dann schon hilfreich. Schauen wir uns zusammen die göttlich inspirierten Hinweise zur *Gnade* an und erweitern wir unsere Perspektive. Gottes Gnade ist in erster Linie IMMER unverdiente Gunst. Einige Prediger stellen Gnade als göttliche *Befähigung* dar, um für Gott Dinge erledigen zu können. Diese Lehre nennt sich »Empowerment« und verwässert Gottes Gnade in erheblichem Maße. Diese Definition von Gnade legt den Schwerpunkt wieder darauf, was du tun musst oder leisten kannst, nachdem du diese Befähigung empfangen hast. In diesem Fall wird Gnade nicht so ausgepackt, wie es sein soll.

Jedes Mal, wenn du Gnade hörst, denke an Jesu unverdiente Gunst für dich und niemals an Befähigung. Gnade bringt natürlich göttliches Vermögen hervor, aber im Kern und im Wesen ist sie immer Jesu liebliche, bedingungslose und unverdiente Gunst. Da wir in einer Leistungskultur leben, sind wir der Meinung, dass wir uns Erfolg und Glück verdienen müssten. Die Einen bleiben stehen bei der Vergänglichkeit des Glücks, das sie sich erarbeitet haben und das daher meist nur für einen kurzen Moment aufblitzt. Andere suchen den Segen Gottes und wollen dabei erfolgreich sein, sich diesen zu verdienen. Das Denkmuster, »Wenn ich ein guter und fleißiger Mensch bin, komme ich in den Himmel«, hat sich tief eingegraben. Die größte Angst dabei ist, plötzlich alles wieder zu verlieren, ohne Segen auskommen zu müssen.

> *Aber es verhält sich mit der Gnadengabe nicht wie mit der Übertretung. Denn wenn durch die Übertretung des Einen die Vielen gestorben sind, wieviel mehr ist die Gnade Gottes und das Gnadengeschenk durch den einen Menschen Jesus Christus in überströmendem Maß zu den Vielen gekommen. – Römer 5,15*

Was wäre aber, wenn das bei Gottes Gunst überhaupt nicht möglich ist? Paulus erklärt uns, dass die Gnade Gottes in überströmendem Maß – also stetig und fortwährend – zu dir und mir kommt. Gnade ist kein kleines Rinnsal, sondern ein weit über die menschliche Vorstellungskraft hinausreichender, überströmender Fluss an Zuwendung. Ich bin mir sicher, keiner hat etwas dagegen, wenn ihm unverdiente Gunst, göttliche Fähigkeiten und Vergebung auf Schritt und Tritt folgen, ohne Unterlass und ohne Ende. Viele Besucher unserer Gemeinde, der Grace Family Church hier in der Schweiz, machen regelmäßig diese Erfahrung. Auch die Berichte unserer Zuhörer der Onlinepredigten in unserer *Internetkirche.com* bekräftigen die Realität dieser überströmenden Gnade Gottes.

Der Scheck reicht bis ans Lebensende

Geh darauf ein und packe das Geschenk aus, das dein himmlischer Vater für dich bereithält. Bei mir hat sich alles verändert, als ich realisierte, dass *Grace* eine Person ist, nicht eine Theologie. Und diese Person, Jesus Christus, hat den Weg für mich frei gemacht, damit Gunst, Güte und Gnade mich einholen und mir ein Leben lang auf Schritt und Tritt folgen können.

Stell dir vor, du hast Schulden in Höhe von 10.000 Euro. Für dich und deine Familie ist das eine sehr belastende Situation. Jetzt machst du dich auf zu deinem Vater und gut, wie er ist, sagt er: »Okay, selbstverständlich helfe ich dir, dafür bin ich ja da.« Sofort stellt er dir einen Scheck aus. Dankbar nimmst du den Scheck entgegen und bringst ihn gleich zu deiner Bank. Du tilgst damit deine Schulden. Verwundert bemerkst du das staunende und strahlende Gesicht der Bankangestellten. Ein Blick auf den Einzahlungsbeleg lässt dann auch dein Herz vor Freude schneller rasen. Der Scheck war nicht über 10.000 Euro ausgestellt, sondern weit darüber hinaus – über eine Summe von 100 Millionen Euro, weit mehr, als du je verbrauchen könntest! Eine Summe, die dir absolute Freiheit von finanziellen Nöten schenkt. Keine Schulden mehr – für den Rest deines Lebens. Die Schuld ist absolut getilgt.

Jesus Christus ist diese »Überbezahlung« unserer Schuld. Im alten Bund dagegen hatten die Menschen gerade genug, um sozusagen die Zinsen der Schuld zu tilgen. Der Hohepriester ging jedes Jahr zu einer bestimmten Zeit in das Allerheiligste, um Sühne zu leisten – in unserem Beispiel, die Zinsen für die Schuld zu zahlen. Das ist nicht zu verwechseln mit Tilgung der Schuld. Der Hohepriester konnte lediglich Abgeltung leisten für die begangenen Sünden des Volkes mit dem Opferritual, das er durchführte. Ein Jahr später wiederholte sich das Ganze. Sie wussten, dass sich dieser Kreislauf der Schuld nicht aus eigener Kraft durchbrechen ließ. Die Schuldenlast blieb Jahr für Jahr auf ihnen. Durch diese jährlichen Rituale wurden sie immer wieder aufs Neue daran erinnert, dass es für sie unter dem alten Bund, unter dem sie lebten, keine ewige Erlösung geben konnte.[19] Es fehlte etwas Entscheidendes: Jesus Christus hatte sein Werk noch nicht vollbracht.

Dein persönliches Gnadenkonto

Vermutlich kann sich jeder gut vorstellen, was es bedeutet, wenn man ein gut gefülltes Konto hat und alle Schuld bezahlt ist. Es geht aber noch weiter. Denn überglücklich und absolut zufrieden ist jemand, dem der Herr die Sünde **nicht anrechnet**.[20] Die griechische Wortgruppe für »nicht anrechnen« steht grammatikalisch in der Zukunftsform und in Form einer doppelten Verneinung. Das heißt, dauerhaft und niemals, unter keinen Umständen wird er uns Schuld anrechnen, wie wir später noch genauer betrachten werden.

Wenn wir wissen, dass unsere Fehler uns nicht angerechnet werden, dann werden sie auch nicht auf unser Konto gebucht. Dieses Wort »anrechnen« ist wie eine Kontobuchung zu verstehen. Aber wichtig ist hier das Wort: ***nicht*** anrechnen. Es gibt kein Sündenkonto und dementsprechend wird hier auch nichts gebucht. Ganz im Gegenteil.

Hochbeglückt und begeistert kann derjenige sein, dem Gott keine Schulden anrechnet. Das verspricht er jedem, der im neuen Bund mit ihm lebt. König David sah diesen neuen Bund voraus. Er wusste, was es bedeutet, unter der Last von Fehlern und Sünde zu sein. Darum hatte er sich so sehr diesen Bund gewünscht, unter dem Übertretungen vergeben sind, Sünde zugedeckt ist und der Herr die Schuld nicht zurechnet.[21] Wir werden das in Kapitel 3 noch vertiefen, weil es so wichtig ist.

Unter dem Bund der Gnade ist unser Konto ein Gnadenkonto, auf dem so viel gutgeschrieben ist, dass es keiner von uns je aufbrauchen könnte. Der Zugang zu unserem Gnadenkonto ist der Glaube. Unser Ausweis ist der neue Bund der Gnade, und der Fingerabdruck Gottes darin setzt den Glauben frei, der uns den Zugang verschafft zu dem einzigartigen Gnadenkonto unseres Lebens.

Gunst jagt mir nach - Psalm 23

Wenn meine Schuld bis zum Ende meines Lebens komplett getilgt ist, Güte und Gnade mir mein Leben lang folgen werden und ich bei meinem himmlischen Vater zu Hause bin, dann ist das überdimensioniert und überproportioniert.[22] Jesus hat meine Schuld nicht nur für ein Jahr getilgt, sondern für das gesamte Leben. Jetzt verfolgt mich Gunst permanent. Wir können es wirklich glauben und voll dahinterstehen. Es ist nicht zu gut, um wahr zu sein. Schauen wir, was uns Gott in seinem Wort aufzeigen will. So manches wird dann verständlicher, wenn wir das Ursprungswort unter die Lupe nehmen.

Der Begriff »folgen« wurde an dieser Stelle im Hebräischen mit *radap* wiedergegeben und bedeutet »nachjagen, verfolgt werden«. Was verfolgt dich ein Leben lang? Gottes Gunst, seine Gnade wird dich verfolgen. Das Richtige verfolgt dich, jagt dir nach, natürlich ganz im positiven Sinne. Du wirst nie mehr sicher sein vor der Gunst Gottes. David hatte diese Offenbarung, als er den Psalm niederschrieb, obwohl er viele Abstürze in seinem Leben erfuhr und nicht alles richtig machte. Aber er verstand Gottes *häsäd*. Das ist der hebräische Begriff für Gnade, der in dieser Zeit verwendet wurde und der im Griechischen mit dem Wort *charis* nochmals einen Bedeutungszuwachs erfährt. Wir leiten allgemeinsprachlich das Wort »Charisma« davon ab und bezeichnen so fälschlicherweise Menschen mit Attraktivität und Präsenz. Manche Menschen haben es einfach, dieses berühmte gewisse Etwas, so sagt man. Studien wollen es erforschen, aber was genau macht es aus? Wann ist jemand charismatisch? Wann hat er diesen Reiz? Ist Charisma angeboren oder sogar erlernbar? Kaum betreten Leute mit Charisma einen Raum, ziehen sie Blicke auf sich und bekommen von allen Seiten Aufmerksamkeit. Der Begriff ist für so manchen schwer zu fassen, weil er etwas sehr Abstraktes beschreibt, eine Aura, eine Ausstrahlung. »Das möchte ich auch haben«, denken einige sofort und besuchen dann Kurse, in denen es darum geht, den eigenen Selbstwert aufzupolieren – und schon sind wir wieder beim eigenen Tun und Handeln.

Deshalb ist unsere Vorstellung darüber verzerrt und entspricht nicht der ursprünglichen Bedeutung des Begriffes. *Charis* beschreibt in Wirklichkeit eine Gnade, die völlig unverdient zu jedem kommt, der sie ohne eigenes Hinzutun einfach als Geschenk annimmt – Charisma ist somit weder erlernbar noch angeboren, sondern geschenkt. Alle, die an Jesus glauben, haben Charisma im Sinne von Gunst.

Lass dich einholen von Gottes Gunst!

Häsäd beinhaltet neben Güte und Wohlwollen die liebende, unverdiente Zuwendung und Barmherzigkeit Gottes. Ein Mensch, der vollkommen in dieser Gnade durch das Leben geht, wirkt deshalb nicht nur charismatisch auf sein Umfeld. Der *Häsäd*-Mensch strahlt nicht nur etwas aus, sondern erlebt, lebt und verbreitet kontinuierlich und ohne Ende den Duft der Gunst, Güte und Barmherzigkeit. Bereits im Alten Testament ist 245-mal die Rede von *häsäd*. Das setzt sich im Neuen Testament mit dem griechischen Begriff *charis* 155-mal fort. Das allein zeigt die Wichtigkeit von Gnade in ihrer vollen Bedeutung für jeden Einzelnen.

Wenn dir unaufhörlich Gottes *häsäd* nachjagt, wird dir so viel geschenkt, dass du vielleicht gar nicht mehr weißt, wie und wo du es verteilen sollst. Lass dich einholen von Gottes Gunst und du wirst feststellen, dass Attraktivität und Präsenz einfach als Begleiter da sind, ohne dass du sie produzieren oder imitieren müsstest. Rein gar nichts kann zwischen dich und seine Gnade treten, auch keine Fehler oder Sünden deinerseits. Denn zwischen dir und Gott steht nicht mehr Schuld oder Versagen, sondern das Opferlamm Jesu. Gottes Gnade wird nicht müde oder lässt sich von dir abschütteln, sie jagt dir immer weiter nach.

Mose strahlte Gottes Güte aus

Warum sagen die Leute im Alten Testament manchmal »Ich will mich erfreuen an deinen Geboten, die ich liebe«[23], obwohl das pure Gesetz doch gar nicht so spaßig oder freudig ist? Der Psalmist konnte so schreiben, weil er Gottes Güte sah, die sich bereits im alten Bund zeigte. Das Volk Israel hätte gar nicht ohne Gottes Güte bestehen können; ein Zeitalter des Gesetzes ohne Gnade wäre gar nicht möglich gewesen. Schon das zweite Set der Zehn Gebote enthielt eine Mischung aus Gesetz und Gnade, weil Moses Gesicht, als er vom Berg stieg, leuchtete.[24] Die erste Ausgabe der Zehn Gebote, die Mose vorher erhalten hatte, wurde ohne dieses Leuchten vom Berg getragen – ein Bild dafür, dass die ersten Steintafeln zu 100 % Gesetz waren und 0 % Gnade enthielten.[25]

Als Mose also bei diesem ersten Mal vom Berg Sinai herunterkam, sah er das Volk wie die Indianer um ein Lagerfeuer herumtanzen – in dem Fall um das goldene Kalb. Als er das sah, zerschlug er im Zorn den ersten Satz der Steintafeln mit den Zehn Geboten. Danach sagte der Herr: »Ich will den aus meinem Buch tilgen, der gegen mich sündigt!«[26] Das hätte das Ende des Volkes Israel bedeutet. Pastor Joseph Prince aus Singapur sagt in seinem Buch *Zur Herrschaft bestimmt:* »Das Gesetz ist ein unbeugbarer und unflexibler Standard. Es kann keine Kompromisse schließen. Wenn du versagst, kann es keine Gnade erweisen. Wenn es das tut, ist es nicht länger das Gesetz.«[27] Doch der Herr hatte Erbarmen und demonstrierte ihnen sein Wohlwollen. Denn als Mose wieder zum Herrn hinaufstieg und um Vergebung bat, gab er ihm einen zweiten Satz Steintafeln.

Dann geschah jedoch auf dem Berg etwas ganz Anderes als beim ersten Mal. Der Herr samt seiner kompletten Herrlichkeit der Gnade und Güte zog an Mose, der sich in einer Felskluft verbergen musste, vorüber.[28] Nach dieser Erfahrung stieg Mose mit dem neuen Satz an Zehn Geboten vom Berg. Dieses Mal allerdings erleuchtet mit Gottes Güte und Barmherzigkeit für sein Volk. Von nun an hatte das Volk die Möglichkeit zu opfern, wenn es verfehlte: Das reine Gesetz wurde also vermischt mit seiner Gnade. Ohne diese Vermischung hätte Israel das Zeitalter des Gesetzes niemals überleben können. Paulus beschreibt es wie folgt: »und nicht wie Mose, der eine Decke auf sein Angesicht legte, damit die Kinder Israels nicht auf das Ende dessen sähen, was weggetan werden sollte.«[29] Das Gesetz vermischt mit Gnade, das dem Volk Israel das Überleben im Zeitalter des Gesetzes zusicherte, wurde an einem bestimmten Tag weggetan. Es war der Tag, als Christus am Kreuz hing und mit lauter Stimme rief: »Es ist vollbracht!«[30], und damit alle, die an ihn glauben, zur Gerechtigkeit Gottes machte.

Jesus antwortet mit Gottes Güte

Lass uns in diesem Zusammenhang noch die Geschichte der Ehebrecherin betrachten.[31] Darin finden wir einige Parallelen zu den Erlebnissen von Mose, als er zweimal auf dem Berg war.

In der Geschichte mit der Ehebrecherin ging Jesus früh am Morgen wieder in den Tempel und lehrte das Volk. Es ist übrigens immer gut, wenn wir uns am Morgen kurz Zeit mit Jesus nehmen, beispielsweise durch eine Tagesandacht. Das braucht nicht lange zu sein; einige Minuten zu den Füßen Jesu reichen schon aus, um gestärkt in den Tag zu gehen. Mitten in seiner Predigt im Tempel brachten die Schriftgelehrten und Pharisäer eine Frau zu ihm, die beim Ehebruch ergriffen – sozusagen auf frischer Tat ertappt worden war. Sie forderten Jesus heraus, indem sie ihm die Frage stellten, was sie mit einer Ehebrecherin tun sollten. War die Frau schuldig? Absolut, sie hatte gesündigt und war schuldig. Nicht nur vor dem Gesetz, auch moralisch gesehen ist Ehebruch kein Kavaliersdelikt, sondern eine sehr unschöne und üble Sache. Anstatt die Frau nach dem Gesetz Moses zu verurteilen, das verlangte, sie zu Tode zu steinigen, erwies Jesus ihr Güte und Barmherzigkeit. Wie kam diese Gnade zustande?

Die Pharisäer drängten ihn und fragten: Im Gesetz aber hat uns Mose geboten, dass solche gesteinigt werden sollen. Was sagst du? Jetzt geschah etwas Interessantes! Jesus beugte sich nieder und schrieb mit dem Finger auf die Erde. Wir müssen verstehen, dass dies nicht Erde im herkömmlichen Sinne war, sondern eine staubige Erdschicht auf dem harten Steinboden des jüdischen Tempels. Jesus schrieb also mit **seinem Finger** auf den Steinboden des Tempels – ein Bild für das Gesetz. Erinnerst du dich an Mose? Er kam vom Berg mit den zwei Steintafeln des Gesetzes. Hier siehst du Parallelen. Was schrieb Jesus auf die Erde? Wir wissen es nicht genau. Ich bin mir jedoch sicher, dass es das Gesetz war; vermutlich schrieb er die Zehn Gebote auf den staubigen Steinboden.

> *Und als er [Gott] mit Mose auf dem Berg Sinai zu Ende geredet hatte, gab er ihm die beiden Tafeln des Zeugnisses, Tafeln aus Stein, beschrieben mit dem* ***Finger Gottes****. – 2. Mose 31,18*

Jesus gab den Pharisäern keine Antwort. Deshalb fuhren sie fort, ihn zu befragen, und dann folgte seine äußerst erstaunliche Antwort: *»Wer unter euch ohne Sünde ist, werfe den ersten Stein.«* Danach *bückte* er sich ein zweites Mal und schrieb wieder auf die Erde. Wir erinnern uns an den Propheten Jesaja, der sagte, dass Jesus wegen unserer Übertretungen und Missetaten von Gott geschlagen und niedergebeugt wurde.[32] Weil Jesus sich bückte, wurden wir gerettet. Wow! Was schrieb Jesus das zweite Mal auf den Boden? Wir sind nicht sicher, doch hier könnte eine Antwort sein: *»Herr, du Hoffnung Israels! Alle, die dich verlassen, müssen zuschanden werden! Ja, die, welche von mir weichen, werden auf die Erde geschrieben werden; denn sie haben den Herrn verlassen, die Quelle lebendigen Wassers!«*[33] Nachdem sie die Antwort Jesu hörten und vermutlich ihre eigenen Namen auf dem Steinboden geschrieben sahen, gingen sie – von ihrem Gewissen überführt – einer nach dem anderen hinaus, vom Ältesten bis zum Geringsten.

Siehst du die Parallelen zu Mose? Er war zweimal auf dem Berg, Jesus schrieb zweimal mit dem Finger auf den Boden. Das erste Mal brachte Mose das pure Gesetz – Jesus schrieb das Gesetz auf den Boden. Beim zweiten Satz Steintafeln waren die Güte und Barmherzigkeit Gottes im Spiel. Dieser neue Satz an Steintafeln gründet sich nun auf den gesetzlichen Sühne- und

Opferritualen, welche die vorübergehende Vergebung der Sünden für das Volk Israel erwirkten. Jesu zweite Antwort bezieht sich darauf. Jesus sagte nicht: »Frau, deine Sünden sind dir vergeben.« Er sagte: »So verdamme ich dich auch nicht. Geh hin und sündige nicht mehr.«

Da Jesus das Gesetz nicht brechen konnte, musste er eine Antwort gemäß dem Gesetz geben. Auf der anderen Seite offenbart er die neue, kommende Gnade. Dies geschieht noch auf der Basis der alttestamentlichen Opferrituale, die wiederum ein Bild von seinem eigenen Opfer darstellen. Mit einem Unterschied: Sein Opfer ist nicht mehr temporär (vorübergehend), sondern endgültig, und zwar von dem Tag an, an dem Jesus »Es ist vollbracht!« rufen wird.

Nachdem wir sein Opfer empfangen haben, gibt es keine Verdammnis und keine Verurteilung mehr für irgendjemanden. Die Schriftgelehrten und Pharisäer stellten Sünde in die Mitte des Gottesdienstes.[34] Auch heute stellen leider noch viele Prediger die Sünden ihrer Gemeinde anstatt Jesus ins Zentrum ihrer Gottesdienste. Sicherlich hatten einige der Pharisäer bereits Steine in ihren Händen. Wenn jedoch Jesus im Zentrum steht, kann man keine Steine mehr werfen, selbst wenn man es versucht. *»Da hoben sie Steine auf, um sie auf ihn zu werfen. Jesus aber verbarg sich und ging zum Tempel hinaus, mitten durch sie hindurch, und entkam so.«*[35] Das achte Kapitel des Johannesevangeliums beginnt beinahe mit einer Steinigung und endet mit ihrer Vereitelung. Hört endlich auf, Steine werfen zu wollen, der Herr redet doch so klar zu uns. Lasst uns aufhören, dieser wunderbaren Botschaft der Gnade Steine nachzuwerfen und falsche Etiketten wie »übertriebene Gnade« oder »ungesunde Gnade« anhängen zu wollen. Wenn Jesus in der Mitte ist, kann gar nicht übertrieben werden, im Gegenteil: Jesus bringt die Freiheit zu den Menschen in der Gemeinde und zwar so, dass Menschen wirklich frei werden.[36]

GSI Folge 2 – Gestillte Sehnsucht

Liebe Geschwister in der Schweiz,

lieber Pastor Erich,

seit einiger Zeit höre ich eure Predigten und bin jedes Mal so gesegnet mit Freude, Frieden und einem »Gefühl« der Befreiung. Wow, wow! Auch die Predigt über die Geschichte mit Esther ist einfach gigantisch. Nie zuvor habe ich das so gesehen – und ich bin schon einige Jahre Christ und lese/meditiere Gottes Wort. Ich gebe zu, zu Beginn meines »Glaubenslebens« war ich zufrieden mit meiner kleinen Welt. Jedoch, im Laufe der Jahre, hatte ich eine, fast möchte ich sagen »innere Unruhe« oder »Erwartung« nach mehr. Jedoch erst in den letzten zwei Jahren habe ich eine regelrechte Sehnsucht nach der Wahrheit über Gott und die Welt und wer ich überhaupt bin usw. entwickelt.

Danke, danke für diese Predigten. Sie stillen diese Sehnsucht – wecken aber auch noch mehr. Es ist so… eigentlich gibt es keine Worte dafür, wie dankbar ich dafür bin. »Unser Gott ist einfach so gut!!!«

Ich habe in und an meinem Leben viele Wunder erlebt. Dank sei Gott!

Alle Ehre unserem Herrn Jesus Christus, unserem Vater und Gott. Dank sei dem Heiligen Geist für die Führung und Leitung unseres Lebens. Danke auch von ganzem Herzen dem Team der Internetkirche für alles. Dieser Dienst ist wirklich eine große Ermutigung und Erbauung. Danke.

Christine, Deutschland

Du bist gerecht … gemacht!

Und es verhält sich mit dem ***Geschenk*** *nicht so, wie mit dem, was durch den einen kam, der sündigte [Adam]. Denn das Urteil führt aus der einen Übertretung zur Verurteilung;* ***die Gnadengabe [Jesus Christus] aber führt aus vielen Übertretungen zur Rechtfertigung.*** *Denn, wenn infolge der Übertretung des einen der Tod zur Herrschaft kam durch den einen,* ***wie viel mehr werden die, welche den Überfluss der Gnade und das Geschenk der Gerechtigkeit empfangen, im Leben herrschen durch den Einen, Jesus Christus.*** *Also: wie nun durch die Übertretung des Einen die Verurteilung für alle Menschen kam,* ***so kommt auch durch die Gerechtigkeit des Einen für alle Menschen die Rechtfertigung, die Leben gibt.*** *Denn gleichwie durch Ungehorsam des einen Menschen die Vielen zu Sündern gemacht worden sind, so werden auch durch den Gehorsam des Einen die Vielen zu Gerechten gemacht.*
– Römer 5,16-19

Hier spricht Paulus vom Sündenfall, der Übertretung durch Adam und Eva. Diese Sünde brachte Tod und Verurteilung mit sich. Paulus vergleicht die Sünde Adams mit der Gnadengabe des Herrn Jesus Christus, die zur Rechtfertigung führt. Durch Adam kam der geistliche Tod, die Verurteilung zu den Menschen. Das bedeutet, Menschen trennten sich von der Gemeinschaft Gottes. Heute geschieht das bei Vielen bewusst. Sie verlassen sich lieber auf sich selbst als auf Gottes Wirken in ihrem Leben. Das ist verständlich. Aber wie viel schwerer ist es, führend zu sein auf einem

Gebiet, voranzugehen und den Weg für andere zu weisen, wenn das alles aus eigener Kraft geschehen soll. Zu schnell kommt man an seine Grenzen oder verausgabt sich ganz und gar. Auch der Abenteurer geht voran und andere machen es ihm nach. Der Adrenalin-Kick motiviert, die Lust an Neuem setzt Kräfte frei. Immer gewagtere Wege werden beschritten, Grenzen neu definiert. Ein aktuelles Beispiel ist der erste Stratosphärensprung des Extremsportlers Felix Baumgartner. Der Hype ist groß. Doch was geschieht in einem und mit einem, wenn die eigene Kraft nicht mehr ausreicht, einen solchen Hype zu erzielen? Fest steht: Weder Lebensumstände noch Älterwerden können uns beherrschen, wenn wir alles lenken, dirigieren und verwalten lassen von dem Einen, Jesus Christus.

»Aber was ist, wenn ich nicht alles richtig mache und sündige?« Das Wort Sünde wird schnell in den Mund genommen. »Dann verliere ich doch diese Gunst.« Wie sehr lassen wir uns von der Leistungskultur in unserer Gesellschaft prägen und wie sehr sind wir auf unsere eigenen Möglichkeiten fixiert. Paulus zeigt uns im Römerbrief Kapitel 3 auf, dass wir alle gesündigt haben und alle die Rechtfertigung aus Glauben brauchen. Aber hier ist der Punkt, der uns von sehr viel selbst auferlegter Last befreit. Wir sind **zu Sündern gemacht worden**. Das bedeutet, wir wurden nicht Sünder, weil wir gesündigt haben, sondern weil ein Mensch, Adam, ungehorsam war und sündigte[37]. Das ist eine erstaunliche Aussage, die wir nur mit unserem Herzen verstehen können. Ein Zustand, den Antoine de Saint-Exupéry in seinem Buch »Der kleine Prinz« auf einzigartige Weise beschrieb, als er sagte: »Man sieht nur mit dem Herzen gut.« In unserem Kopf sind so viele Bilder von Tatsünden verankert. Sobald wir etwas Falsches tun – und das beginnt schon bei Gedanken wie »So ein Auto, Haus, so eine Frau, wie mein Nachbar hat, hätte ich auch gerne ...« –, empfinden wir ein Schuldgefühl. Wir wissen, gemäß den Zehn Geboten, darf man das nicht tun, darf man jenes nicht berühren und darf man dort nicht hinschauen. Nicht immer bewusst, aber doch unterschwellig läuft dieser Prozess des Sich-schuldig-Fühlens ab und setzt sein zerstörerisches Gift frei.

Warum dürfen du und ich diese unverdiente Gunst Gottes in unserem Leben erfahren? Weil wir gerecht sind vor Gott. Gerechtigkeit geht mit der Gnade Hand in Hand.[38] Sie gehören zusammen. Lange Zeit hatte ich das »Konzept« von Gerechtigkeit nicht wirklich verstanden, bis ich das Gesamtbild erkannte. Gehen wir zusammen auf Entdeckungsreise.

Für uns ist wichtig zu wissen und zu verstehen: Das Wort Gottes beschreibt hier im Römerbrief nicht die Tatsünde, sondern die **Natur der Sünde**. Wir sind einzig und allein durch Adams Übertretung zu einem Sünder gemacht worden. Die Folge davon ist, dass wir sündigen – deshalb brauchen wir alle Gottes Vergebung, seine unverdiente Gunst und göttliche Fähigkeiten für ein sinnerfülltes Leben.

Was ist größer und mächtiger als die Sünde? Ganz eindeutig die Gnade – und sie kam in überströmendem Maß zu uns, »den Vielen«[39]. Der Überfluss an Gnade und das Geschenk der Gerechtigkeit sind uns zuteil geworden, damit wir im Leben vorangehen und führend sein können und das mit Leichtigkeit, ohne Mühsal. Damit wir es richtig verstehen: Gnade ist nicht bloß irgendeine verborgene Kraft, die uns befähigt, einfach auszuhalten oder als Christen ausharren zu können.

Es ist so schade, aber tatsächlich gibt es heute noch Menschen, die Gnade lediglich als etwas betrachten, das einem hilft, durchzuhalten. Die Gnade würde demnach nur dazu dienen, etwas zu überwinden, sei es eine schwere Krankheit oder ein chronisches Leiden. Sie klammern dabei den Teil der unverdienten Gunst nahezu vollständig aus, denn diese würde ja auch die unverdiente Heilung unseres Körpers beinhalten. Ich nenne diese Art von Botschaft »generelle Gnade«. Das ist so, als ob du einen tollen neuen Sportwagen geschenkt bekommst und damit lediglich im ersten Gang durch die Gegend fährst. Vermutlich nicht nur für mich als leidenschaftlicher Opel GT-Turbo-Cabrio-Sportwagenfahrer schwer verständlich. Gottes Botschaft an uns ist allerdings eindeutig: Es geht um »radikale Gnade«. Sie beinhaltet alles. Daraus resultieren dann zusätzlich unterschiedliche Fähigkeiten. Jetzt fährst du deinen Sportwagen mit allen Gängen ziemlich flott.

GSI Folge 3 – Erlöst vom Fluch der Mühe

Lieber Pastor Engler,

ich habe mir gerade die Predigt »Erlöst vom Fluch der Mühe« angehört. Sooooooo ermutigend!!!

Ich wünsche Ihnen weiterhin großen Freimut, die unlimitierte Gnade weiterzugeben! In meinem Umfeld, wo ich arbeite (Maßnahmenvollzug, Gefängnis) ist das »die Hoffnung«, die ich weitergeben will.

Der Herr segne Sie!!!

Liebe Grüße

Alwin G., Schweiz

Ohne Minderwertigkeit sein!

Ich will hier nicht übertreiben. Aber in den letzten Jahren habe ich viele Gottesdienste gehalten, auch im Reisedienst und auf Bibelschulen gelehrt und erfahren, welche Themen den Menschen viel bringen, was sie bewegt und verändert. Wenn du eine Offenbarung über die göttlich bestimmte Gerechtigkeit bekommst, dann wird sie vieles übertreffen, wovon du in deinem Leben schon einmal dachtest: »Wow, besser geht es nicht mehr.« Als ich verstanden hatte, was Gerechtigkeit wirklich bedeutet und der Begriff nicht mehr so abstrakt war, änderte sich nicht nur meine Tätigkeit als Pastor, die Art und Weise der Weitergabe von Gottes Wort, sondern vieles mehr in meinem Leben auf nachhaltige, unvergleichliche Art.

Jesus wurde für uns zur Sünde, damit wir durch die Verbindung mit ihm seine Gerechtigkeit bekommen, mit der wir vor Gott bestehen können.[40] Wenn diese Grundtheologie fehlt, bist du für den Rest deines Lebens im Nachteil. Sie entscheidet, ob ein christliches Leben sich wie die Hölle anfühlt oder wie der Himmel auf Erden. Wir konnten und können uns nicht selbst rechtfertigen vor Gott, aber wir können das Geschenk annehmen, das Jesus Christus uns angeboten hat und begeistert ein gutes, siegreiches, von Gnade und Gerechtigkeit erfülltes Leben führen.

Völlig akzeptiert – ohne Wenn und Aber!

Viele Probleme rühren daher, dass wir nicht wissen, wer wir wirklich sind. Es ist ein großer Mangel an Akzeptanz, Wertschätzung und Liebe, der zu dieser Verunsicherung führt. Mein Tipp: Frag dich nicht, werde ich von Menschen akzeptiert oder bin ich von Gott angenommen; liebt er mich, so wie ich bin? Nein, stelle die alles entscheidende Frage: »Hat Gott Christus akzeptiert?« In dem Moment, wo du diese Frage nicht auf dich bezogen, sondern auf Jesus Christus bezogen stellst, erkennst du die Antwort, spürst du es tief in deinem Herzen: Jesus Christus ist akzeptiert, angenommen. Er ist die Gerechtigkeit Gottes **und du mit ihm.**

Du bist akzeptiert, angenommen von Gott, durch Jesus Christus!

Nicht unser Verhalten oder Benehmen macht uns in Gottes Augen legitim. Der große Prophet Jesaja beschrieb seiner Zeit weit voraus, was die Kreuzigung und der Opfertod Jesu für uns einmal bedeuten würden. Darin kommt etwas vom Allergrößten zum Vorschein, das du je erfahren kannst. Viele suchen danach: Frieden, Ruhe und Sicherheit. Darin besteht die Gerechtigkeit Gottes, für die wir legitimiert sind durch das Werk von Jesus Christus. Nicht was wir tun, entscheidet darüber, ob wir angenommen oder gesegnet sind; wir sind angenommen und gesegnet durch das, **was Jesus getan hat.**

Diese Gerechtigkeit ist Gottes Gnadengeschenk an uns. Es ist etwas extrem Lebendiges, das wir verpassen, wenn wir diesen Begriff lediglich als theologische Aussage nehmen. Gerecht zu sein heißt, dass wir vor Gott stehen können, ohne jegliche Schuldgefühle oder Minderwertigkeit zu haben. Das hat Einfluss auf unser gesamtes Leben. Schauen wir uns an, was es für jeden ganz persönlich und praktisch bedeutet, zur Gerechtigkeit Gottes geworden zu sein. Du bist privilegiert und bevorzugt, mit großen Möglichkeiten, wie du schon weiter vorne erfahren hast. Dazu gehört, dass dir die Gerechtigkeit Gottes die **Rechtsgrundlage** für Gottes Gunst schafft. Jesus Christus ist um unserer Vergehen und Sünden willen verwundet worden. Er nahm die Strafe auf sich, damit wir Frieden hätten.[41] Das Werk der Gerechtigkeit, das Jesus

Christus vollbracht hat, wird Frieden bringen, und der Ertrag der Gerechtigkeit wird Ruhe und Sicherheit auf ewig sein.[42]

Jetzt fängt es an, sich langsam in deinem Herzen zu setzen: Es hängt nicht von dir ab! Denn Gott machte Christus, der nie gesündigt hat, zum Opfer für unsere Sünden, damit wir ohne die Natur der Sünde sein können. Wir können uns nicht selbst legitimieren, also für etwas das Recht erwirken. Niemand kann es sich verdienen oder erarbeiten. Nur der Glaube an Jesus Christus legitimiert uns als Empfänger von Gottes Gnade.[43] Das solltest du wissen: Wer Jesus Christus vertraut, wird die Vergebung, die er verkündigt hat, deutlich spüren. Unabhängigkeit und völlige Freiheit gehen damit einher. Es ist eine vollständige Amnestie und es gibt keine Schuldzuweisungen mehr. Du bist auf ewig legitimiert und akzeptiert.

Schluss mit Traurigkeit

Sofort tauchen bei dem einen oder anderen vielleicht Gedanken auf wie: »Aber was ist, wenn ich sündige?« Dank sei Gott für den unaufhörlich fließenden, reinigenden Wasserfall des Blutes Jesu. Seine Vergebung fließt permanent. Wir werden unaufhörlich von jeder Schuld gereinigt, wenn wir mit Jesus Christus verbunden sind. Gott betrachtet uns in Christus Jesus als seine Gerechtigkeit. Er sieht in uns nicht teilweise Gerechtigkeit und teilweise Sünde. Es gibt keine Vermischung. Jesus Christus ist ganz und gar gerechtfertigt und wir mit ihm. Er ist das göttliche Licht, und wenn wir mit ihm wandeln, haben wir Gemeinschaft miteinander und wandeln ebenfalls im Licht.[44] Die Traurigkeit, eine umfassende Finsternis durch Sünde, hat keinen Raum mehr. Dort, wo das Licht hinfällt, muss die Finsternis weichen.

Die Sünde kam durch einen einzigen Menschen in die Welt. Demnach war die Sünde schon da gewesen, lange bevor Gott durch Mose das Gesetz gab. Aber wo kein Gesetz ist, kann auch keine Schuld angerechnet werden.[45] Sünde bedeutet, dass Gottes Herrlichkeit im Leben nicht zum Ausdruck kommen kann. Eine hilflose Suche nach dem Sinn der eigenen Existenz beginnt. Davon ist keiner ausgenommen. Alle sündigen und verfehlen die Gerechtigkeit, die Gott entspricht.[46] Unter dem Gesetz fand sich in einem Menschen keine Spur von Gerechtigkeit und das mosaische Gesetz hatte nicht die Kraft, unsere Schuld wegzunehmen.[47] Keiner war gerecht vor Gott, denn alle hatten gesündigt.

Sünde bedeutet auch eine tiefe Traurigkeit, die sich wie ein Computervirus selbst verbreitet und Auswirkungen auf all unsere »Systeme« hat. Ein schlechtes Gefühl und Empfinden von etwas Dunklem gehören ebenfalls dazu. Der Virus wurde vor langer Zeit durch Adam gestartet. Wir müssen jetzt mit den nicht kontrollierbaren Veränderungen klarkommen. Wenn du dich irgendwo in deinem Leben noch mit Sünde identifizierst, wirst du immer eine Art von Minderwertigkeit mit dir herumschleppen.

Worin liegt der Schlüssel für dieses Dilemma? Du bist bedeckt von Jesus Christus, du bist in ihm. Im Alten Testament sehen wir, wie der sündige Mensch seine Hände auf das unschuldige Lamm legte; die ganze Sünde wurde dort hineintransferiert und man erhielt die gesamte Unschuld des Lammes. Jesus hat deine komplette Sünde auf sich genommen, damit du seine gesamte Gerechtigkeit empfangen kannst. Siehst du das Bild? Es ist, als hättest du neue Stammzellen transplantiert bekommen und alle krankhaften Leukämiezellen müssen weichen. Das Krankhafte wird gegen das Gesunde ausgetauscht. Du bist jetzt frei von den Krebszellen, die Stammzellen verbreiten sich in dir, verändern alles und du kannst ein völlig neues Leben beginnen. Wenn Gott – dein Arzt –

dich jetzt anschaut, findet er nichts mehr von diesen Krebszellen in dir. Er sieht nur sich selbst, denn du trägst ja seine Stammzellen in dir. In einem Menschen, der Jesus Christus ins Zentrum seines Lebens gesetzt hat, findet sich keine Spur mehr von Schuld und Sünde. Gott betrachtet ihn als die Gerechtigkeit Gottes in Christus Jesus, dem bis zu seinem Lebensende keine Sünde mehr angerechnet ist. Durch ihn ist uns ein für alle Mal vergeben.

Darauf kannst du dich verlassen!

»Kann ich mich darauf wirklich verlassen?«, fragst du dich. Ja! Schlicht und einfach, ja. Gott ist durch den neuen Bund eine Beziehung mit uns eingegangen. In diesem Bund der Gnade versichert uns Gott, dass er gegen unsere Ungerechtigkeit gnädig sein und an unsere Gesetzlosigkeiten nicht mehr gedenken wird.[48] Durch diesen Bund kommuniziert Gott mit uns und garantiert uns durch Jesus Christus ein Leben in Freiheit bis in alle Ewigkeit. Gott ist mit uns einen Pakt eingegangen, der mehr ist als nur ein Vertrag oder eine Vereinbarung zwischen zwei Parteien. Es ist eine bindende Zusicherung, die unumstößlich fest besteht, ein Bund, der mit Blut besiegelt ist.

Wir kennen Blutbündnisse schon seit Urzeiten. Der *Schnitt* (die wortwörtliche Bedeutung von »Bund« auf Hebräisch) und das fließende Blut der beiden Bündnispartner, das sich miteinander vermischt, macht sie symbolisch zu einem Blut, einem Leben. Keiner wird dem anderen etwas zuleide tun, denn er würde sich selbst dabei verletzen. Fehlt dem einen etwas, wird der andere es ihm geben, sonst würde er sich auch selbst schaden. Er kann gar nicht anders. Denn eine Liebesbeziehung ist geboren. Diese Art von Liebe ermutigt. Unser Bündnispartner geht mit uns überall hin. Er wird uns weder aufgeben noch uns verlassen.[49] Nichts kann ihn davon abhalten, diesen Bund mit uns einzuhalten. Weder menschliche Umstände noch Raum und Zeit. Unser Bündnispartner ist davon unbeeinflusst und steht zu seinem Wort. Einen besseren Wegbegleiter gibt es nicht.

Er versichert uns, dass er mein und dein Gott ist und uns physisch sowie mental stärkt, damit wir fest gegründet sind und uns die Stürme des Lebens nichts anhaben können. Er bestärkt uns, damit wir uns mutig und unerschütterlich durchsetzen können. Sein Beistand folgt uns unmittelbar auf dem Fuß, von uns untrennbar verschafft er uns Hilfe, meist indirekt, sodass wir es fälschlicherweise dem Glück, dem Zufall oder den Sternen zuschreiben. Dabei bleibt er unaufhörlich wachsam, bewahrt, hält und führt uns schnell, ohne jede Zeitverzögerung.[50]

Der Liebesroman der Bibel[51]

Die meisten kennen die Geschichte von Ruth im Wort Gottes. Es ist nicht irgendeine Erzählung. In diesen vier Kapiteln findet sich der Typos – das Abbild, ein Bild, ein Schatten – von Jesus und seinem Erlösungswerk. Wir begeben uns jetzt gemeinsam nach *Graceland*, wie ich es nenne, und erleben *Grace behind the scenes*, Gnade hinter den Kulissen.

Elimelech, was »Mein Gott ist König« bedeutet, seine Frau Naemi, »Meine Liebliche«, und ihre beiden Söhne verließen wegen einer Hungersnot Bethlehem und ließen sich im Gebiet Moab nieder. Zuerst starb der Mann von Naemi. Ihre Söhne heirateten zwei moabitische Frauen, obwohl sie nicht an denselben Gott glaubten, was damals noch ein Tabu war. Dann starben auch Naemis Söhne. Jetzt stand Naemi mit zwei Schwiegertöchtern, die vom völlig falschen Volk waren, allein da. Nicht nur Orpa, sondern auch Ruth hatte die falsche Nationalität, kam aus der falschen Familie, hatte nicht die richtige Vergangenheit. Im Alten Testament sind die Moabiter ein verfluchtes Volk. Aber weißt du was? Trotzdem finden wir Ruth im Stammbaum Jesu. Warum? Weil es nicht um Abstammung, Verhalten oder Tun geht, sondern darum, dem Gott nachzufolgen, der seinen einzigen Sohn für uns gab, damit wir von unserer Schuld erlöst sind.

Als Naemi sich auf den Heimweg machte, zurück in das Land Juda, schickte sie ihre beiden Schwiegertöchter heim zum Haus ihrer Mütter. Beide wollten aber lieber mit ihr gehen. Doch Naemi blieb hartnäckig. Unter Tränen verabschiedete sich dann Orpa und ging zurück. Jetzt aber geschah etwas ganz Wichtiges. Ruth hatte ihre Schwiegermutter Naemi so lieb gewonnen, dass sie an ihr hing – welche Schwiegermutter würde sich das nicht von ihrer Schwiegertochter wünschen …? Und dann sagte Ruth: »**Dein Gott ist mein Gott!**«[52] Was für eine Aussage. Sie war eine Heidin, eine Ungläubige, wie wir heute sagen würden, und doch nahm sie den Gott der Israeliten als ihren Gott an. Das ist typologisch ausgedrückt und bedeutet: Sie nimmt Gott als ihren Herrn an. Sie wird zu einem Kind Gottes.

Als Ruth das sagte, kam sie unter *Grace*! Ruth war nie unter dem Gesetz gewesen und war nicht so erzogen worden. Trotzdem kam sie zum Glauben und hatte auch sofort starken Glauben. Sie hatte keine Angst vor dem Tod und blieb standhaft – eine starke Charaktereigenschaft. Dagegen mochte Naemi *Mara* genannt werden, was »bitter« bedeutet. Sie war verbittert und glaubte, Gott mache es ihr bitter. Naemi übersah völlig, dass sie nicht »leer« war, wie sie behauptete. Ihr war nicht bewusst, dass sie die beste Schwiegertochter hatte. So wie *Mara* reden Menschen unter dem Gesetz: »Der Herr hat mich gedemütigt und mich betrübt.« Das

Gesetz macht Menschen bitter und betrübt. Sie wissen nicht, dass sie auch in schwierigen Zeiten Zugang zur Gnade haben, wenn sie sich ihrem himmlischen Vater zuwenden. Unter Gnade stehst du unter der konstanten Gunst Gottes, egal wie die Umstände sind. Diese typologische Geschichte von Ruth zeigt uns das Bild von uns Gläubigen, wie wir unter der Gunst Gottes stehen. Denn durch den Glauben haben wir auch Zugang erlangt zur Gnade, in der wir stehen.[53]

Gott liebt es, Menschen zu begegnen, deren Vergangenheit problematisch war. Er führt sie in etwas Neues hinein, in den Bereich der Bevorzugung. Gnade ist auch immer für die Zukunft, immer für das, was kommen wird. Gott gibt dir Perspektive, er gibt dir Zukunft und wird dir das Vergangene nicht vorhalten.

Beide Frauen haben eine typologische Bedeutung: Die eine, Naemi, ist ein Typos für Israel und das Gesetz. Später sehen wir noch einen weiteren Typos in ihrer Person. Unter dem Gesetz zeigt sich, sie hat kein Bewusstsein für Gunst. Deshalb war Naemi bzw. Mara so verbittert und wollte auch so genannt werden. Die andere, Ruth, ist voller Glauben, sie ist kühn und mutig. Ruth ist ein Bild für die Gemeinde und die Gläubigen, sie ist Heidin, keine Jüdin, und wird am Schluss von Boas geheiratet. Boas, der Blutsverwandte von Naemi, steht für Jesus. Durch Jesus haben wir Zugang zur Gnade.

Die Liebesgeschichte von Jesus und seiner Braut[54]

Ruth denkt Gnade, schaut nach Gnade, sucht Gnade. Ruth hat ihre Augen offen: »Wo kann ich Gnade finden?« Sie sagt: »Lass mich doch aufs Feld hinausgehen und Ähren auflesen **bei dem, in dessen Augen ich Gnade finde!**«[55] Ruth spricht Gunst aus und sie findet Gnade, denn sie geht zu dem Feld, das Boas gehört, einem Blutsverwandten.

Boas ist ein Typos für Jesus. Er ist der Familienlöser, der »Ent-Schuldiger«, wie es im jüdischen Recht üblich war. Typologisch gesehen leitet sich »Löser« von »Erlöser« ab. Ruth kommt jetzt in die Familie des Erlösers hinein, denn sie trifft auf Boas. In dem Moment, in dem wir Jesus treffen, gehören wir zur Familie Gottes. Ruth ist sehr fleißig, sie bleibt vom Morgen bis zum Abend. Sie ist innerlich ruhig und gelassen, aber äußerlich aktiv. Das ist ein Bild von *Grace* für uns: Wer unter der Gunst Gottes steht, ist leistungsfähig, engagiert und tüchtig, gleichzeitig bleibt er völlig relaxt.

Dann sagt Boas zu Ruth: »Du sollst auf keinen anderen Acker gehen, um aufzulesen; und begib dich auch nicht weg von hier, sondern halte dich da zu meinen Mägden.«[56] Ruth blieb in *Graceland*. Das ist ein weiterer Aspekt von Gottes Gnade: In ihrem Einzugsgebiet gibt es Schutz. Bleib auf dem Acker der Gnade, bleib unter dem Evangelium der Gnade und begebe dich nicht zurück ins Alte, ist hier die Botschaft an uns.

Die Liebesgeschichte von der Erlösung durch Jesus aber geht weiter. Was tut ein Liebender für seine Geliebte? Er behütet und beschützt sie. So auch Boas als Typos für Jesus, als er sie aufforderte, hinter denen herzugehen, die alles schneiden. Diese Schnitter, die vor Ruth hergingen, sind ein Bild für die Engel.[57] Sie bereiteten alles vor, sodass Ruth es nur noch auflesen musste und es für sich nutzen konnte.

Und sie sprach: Mein Herr, lass mich Gnade finden vor deinen Augen; denn du hast mich getröstet und deiner Magd freundlich zugesprochen, obwohl ich doch nicht [einmal] wie eine deiner Mägde bin!
Und zur Essenszeit sprach Boas zu ihr: Komm her und

iss von dem Brot und tunke deinen Bissen in den Essig! Und sie setzte sich neben die Schnitter. Er aber gab ihr geröstetes Korn, und sie aß und wurde satt und ließ übrig. Und als sie wieder aufstand, um Ähren aufzulesen, gebot Boas seinen Knechten und sprach: Lasst sie auch zwischen den Garben auflesen und tut ihr nichts zuleide! Und ihr sollt auch aus den [Ähren-]Bündeln etwas für sie herausziehen und es liegen lassen, damit sie es auflesen kann, und ihr sollt sie deswegen nicht schelten!
So las sie auf dem Feld bis zum Abend; und als sie ausgeklopft hatte, was sie aufgelesen hatte, war es etwa ein Epha Gerste. – Ruth 2,13-17

Die Engel erhalten von Jesus den Auftrag, uns ständig mit Segen und Gunst zu versorgen, ebenso wie Boas den Schnittern Befehl gab. Warum ist das so wichtig? Weil wir das »Heil« erben sollen. Heil heißt auf Griechisch *soteria* und bedeutet, dass uns Wohlergehen, Rettung, Bewahrung und Heilung gegeben wurde. Engel sind dienstbare Geister[58], ausgesandt für unseren Segen. Das lernen wir aus beiden Teilen der Bibel. Das Neue Testament ist im Alten verborgen und das Alte Testament wird durch das Neue real, lebendig und verständlich gemacht. Jesus ist unser geistlicher Boas.

Boas weiß, wie sich Ruth um ihre Schwiegermutter gekümmert hat und er spricht zum Herzen seiner Magd. Gnade spricht zu deinem Herzen – Gesetze und Gebote sprechen lediglich zu deinem Verstand. Wir lesen mehr und mehr von Gottes Gunst auf, wenn wir in *Graceland* bleiben. Dann kann Boas eingreifen und anordnen, was zu geschehen hat. Wenn Jesus eingreift, lesen wir Gunst auf, die andere uns zuarbeiten. Weder die Schnellen gewinnen den

Wettlauf, noch die Starken die Schlacht, auch nicht die Verständigen den Reichtum oder die Erfahrenen Gunst[59] – sondern diejenigen, die auf dem richtigen Ackerfeld stehen.

Zuhören begünstigt[60]

Wo spürst du die Auswirkungen der *Grace*-Botschaft zuallererst? In deiner Ehe. Eine Ehe unter Vorschriften, Geboten und Gesetzen bringt Stress und Unfrieden. Im persönlichen Gespräch mit Menschen und durch die Zeugnisse, die wir regelmäßig erhalten, hören wir viel darüber, wie sich die Ehe derjenigen, die Botschaften über *Grace* hören und diese unvergleichliche Gunst aufsaugen, verbessert hat. *Grace* bringt Ruhe in dein Leben hinein und ordnet dein Leben hin zu dieser Ruhe.

GSI Folge 4 – Ehe neu gestartet

> *Hi, lieber Pastor Erich Engler,*
>
> *seit du uns damals, als wir uns entschieden haben, unsere Ehe neu zu starten – die kurz vor dem AUS stand –, die Hände zum Segnen aufgelegt hast, ist so viel Gutes und Wunderbares bei uns geschehen. In diesen 1,5 Jahren haben wir uns so gut wie gar nicht gestritten, weil wir gelernt haben, nicht mehr gegeneinander zu rebellieren und uns auch neu zu akzeptieren. Unsere Beziehung ist so harmonisch und erfrischt, wie selten in den davor gelebten 20 Ehejahren! UNSER HERR macht alles neu, das bezeugen wir fröhlich und dankbar. Mehrere Dinge, die unsere Kinder betrafen,*

haben sich auf wunderbare Weise geklärt, als Gebetserhörungen.

Wir sind happy, dass wir in diese Gemeinde geführt wurden, wir wollen dem HERRN vertrauen, wachsen in Glauben und Vertrauen und mithelfen, den Menschen SEINE Liebe und Barmherzigkeit zu bringen. Halleluja, fröhlicher Lobpreis ist auch neu in unseren Alltag gekommen, sowie intensiveres Bibellesen, Gebetszeiten und Beten in neuen Zungen. Wir sind so beschenkt, das wollten wir an dieser Stelle einfach einmal sagen.

Horst & Gabi S., Deutschland

Das ist *Grace* – spürbar und sichtbar in den Beziehungen und Ehen der Menschen! Einer der Störfaktoren in der Ehe kann ja die Schwiegermutter sein. Die Klischees dazu kennen wir alle. Hier in der Geschichte von Ruth wird uns allerdings die Art von Schwiegermutter gezeigt, wie Gott sie sich vorstellt. Denn was tut Naemi, die Schwiegermutter von Ruth? Sie verschafft ihrer Schwiegertochter Ruhe. Menschen, die aus jahrelanger Gesetzlichkeit ausbrechen, finden in der Gnade Ruhe – Naemi ist ein wunderbares Bild davon (am Schluss dieses Liebesromans sehen wir dazu noch mehr). Zur Ruhe zu kommen ist so wichtig. Aus der Ruhe heraus entstehen weise Handlungen. Naemi gibt weise Ratschläge, die hin zu Jesus führen. Und die Schwiegertochter, ist sie zickig, eigenwillig und ablehnend? Nein, Ruth hört zu und sagt: »Alles, was du sagst, das will ich tun!«[61] Sie steht unter Gunst und muss sich nichts erkämpfen. Ihre Schwiegermutter sorgt für Ruhe und so kann sie gelassen ihren weisen Ratschlägen folgen. Ruth lag bis zum Morgen zu den Füßen Boas'. Das ist ein Ausdruck von Ruhe.

Ruth hatte eine wunderbare Erkenntnis über den »Löser«:

»So breite deine Flügel über deine Magd, denn du bist ja Löser!«[62] Halte dir das Bild vor Augen, wie Jesus als Erlöser seine Flügel über dich ausbreitet. »Er wird dich mit seinen Fittichen decken, und unter seinen Flügeln wirst du dich bergen; seine Treue ist Schirm und Schild.«[63] Und Boas zeigt noch eine Seite von Jesus, indem er zu Ruth und damit auch zu uns, der christlichen Gemeinde, sagt: »Fürchte dich nicht! Alles, was du wünschst, das will ich für dich tun.«[64] Das ist Gunst über alle Maßen. Ohne das Wissen über diese Gunst, könnten wir keinen Glauben haben. Wir würden niemals im Glauben bitten. Viele beten noch, »Herr, wenn es dein Wille ist …« Aber das ist kein Glaube. Stattdessen können wir mit einem konkreten Anliegen kommen, denn wir wissen, er will alles für mich tun, was ich wünsche.

Da das Buch Ruth typologisch zu verstehen ist, zeigt es uns auf, wie wir unter Gottes Gunst stehen. Eine der wichtigsten Fragen überhaupt, die auch du dir in diesem Zusammenhang jetzt vielleicht stellst, lautet: »Wie komme ich unter Gunst, wie erlebe ich diese Gnade ganz praktisch in meinem Leben?« Ganz einfach – **durch Zuhören**! Das ist der Weg, wie Gott unter dem neuen Bund wirkt. Durch das Hören der Verkündigung bist du errettet worden.[65] Je mehr Gnade du hörst, desto mehr Gunst wirst du erleben. Das wirkt sich nicht nur auf deine Ehe aus. Auch Ruth hörte zu, erlebte Gunst und wurde zur Braut. Das, was du hörst, beginnt sich körperlich, seelisch und geistig in dir festzusetzen und wird dann nach außen hin sichtbar.

Gunst heute[66]

Boas entfernte Ruths Armut, genauso wie Jesus im Neuen Testament unsere Armut wegnahm. Boas stellte Ruth alles zur Verfügung wie auch Jesus uns seinen Reichtum zur Verfügung stellt. Boas war Ruth gegenüber gnädig und Jesus begünstigt uns.[67]

Gnade ist Gunst – Gunst ist Bevorzugung!

Ruth fand Ruhe zu Boas' Füßen. Diese Ruhe tut auch unseren Ehen gut. Das ist das Herz von Gott: Eine Versorgung, die aus dem Ruhen in Gott kommt. Wir drehen es oftmals um. Wir ruhen nicht, bis wir die Sache ausgeführt haben. Aber wir dürfen in die Ruhe kommen – und Gott führt die Sache zu Ende.

Was ist nun Gnade eigentlich? Gnade ist Gunst! Und was ist Gunst? Gunst ist Bevorzugung!

Die zwei Löser

Jetzt nimmt die Geschichte um Ruth und Boas eine spannende Wende. Für einen Moment scheint es, als würde Boas Ruth nicht lösen können, denn plötzlich taucht ein zweiter Löser auf. Dabei ist interessant zu bemerken, dass der Name für diesen Blutsverwandten fehlt, denn Boas nennt ihn nur »Du soundso«. In Israel war es Brauch, der Reihenfolge nach lösen zu können. Würde also ein Löser im ersten Rang stehen, hätte er das erste Lösungsrecht. Kannst du es sehen? Das Gesetz war zuerst da, eigentlich im ersten Rang oder als erster Bund, erst danach kam der neue, zweite Bund der Gnade.

Denn wenn jener ***erste [Bund]*** *tadellos gewesen wäre,*
so wäre nicht Raum für einen ***zweiten*** *gesucht worden.*
– Hebräer 8,7

Herr Soundso ist also ein Bild für das Gesetz Moses. Ist dir aufgefallen, dass die Bibel diesen ersten Löser völlig unpersönlich anspricht? Es gibt keinen konkreten Namen für Regeln und Gebote. Man kann niemals sagen, wie lieblich das 6. Gebot (du sollst nicht töten) doch ist – aber man kann sagen, wie lieblich der Name Jesu ist, denn hinter dem Namen steht eine Person, keine Regeln oder Vorschriften.

The Big 10

Eine äußerst populäre Ansicht unter Christen über die Zehn Gebote besteht darin, dass die Bibel eigentlich gar nicht sagt »Du *sollst* nicht«, sondern dass Gott in Wirklichkeit meinte »Du *wirst* nicht«. Du *wirst* nicht ehebrechen, du *wirst* den Sabbat nicht entheiligen, etc. Es wird behauptet, dass auf diese Weise der Befehlscharakter von Gott entfällt und es dann einfacher ist, sich an die Regeln zu halten, da uns ein liebender Gott vor Konsequenzen beschützen möchte. Kennst du diese Lehre? »Du wirst nicht«, anstatt »Du sollst nicht«. Diese Art Auslegung der Zehn Gebote wird vor allem dann ins Feld geführt, wenn Leute nicht verstanden haben, dass wir gar nicht mehr unter diesen Geboten stehen. Man versucht damit zu zeigen, dass der Urtext nicht so hart und unerfüllbar scheint, doch genau hier liegt das Problem. Durch die »Du wirst nicht«-Lehre werden Menschen wieder ermutigt, sich auf Leistung zu stützen.

Vor allem, wenn man früher darin versagt hat, versucht man auf neuen Wegen die »Big 10« einzuhalten. Darum ist diese Ansicht in vielen christlichen Kreisen äußerst beliebt geworden. Oft wird das Ganze als freiheitsverheißende Weisheit Gottes angeboten. Es wird dann gesagt, wenn jemand Gott wirklich liebt, folgt er keinen anderen Göttern nach und es würde ihm nicht in den Sinn kommen, Ehebruch zu begehen. Genau hier wird es problematisch, denn wenn wir auch nur einen Augenblick lang falsche Fantasien haben, ist die Ehe bereits gebrochen[68] – da hilft dann die Veränderung von »Du sollst nicht« hin zu »Du wirst nicht« in keiner Weise.

Nimm dich in Acht vor solchen Interpretationen, denn sie schmälern Gottes Gnadengeschenk. Anstatt sich auf das zu konzentrieren, was Jesus am Kreuz vollbracht hat, legt dir diese Betrachtungsweise die ganze Last, das Gesetz doch irgendwie erfüllen zu können, wieder auf die eigenen Schultern. Die Gebote Gottes, egal wie man sie liest, sind für uns unerfüllbar. Wenn du dieser Lehre Glauben schenkst, wirst du wieder in den Strudel von Eigenleistung und Bemühung gezogen. Der Einzige, der Gottes Gebote gehalten hat, ist Christus.

Fallen gelassen

Zurück zu Boas und dem Löser aus dem Gesetz. Boas zeigt ihm nun, wenn er Naemi lösen will, müsse er auch Ruth lösen. Jetzt geschieht das Erstaunliche. Soundso macht einen Rückzieher, er lässt Naemi und Ruth fallen: »Ich kann es nicht für mich lösen, ohne mein eigenes Erbteil zu verderben! Löse du für dich, was ich lösen sollte; denn ich kann es nicht lösen.«[69] Erkennst du es? Das Gesetz mit Gnade vermischt, kann uns nicht erlösen. Ein vermischtes Evangelium bringt keine Ruhe und keinen Frieden ins Leben der Menschen. Ruth ist zudem eine Moabiterin, eine Heidin, also keine Jüdin. Das Gesetz Moses wurde den Heiden nie gegeben. Damit sind übrigens auch Schweizer, Deutsche, Österreicher, Franzosen, Chinesen, Amerikaner und viele mehr gemeint. Ruth kommt direkt unter die Erlösung Boas, ein Typos davon, dass wir Heiden aus den Nationen direkt unter Jesus kommen – ohne Umweg über das Gesetz, ohne Umweg über die Zehn Gebote, denn dieses Bündnis am Sinai ist uns Heiden niemals gegeben worden.

> *Denkt doch einmal zurück! ›Ihr wisst ja,‹ dass ihr wegen eurer nichtjüdischen Herkunft die »Unbeschnittenen« genannt werdet, und zwar von denen, die sich selbst als die »Beschnittenen« bezeichnen (dabei ist ihre Beschneidung etwas rein Äußerliches, ein menschlicher Eingriff an ihrem Körper). Wie stand es denn früher um euch? Früher hattet ihr keinerlei Beziehung zu Christus. Ihr hattet keinen Zugang zum israelitischen Bürgerrecht und* ***wart ausgeschlossen von den Bündnissen, die Gott mit seinem Volk eingegangen war; seine Zusagen galten ihnen und nicht euch****. Euer Leben in dieser Welt war ein Leben ohne Hoffnung, ein Leben ohne Gott. Doch das alles ist durch Jesus Christus Vergangenheit. Weil Christus sein Blut für euch vergossen hat, seid ihr jetzt nicht mehr fern von Gott, sondern habt das Vorrecht, in seiner Nähe zu sein.*
> *Ja, Christus selbst ist unser Frieden. Er hat die Zweiteilung überwunden und hat aus Juden und Nichtjuden eine Einheit gemacht. Er hat die Mauer niedergerissen, die zwischen ihnen stand, und hat ihre Feindschaft be-*

endet. ***Denn durch die Hingabe seines eigenen Lebens hat er das Gesetz mit seinen zahlreichen Geboten und Anordnungen außer Kraft gesetzt.*** *Sein Ziel war es, Juden und Nichtjuden durch die Verbindung mit ihm selbst zu einem neuen Menschen zu machen und auf diese Weise Frieden zu schaffen. Dadurch, dass er am Kreuz starb, hat er sowohl Juden als auch Nichtjuden mit Gott versöhnt und zu einem einzigen Leib, der Gemeinde, zusammengefügt; durch seinen eigenen Tod hat er die Feindschaft getötet. – Epheser 2,11-16 NGÜ*

Sag mir, weshalb lehren wir in unseren Kirchen noch ganze Predigtserien über die Zehn Gebote, wenn diese gar nicht für uns aufgeschrieben wurden? Sie richten doch bloß wieder einen Zaun der Feindschaft und Trennung zwischen uns auf. Lieber lasse ich durch die Verkündigung des Evangeliums Jesus in all der Lieblichkeit seiner Person und der Vollkommenheit seines Werkes sichtbar werden. Das ist die Vision der *Grace Family Church* und unser Dienst für den Leib Christi.

Erquickt und versorgt

Boas kauft nun Ruth und Naemi vor den Zeugen der Ältesten und dem ganzen Volk frei. Dann sagt er zu ihnen, dass sie Zeugen davon seien, wie er alles erworben habe, was Elimelech gehörte. Dieser Satz ist bedeutend, denn Boas spricht dies vor zehn Männern[70], ein Bild für das Gesetz und die Zehn Gebote. »Ich habe alles erworben«, ist ein weiterer Hinweis unseres Herrn, der das Gesetz erfüllt hat sowie Boas beide Frauen vollständig löste. Erinnere dich daran: Naemi ist ein Typos für das Gesetz, sie bricht aber auch dank ihrer

Schwiegertochter Ruth aus der Gesetzlichkeit aus. Ihre einst bittere Seele wird durch das »Erlösen« erquickt und sie wird im Alter komplett versorgt.[71] **Wann immer Menschen aus Gesetzlichkeit ausbrechen, erleben sie durch Gnade eine Erquickung und Versorgung, auf geistlicher wie auch auf natürlicher Ebene.**

So schließt dieser Roman mit dem Titel »Ruth« mit einem Happy End ab, und zwar für alle: den Mann, die Frau, die Schwiegermutter, ja sogar die Nachbarinnen, und es entspringt sogar ein Kind aus dieser Liebesromanze – Obed, der Großvater von König David. Solche Geschichten kann nur die Bibel schreiben!

Es gilt hier und jetzt

Gehen wir nochmals auf den Berg Sinai, wo Mose die Big 10 erhält. Dort kannten die Menschen nur einen Gott, der sich wegen ihrer Sünde von ihnen abwendete. Aber unter Gnade kommt Gott uns Menschen nahe. Das war auf dem Berg Sinai, wo Mose die Zehn Gebote empfing, nicht möglich. Stell dir vor, alles bebt ringsherum und Donnergrollen erschüttert die Luft, während Gott die Steintafeln mit den Zehn Geboten beschriftet. Mose wird von Gott in eine Felsenkluft gestellt. Die Hand Gottes ist über ihm. Jetzt geht Gott an ihm vorüber, seine Herrlichkeit zieht vorbei. Obwohl Mose ja eigentlich Gottes Güte erfährt, ist alles, was er sieht, nur Gottes Rücken – er sieht also einen Gott, der sich wegen der Sünde von seinen geliebten Menschen abwenden muss.[72]

Gott ist Gerechtigkeit pur. Er musste den zur Sünde gemachten Menschen den Rücken zukehren. Mose wäre auf der Stelle tot umgefallen, hätte er die im wahrsten Sinne des Wortes *atemberaubende* Herrlichkeit Gottes mit seinen Augen gesehen. Niemand konnte sich in der Zeit des Gesetzes Gott von Angesicht zu Angesicht nähern. Der alte Bund setzte hier trotz Gottes Güte klare Grenzen, was auch der Vorhang vor dem Allerheiligsten symbolisierte. Die gesamte Zeit, bis Jesus sein Werk vollendet hatte und der Vorhang des Allerheiligsten zerriss, wäre jeder Priester, der im falschen Moment das Allerheiligste betreten hätte um sich Gott zu nähern, auf der Stelle gestorben.

Die Reaktion der Menschen, als Mose vom Berg stieg, spiegelt das oben Beschriebene wider. Sie fürchteten sich vor seinem strahlenden Angesicht und wagten es nicht, sich ihm zu nahen.[73] Als Jesus hingegen vom Berg der Verklärung stieg, kam ihm eine große Menge entgegen.[74] *Grace* ist uns immer nahe, Vermischung von Gesetz und Gnade hingegen hinterlässt in uns ein unwohles und ängstliches Gefühl.

Seit dem Blutopfer von Jesus Christus ist das Allerheiligste für uns geöffnet. Gott sei Dank! Unter dem neuen Bund der Gnade sehen wir Gott von Angesicht zu Angesicht. Er wendet sich nicht von uns ab – er muss es nicht mehr – und wir können ihn unverhüllt, offen anschauen. Diese völlig neue Perspektive entdeckst du im Wort Gottes und erfährst sie in deinem Leben.

GSI Folge 5 – Achterbahn des Lebens

Ich wuchs in demütigenden Familienverhältnissen auf: Mein Vater war ein Alkoholiker, und wie Sie sich vorstellen können, hat er uns viel Leid in unterschiedlichsten Bereichen zugefügt. Als ich fünf Jahre alt war, wurde auch meine Mutter regelmäßig vor unseren Augen körperlich von ihm missbraucht. Ich war elf Jahre alt, als mein Vater starb. Bei seiner Beerdigung musste ich nicht einmal weinen.

Als ich achtzehn Jahre alt war, begann ich zu arbeiten. Heute bin ich fünfzig Jahre alt und vor fünf Jahren verlor ich alles; all meine Ersparnisse, für die ich dreißig Jahre lang so hart gearbeitet hatte. Jetzt weiß ich auch, dass ich verloren war. Während der letzten fünf Jahre hatte ich verschiedenste Probleme mit meiner Familie, mit meinen zwei Brüdern und zwei Schwestern, von denen ich die Jüngste bin. Früher war ich erfolgreich bei meiner Arbeit: Elf Jahre als Flight Attendant, zehn Jahre als Marketing-Direktorin für eine kolumbianisch-französische Firma und schließlich als Besitzerin von zwei Damen-Boutiquen. Doch dann verlor ich alles: Meine Firmen, meine Wohnung und mein Auto. Und ich weiß, wieso ich alles verlor: Ich traf eine schlechte Wahl und ich wusste es sogar. Von da an fühlte ich mich so weit weg von Gott. Mit dem Wissen, das ich durch die Internetkirche nun habe, ist mir klar, dass ich mich selber unter das Gesetz brachte. Daher bin ich die Einzige, die ich für das Ganze verantwortlich machen kann.

Als ich noch katholisch war und versuchte, die Bibel zu lesen, musste ich sie jedes Mal sofort wieder schließen, weil ich solche Angst vor Gott hatte.

Ich war nie glücklich mit der katholischen Kirche, weshalb ich von dort wegging. Doch von Zeit zu Zeit fühlte ich Gott in meinem Herzen. Eines Tages dann zog ich von Mexiko City nach Cuernavaca – eine kleine, hübsche Stadt. Neben der Autobahn gab es eine riesige Reklametafel, auf der stand: »Suche das Königreich Gottes«. Ich sagte mir, dass ich es suchen werde, und dass ich das Reich Gottes in meinem Leben haben möchte.

Vor zwei Monaten lernte ich eine Frau kennen, die mich zu einer christlichen Veranstaltung einlud. Sie sagte, es sei nur eine Predigt und sie wisse, dass ich es mögen werde. Also ging ich zu dieser Veranstaltung. Wir wurden über Gottes Gnade und den Grund, wieso Jesus Christus gekreuzigt wurde, gelehrt. Zu diesem Zeitpunkt trat ich in eine andere Dimension ein. Endlich trat ich in die Dimension von Gottes Königreich ein.

Anschließend lud mich der Pastor zu einer Konferenz mit dem Thema »Herrschen im Leben« in Chihuahua ein. Die Konferenz war so gewaltig und zeigte mir eine neue Art und Weise auf, wie man mit Gott sein kann. Seit dieser Konferenz suche ich nach diesem Wissen und ich weiß, dass es Gottes Wille ist, dass ich seine Liebe und Gnade erkenne. Halleluja! Doch jener Prediger befindet sich in Chihuahua und daher sehr weit entfernt von meiner Stadt. Auch der andere Pastor befindet sich ca. eine Stunde entfernt, weshalb es ohne Auto sehr schwierig ist, am Sonntagabend in die Kirche zu gehen. ***Doch Gott hat geniale Wege, um uns seine Gnade zu zeigen …***

Auf diese Weise habe ich schließlich Euch gefunden: Ich war auf Google und suchte nach »reinando en vida« (im Leben herrschen) und die Internetkirche (in der spanischen Version »Iglesia del Internet«) wurde mir angezeigt. Halleluja! Bereits mit der ersten Predigt, die ich mir von Euch anhörte, war es wie ein Wunder für mich. Gott hat Euch eine solche Gabe gegeben. Ich weiß, dass es Gott, Jesus und der Heilige Geist ist. Ich höre oder schaue fast jeden Tag zwei oder drei von den

Predigten. Ich möchte alles wissen, ich bin so durstig und hungrig nach seiner Liebe und Gnade.

Bevor dies geschah, war ich so voller Sorgen, dass ich nur schwer schlafen konnte, da ich in der Nacht voller Angst war. Doch vor zwei Wochen, als ich gerade am Duschen war, verließ mich dann ein dunkler Schatten. Seitdem bin ich geheilt und ich beginne, das Licht zu sehen. Gott sei Dank! Denn als ich achtzehn Jahre alt war, merkte ich eines Nachts im Schlaf, dass etwas über mich kam, das mich von Kopf bis Fuß lähmte. Ich fühlte dieses schwere Ding all die Jahre auf mir. Ich muss auch erwähnen, dass ich Schatten und Geister sah, doch jetzt habe ich Gott in mir und mit ihm kann ich alles besiegen! Heute schlafe ich wieder so friedlich wie ein Baby. Weil ich durch die Internetkirche verändert wurde, wollte ich schreiben. Bitte sagen Sie allen in der Kirche, dass Gott mich geheilt hat.

Meine besten Wünsche für Sie und alle meine Liebe und allen Dank für Ihre Bemühungen. Gott segne sie grandios. Ich schreibe dies mit Tränen der Dankbarkeit in meinen Augen.

Marina P., Mexiko

Geschenkt ist geschenkt – die Hauptklausel dieses neuen Bundes!

»Das hört sich alles viel zu schön an«, denkt der eine oder andere vielleicht, wenn er es nach rein menschlichen Maßstäben betrachtet. Aber was sagt die Bibel dazu: »Ich werde ihnen alles Unrecht vergeben und **werde nie mehr an ihre Sünden denken**.«[75] Nie mehr! Gott hat keine Datei von uns, in der er alles auflistet, was wir falsch machen und die er uns dann vorhält mit der Drohung, uns alles was wir haben, wieder wegzunehmen.

Für immer gültig:
ein für alle Mal frei von jeder Schuld!

Das Gesetz war nur ein Schattenbild der zukünftigen Möglichkeiten. Keinen Menschen des jüdischen Volkes konnten seine Jahr für Jahr vor Gott dargebrachten und immer wieder gleichen Opfer von Schuld befreien. Wenn es anders gewesen wäre, hätten sie doch schon längst aufgehört zu opfern und würden sich eines reinen Gewissens erfreuen – oder nicht? Diese jährlichen Opfer reinigten sie nicht, sondern sie deckten nur zu, und jedes Jahr an Jom Kippur wurden sie erneut an ihre Unvollkommenheit erinnert. Deshalb sprach Jesus Christus davon, er habe einen Leib bekommen, der die Opfer und Gaben ablöste, die das Gesetz vorgeschrieben und an denen sein himmlischer Vater keinen Gefallen gehabt hatte. Er kam, um Gottes Willen umzusetzen: die alte Ordnung aufzuheben und eine neue in Kraft zu setzen. Und weil Jesus Christus den Willen Gottes erfüllte und seinen eigenen Leib als Opfer dargebracht hat, sind wir jetzt **ein für alle Mal geheiligt**. Nach diesem einzigen Opfer, das er für die Sünden dargebracht hat und das für immer gilt, setzte er sich zur Rechten Gottes. Mit diesem Opfer hat er alle, die sich von ihm heiligen lassen, völlig und **für immer** von ihrer Schuld befreit.[76] Ein für alle Mal! Jesus muss nicht nochmals für uns sterben, wenn wir wieder einmal einen Fehltritt machen. Es gibt kein jährliches Opfer mehr. Jesus hat sich hingesetzt! Das Werk ist erledigt. In unserem Bündnisvertrag stehen die Klauseln: Es gilt für immer und ein für alle Mal – meine und deine Sünde wurde von ihm aufgehoben.[77]

Vergangene, gegenwärtige und zukünftige Sünden sind ausgelöscht. Aus menschlicher Sicht ist das in der gesamten Dimension fast nicht begreifbar. Wir neigen doch eher dazu, Fehler immer wieder auf den Tisch zu legen, anzuschauen, mit uns herumzuschleppen. Aber schauen wir einmal aus der zeitlosen Perspektive Gottes auf das einmalige Opfer Jesu. Als Jesus Christus vor circa 2000 Jahren gekreuzigt wurde, waren alle unsere Sünden noch in der Zukunft. Weder du noch ich haben damals gelebt. Wenn das Blut Jesu nur vergangene Sünden hätte reinigen können, müsste er permanent für jeden immer wieder neu sterben. Doch dem ist nicht so. Werde dir bewusst, was dieses »Ein für alle Mal« für dich bedeutet. In dem Moment, als du das Opfer Jesu in deinem Leben angenommen hast, wurden alle deine Sünden in ihn hineintransferiert. Alle! Für immer! Und: Jesus Christus sitzt zur Rechten Gottes. Nicht die Sünde steht zwischen dir und Gott, nicht Verfehlungen oder Übertretungen. Weißt du, wer zwischen dir und Gott steht? Es ist die Person Jesus Christus. Der, der am Kreuz von Golgatha sein Blut für dich vergoss. Er steht als Mittler zwischen dir und Gott, mit seinem dich fortlaufend reinigenden Blut.[78]

Umgeben von Gnade

David, der große König und Prophet, ein gesalbter und gesegneter Mann, sah den neuen Bund der Gnade voraus. Deswegen konnte er in einem Lied davon schreiben, wie gut es dem geht, dessen Übertretungen vergeben sind und dessen Sünde zugedeckt ist.[79] Wie sehr hätte er sich auch für sein eigenes Leben gewünscht, das Opfer würde nicht nur temporär, sondern ein für alle Mal seine Sünden auslöschen. Dieser Mann Gottes hatte eine Zeit lang versucht, sein sündiges Verhalten mit der verheirateten Bathseba und dem tödlichen Ende ihres Ehemannes (an dem er seinen Anteil hatte) zu verbergen. Aber in seinem Inneren zerriss und zermürbte es ihn. So konnte er nicht weiterleben und er kam zu dem Punkt, dass er – wie alle Menschen im alten Bund – ein Opfer für seine Sünde bringen, diese eingestehen und bekennen musste. Gleichzeitig war ihm jedoch Gottes große Gnade bereits bewusst.

Ein kunstvolles und prophetisches Lied von David und Schlüsselpassage zum Evangelium der Gnade:

> *Von David. Ein Maskil. Wohl dem, dessen Übertretung vergeben, dessen Sünde zugedeckt ist!*
> *Wohl dem Menschen, dem der Herr keine Schuld anrechnet, und in dessen Geist keine Falschheit ist!*
> *Als ich es verschwieg, da verfielen meine Gebeine durch mein Gestöhn den ganzen Tag. Denn deine Hand lag schwer auf mir Tag und Nacht, so dass mein Saft vertrocknete, wie es im Sommer dürr wird. (Sela.) Da bekannte ich dir meine Sünde und verbarg meine Schuld nicht; ich sprach: »Ich will dem Herrn meine Übertretungen bekennen!« Da vergabst du mir meine Sündenschuld. (Sela.) – Psalm 32,1-5*

David liebte Gottes Wort, er war ein Mann, dessen Gedanken vom neuen Bund der Gnade geprägt waren, obwohl er selbst unter den Bedingungen des Gesetzes stand – er war schlichtweg seiner Zeit voraus. Er wusste, auf was sich zukünftige Generationen freuen und wie glückselig sie sich schätzen durften, denn die ersten beiden Verse beziehen sich auf den neuen Bund der Gnade, und die restlichen Verse auf das Gesetz. Im alten Bund war die Schuld nie ganz und gar für alle Zeit getilgt – um Vergebung zu empfangen, musste man ständig seine Sünden bekennen. Wenn im alten Bund ein Israelit unter dem Gesetz gesündigt hatte, dann musste er dem Priester ein makelloses Lamm bringen – oder bestimmte Alternativen, entsprechend seiner finanziellen Mittel. Der Priester, als Stellvertreter Gottes, schaute dann aber nicht den sündigen Israeliten prüfend an, sondern untersuchte das Opferlamm daraufhin, ob es auch wirklich vollkommen und perfekt war. Damit begann die Reinigung des Israeliten von der Sünde. Wenn wir heute sündigen, benötigen wir keinen Priester als Vermittler zwischen uns und unserem himmlischen Vater. Gott schaut nicht uns und unseren Fehler an, sondern er schaut Jesus Christus an. Er untersucht das »Lamm« Jesus, schaut »es« an und sieht nur, wie vollkommen rein und unschuldig dieses Lamm ist. Gott schaut nicht auf dich und deine Fehler. Er schaut auf ihn, der keine einzige Sünde beging. Wow!

Lass es mich klar sagen: Ich bin gegen jede Sünde! Ein Lebensstil der Sünde führt zu Niederlage und Zerstörung in deinem Leben. Ich sage aber auch ganz klar: Je mehr wir die Größe von Gottes Gnade erkennen, umso weniger anziehend sind für uns Verfehlungen. Sünde wird ihre Kraft verlieren, wenn du aus den Zehn Geboten und dem Gesetz ausbrichst und dich hin zu seiner großen Gnade wendest.[80] Von deinem Gnadenkonto kannst du jederzeit abheben, so viel du brauchst. Sünde wird Gottes Gnade nie stoppen. Genau dort ist dir diese Gnade gegeben worden: In deinen größten Schwächen. Hier wird sie am Kraftvollsten. Gnade ist nicht für die Bereiche deines Lebens, wo du alles selbst im Griff hast. Da, wo du es nicht im Griff hast, ist uns Gnade am meisten geschenkt, denn sie ist unverdient.

Die Krücke »Schuldbewusstsein« vs. heilendes »Christusbewusstsein«

Es gibt traditionelle Sichtweisen in den Kirchen und Gemeinden, die uns permanent in einem Sündenbewusstsein gefangen halten. Vielleicht hast du diese falschen Aussagen auch schon gehört: »Christsein ist ein wiederholtes Erkennen und Anerkennen, dass man ein Sünder ist, der Reinigung und Vergebung benötigt« oder »Das Bekennen von Sünde kennzeichnet echte Christen, die Gott beständig reinigt« oder auch »Für den Gläubigen ist ein beständiges Bekennen von Sünde ein Zeichen echter Errettung«. Wer in solchen Bekenntnissen verharrt, hat den Zugang zu Gottes Gnade noch nicht gefunden. Ein Ergreifen von Vergebung, Zuwendung, Barmherzigkeit und Wohlwollen wird schwierig, wenn ein mehr oder weniger dichter Vorhang die freie Sicht versperrt.

Pastor Yew-Kwong aus Singapur, ein enger Freund von uns, erzählte mir, wie er früher jeden Abend, als er im Bett lag, den Herrn bat, alle seine Sünden zu vergeben. Es war sein ständiges Ritual, an bewusste sowie unbewusste Sünden zu denken und dann den Herrn um Vergebung zu bitten. Er lag also im Bett und konzentrierte sich darauf, Vergebung zu erhalten anstatt darauf, dass ihm schon vergeben ist. Wie glücklich wurde er, als er die Wahrheit von *Grace* erkannte und er sich nun jeden Abend mit dem Bewusstsein von beständiger Vergebung schlafen legen konnte. Lieber Leser, dieses Buch wird dir helfen, wieder gut schlafen zu können, weil dir schon vergeben wurde.

Der große Prophet Jesaja hatte bereits ein klares Bild davon, was Jesus durch seinen Opfertod für uns erwirken würde. Kannst du dir vorstellen, was in diesem Mann vor sich ging, als er das sah? Auch er lebte wie David noch nicht unter dem neuen Bund, sondern unter dem Gesetz. Wie gerne hätte er die endgültige Tilgung aller Schuld durch Christus miterlebt. So durfte er es lediglich ankündigen, dass **ALLE** unsere Schuld auf Jesus Christus geworfen wird, damit wir Frieden haben können.[81]

Begreifen wir die Bedeutung vom Opfertod Jesu nicht in seiner Vollkommenheit? Gibt es deshalb so zahlreiche Auswüchse von Schuldbewusstsein im Leben vieler Menschen? Viele Lebenssituationen werden davon begleitet. Das bringt eine unnötige Distanz zwischen Gott und den Menschen und reduziert jeden auf seine eigenen Kräfte. Der Mensch kämpft und arbeitet sich im Gutes-Tun wund. Dabei unterliegt er inneren Zwängen, die von außen noch verstärkt werden. Die Krücke Schuldbewusstsein behindert auf dem Lebensweg ganz erheblich. Manche Hürden lassen sich dadurch überhaupt nicht oder nur sehr beschwerlich meistern. Lieber redet so mancher von dem, was er tut, um wieder frei von Sünde zu werden, als die Freiheit Gottes auszuleben. Die Gunst Gottes ist so unbekannt und neu und deshalb scheint es »anstrengender«, in ihr zu leben. Da verharrt man doch lieber im Alten, im Bekannten.

Gleichzeitig liegt eine schwere Last auf uns, die uns Gott aber nicht auferlegt hat. Die Menschheit braucht dringend die Offenbarung über die Breite, Länge, Tiefe und Höhe der Bedeutung von Gottes grenzenloser Liebe[82]. Der Schlüssel dazu ist Gottes Gerechtigkeit. Gott kann überhaupt nicht anders, als uns mit seiner Gnade zu begegnen und uns zu vergeben. Seine Gerechtigkeit ist integer, egal wie die Umstände sind. Der gerecht gemachte Mensch erlebt Ehrenhaftigkeit und Rechtschaffenheit. Er ist mit Jesus legitimiert und gleichwertig. Wenn du Gottes Gerechtigkeit erfasst hast, löst sich das Bewusstsein von Schuld in dir ein für alle Mal auf.[83]

Sicherheit auf ewig

Um es auf den Punkt zu bringen: Du bist durch Jesus Christus gerecht. Das bedeutet, wenn du morgen einen Fehler oder Blödsinn machst, dann weißt du: »Ich bin gerecht.« Gerechtigkeit ist deine Sicherheit auf ewig und du kannst dir sicher sein: »Morgen hat er mir auch schon vergeben.« Gerechtigkeit bedeutet nicht nur, dass dir alle vergangenen Sünden vergeben sind. Sie bedeutet: Der Herr hat dir und mir vergeben – Vergangenes, Gegenwärtiges und Zukünftiges. Dein **Recht** auf Gottes Gunst bleibt auch dann, wenn du versagst.

Gerechtigkeit ist deine Sicherheit auf ewig.

Im täglichen Umgang mit Vergebung beziehen wir sie auf Vergangenes. Aber auch wenn wir von Sündenvergebung reden, versteht man automatisch: »Ja, danke Herr, alle meine Sünden *hast* du mir vergeben.« Dabei denkst du automatisch an gestern, vorgestern, vor einer Woche, vor einem Monat oder vor einem Jahr. In dem Moment, in dem du jedoch sagst: »Ich bin durch Jesus Christus gerecht«, bedeutet das, wenn du morgen einen Fehler machst, wirst du nicht eine schwere Last auf dir fühlen oder unsicher werden. Nein, hier kommt der große Unterschied: Gerechtigkeit bedeutet, du weißt, dass du gerecht bist und auch gerecht bleiben wirst. Du kannst darauf vertrauen, dass dir auch morgen bereits vergeben ist. Das ist eine Gewissheit, die Sicherheit mit sich bringt. Du kannst angstfrei durchs Leben gehen.

Bewirkt das in dir, dass du von jetzt an in Ehrfurcht und voller Ehre vor Gott leben möchtest, weil du die große Tatsache erkannt hast, wie komplett und vollständig er dich liebt? Er sagt dir zu: »Wenn du einen Fehler machst, gibt es keinen Grund mehr, unter ein Schuldbewusstsein zu kommen. Denn ich habe diese Schuld bereits bezahlt und habe dich schon gerecht gesprochen, weil ich dich liebe.«

Falls dir jetzt vor Augen steht: »Yippie, super, jetzt kann ich leben, wie ich will, kann endlich wieder …« oder »Danke für den Freibrief zum Sündigen!«, und du schon alle möglichen Situationen in Gedanken durchlebst, die bisher zu vermeiden waren, dann muss ich dich enttäuschen. Du wirst dich selbst überraschen. Liebe verändert alles. Sie hat mich verändert, viele Menschen aus meinem Umfeld – sie verändert auch dich. Plötzlich hinkst du nicht mehr an einer Krücke durch das Leben, sondern fährst elegant und sportlich mit einem Supersportwagen die Straßen entlang. Oder anders ausgedrückt: Gottes grenzenlose Gnade verleitet dich nicht dazu, mehr zu sündigen, sondern gibt dir das Bewusstsein, mehr geliebt zu sein. Dadurch wird alles möglich – auch nicht mehr zu sündigen.

Der Gedanke »Aber wie gelingt mir das?« schießt dir jetzt vielleicht durch den Kopf. Es ist ganz einfach: Du schaust auf Jesus. Setze ihn an die erste Stelle in allem und los geht die Fahrt, auf der das Beste des Lebens auf unvergleichliche Art Wirklichkeit wird.

In allem allezeit alles

Als Pastor gehört es für mich dazu, mich mit der hebräischen und griechischen Sprache des Alten und Neuen Testaments auseinanderzusetzen. Ich tauche ein und bin jedes Mal aufs Neue fasziniert. Voller Freude gehe ich auf Entdeckungsreise und so einiges tritt noch viel intensiver ans Tageslicht. Beim Studium einer Stelle aus dem Neuen Testament kommt man unter Berücksichtigung der Zeitformen und Wortbedeutungen zu folgendem Fazit: Gerade jetzt und anhaltend werden wir mit Gottes Gunst überfließend befähigt und bekräftigt, damit wir **in allem allezeit alles** zufriedenstellend haben und darüber hinaus, für andere gute Werke.[84] Das ist das göttliche Geschenk an uns.

Dein Geschenk von Gott:
Du hast in allem allezeit alles!

Wenn wir die Bibel lesen ist es wichtig, sie mit den Augen Gottes zu lesen. Erst dann beginnen wir, dieses Geschenk der Gnade in vollem Umfang zu begreifen. Der neue Bund, der uns so viel schenkt, beginnt erst mit dem Kreuz, an dem das Blut vergossen wurde. Vieles, was Jesus zu Lebzeiten sagte, bezieht sich noch auf den alten Bund des Gesetzes. So auch, als er von der Sünde sprach, für die es in Ewigkeit keine Vergebung geben würde: das Lästern gegen den Heiligen Geist.[85] Jesus Christus sandte uns den Geist der Wahrheit als Beistand, aber vielmehr noch, damit er Zeugnis gibt von Christus.[86] Wenn also jemand den Botschafter der Wahrheit unentwegt ablehnt oder missachtet, hört er die Botschaft nicht, die er bringen möchte. Als Jesus Christus mit den Pharisäern sprach, warnte er sie vor eben dieser Sünde, ihn abzulehnen.

Die Sünde gegen den Heiligen Geist ist das konstante Ablehnen von Jesus Christus und seiner Errettung für uns. Ein gläubiger Christ kann diese Sünde niemals begehen, da er ja Jesus angenommen hat. Zudem sind dem Gläubigen alle Sünden bis zu seinem Lebensende bereits vergeben. Damit ist klar, dass er überhaupt nicht mehr gegen den Heiligen Geist sündigen kann.

Es gibt nur ein Evangelium in der Bibel: das Evangelium von Gnade und Frieden. Täglich erlebst du Heilung, Wohlwollen, Vergebung, Barmherzigkeit, Zuneigung, Freundschaft, Anteilnahme und Segen. Daher gibt es grundsätzlich auch nur diese eine Sünde, »dass sie nicht an mich glauben«, sagte Jesus.[87] Das zeigt uns eindeutig: Keiner, der an Jesus glaubt, kann diese »Todsünde« gegen den Heiligen Geist überhaupt begehen. Auch hier siehst du, wie sehr du unter seiner Gunst stehst – zu jeder Zeit und in allen Bereichen.

GSI Folge 6 – Neues Gehör

Hiermit möchte ich euch mein Zeugnis mitteilen. Seit meiner Geburt ist mein rechtes Ohr taub gewesen. Meine Eltern haben mich von mehreren Ärzten behandeln lassen, aber ohne irgendeinen Erfolg. Auf meinem rechten Ohr konnte ich weiterhin nichts hören.

Aber am 27. Oktober begegnete ich Pastor Bojorge. Er schenkte mir eine CD mit einer Predigt von Pastor Erich Engler: »Medicina divina« (dt.: »Göttliche Medizin«). Diese CD ist für mich zu einem besonderen Schatz geworden.

Während ich die Predigt hörte, spürte ich Feuer in meinem rechten Ohr. In dem Augenblick wurde ich geheilt! Anfang November ging ich zum Arzt. Mein Ohr wurde gründlich untersucht. Drei Stunden später wurden mir die Ergebnisse mitgeteilt: Das Ohr war vollkommen gesund! Preis dem Herrn!

Danach habe ich Jesus als meinen persönlichen Erlöser angenommen. Die beste Entscheidung, die ich treffen konnte. Möge mein Zeugnis vielen Menschen zum Segen werden. Danke für alles!

Elda, Nicaragua

Kapitel 2

So war es nicht geplant, aber …

Sind wir zufrieden damit, wie der Alltagskampf unser Leben bestimmt? Machen uns Erfolg und Reichtum Sorgen oder gar Angst, weil diese Dinge nicht nur Schönes mit sich bringen, sondern auch Druck, sie zu erhalten? Oder sind es unsere finanziellen Nöte, gesundheitliche Schwierigkeiten oder Beziehungsprobleme, die uns den Schlaf rauben? Vielleicht wäre auch die eine oder andere Beziehung höchst interessant für eine psychologische Studie. Zufriedenheit kennen wir meist sowieso lediglich als einen flüchtigen Moment, oder? Fragst du dich manchmal, warum das nicht einfacher geht? Muss das wirklich so sein? Definitiv ist das nicht das Leben, wie unser himmlischer Vater es für uns geplant hatte. Aber …

Wunder reichten nicht

Das Volk Israel erlebte Zeichen und Wunder des Herrn. Er sah ihr Elend in Ägypten und hörte auch ihr Geschrei am Schilfmeer und half ihnen. So konnten sie trockenen Fußes durch das geteilte Meer ziehen. Er war ihnen nahe und leuchtete ihnen bei Tag und Nacht den richtigen Weg.[88] Das war nicht nur ein *Global Navigation Sa-*

tellite System (GNSS) oder *Global Positioning System (GPS)*, sondern ein *Eternal Navigation Grace System*, das keine fehlerhafte Programmierung kennt. Als das israelische Volk von Ägypten auszog, hatte es alles im Überfluss und es gab keine Krankheiten.[89] Ohne irgendein Gebot einhalten zu müssen, offenbarte sich fortwährend Gottes große Güte an ihnen. Mose führte sie nach den Anweisungen Gottes. Bereits als junger Mann zeigte er sich als Glaubensheld und weigerte sich, in die Familie des Pharaos adoptiert zu werden. Ihm bedeutete dieser vergängliche Status nichts, denn er sah das noch Unsichtbare, den Reichtum und die Fülle in Christus. Diese Perspektive auf die Gnade in Person – Jesus – gab ihm den Glauben, der für solch ein visionäres Projekt notwendig war. Damit war es ihm möglich, Ägypten ohne Angst vor der Wut des Königs zu verlassen. Sein Glaube half ihm auch, das Passahfest zu veranstalten, wodurch er den Tod aller Erstgeborenen der Israeliten verhinderte.[90] Das Volk Israel und er lebten – im Familienbund von Abraham und Sarah – völlig unter dem Schirm der Gnade. Bis sie zum Berg Sinai kamen.

Von Adlersflügeln getragen – auf Wunsch zurück auf den harten, steinigen Erdboden

Viel zu schnell und voreilig stimmte das Volk zu, **alle** Gebote einhalten zu können.[91] Es scheint so, dass dieses Verlangen größer war, als weiterhin durch Gottes Güte getragen zu werden. Kennst du auch den Stolz auf die eigene Leistung? »Ja, ich kann das alles, kein Problem.« Und musst du dann feststellen, dass es doch nicht machbar ist? Dem israelitischen Volk erging es nicht anders. Sie bekannten sich dazu, **alle Gebote einzuhalten**. Dabei wussten sie gar nicht, was »**alle**« beinhaltete. Eine gewaltige Selbstüberschätzung – denn die folgenden Jahre zeigten, dass es eine selbst auferlegte Aufgabe war, die niemals erfüllt werden konnte.[92] Doch der Herr ließ sie gehen.

Der Bund Abrahams war ein – im wahrsten Sinne des Wortes – *WUNDER*volles Geschenk überfließender Gunst gewesen, aber in den Augen des Volkes nicht ausreichend. Sie wollten nicht in dem Bund bleiben, den Gott mit ihren Vätern gemacht hatte, um sie aus dem Land Ägypten zu führen[93] – einen Bund der Gnade und Güte, zu dem sie von ihrer Seite her nichts hätten beisteuern können. Gott erklärte ihnen, dass er sie auf Adlersflügeln zu sich getragen hatte, um ein Königreich von Priestern und ein heiliges Volk zu sein. Und sie versprachen hoch und heilig, dass sie alles einhalten wollten.[94] Sie dachten, wenn sie fleißig Regeln und Gesetze einhielten, dann erst würden sie ein heiliges Volk sein. Und das, obwohl sie vorher erlebt hatten, wie sie mit allem versorgt worden waren, was sie zum Leben brauchten. Alles völlig ohne ihr Zutun. Aber das war und ist es gerade. Die Selbstbestätigung fehlte, und nur immer dankbar sein brachte keine Befriedigung. Genau das ist auch unser Problem heute! Wir wollen uns durch Leistung und Werke den Lohn verdienen. Glaube und Vertrauen scheint uns zu ungenügend – zu wenig greifbar. Darum bevorzugen wir viel zu oft (wie auch das Volk Israel) das Leben nach dem Gesetz, anstatt es im neuen Bund der Gnade zu verbringen. Wir tauschen den Bund der Gnade gegen den Bund des Gesetzes aus.

Traurig aber wahr: die richtige Selbsteinschätzung ist sehr schwierig. Das kennen wir alle. Wer hat sich nicht schon einmal über- oder unterschätzt? Im Rückblick sehen wir – wenn wir wollen – die Folgen dieser Aktion. Kaum hatte das Volk die Zehn Gebote erhalten – und das erste davon lautete: »Du sollst keine anderen Götter neben mir haben«[95] –, brachen sie ihr Wort. Mose war bereits seit 40 Tagen nicht mehr da und sie wussten nicht, wie es weitergehen sollte. Also gossen sie das goldene Kalb und verherrlichten es durch ihre Tänze. Jetzt hatten sie wieder etwas selbst erschaffen, etwas zum Anfassen, Anschauen und Anbeten. Das goldene Kalb ist ein Symbol dafür, sich etwas selbst erschaffen zu wollen. Darin enthalten sind Stolz und Eigenruhm. »Wir schaffen es selbst, ist doch klar, oder?!« Und genauso muss die Aussage des Volkes Israel »Wir können **alles** einhalten, was der Herr sagt« interpretiert werden. Deutlich und klar können wir jetzt Israels Verfehlen am Sinai sehen.

In diesem Fall kam das Volk Israel schnell an sein eigenes Ende. Sie kannten die Absichten ihres eigenen Herzens nicht, sie wussten nicht, was tief verborgen in ihrem Innersten war. Somit wurde das eingeforderte Gesetz zum Lehrmeister auf Christus hin. Gott musste ihnen das Gesetz geben, um ihr Herz offenbar zu machen. Warum? Damit sie – und damit auch wir – aus Glauben gerechtfertigt[96] und so Gottes rechtmäßige Kinder werden. Der Plan war, dass sie im Segen Abrahams ins verheißene Land Kanaan ziehen, im Wissen: »Wir brauchen wiederum das Opferblut von Passah, das Blut, das uns beschützt.« Denn Abraham war durch seine Beschneidung auch ihr Stammvater geworden und sie hätten nur seinem Glauben zu folgen brauchen.[97] Doch sie erkannten Gottes Gerechtigkeit nicht und wollten ihre eigene Gerechtigkeit aufrichten. Sie lehnten sich gegen die Gerechtigkeit Gottes auf, anstatt sich ihr unterzuordnen.[98] Das hätte ihren Glauben und ihre Beziehung zu Gott gezeigt und der Herr hätte ihnen weiterhin alles gegeben – allein aufgrund vom Blut des Lammes und von Gottes Güte, nicht durch ihren Gehorsam und eigene Gerechtigkeit. Gott hatte sie zuvor einfach gesegnet, weil sie Kinder Abrahams waren. Es wäre anders gekommen, wenn sie gesagt hätten: »Herr, ohne dich schaffen wir es nicht. Wir denken nicht, dass wir all die Gesetze und Gebote einhalten können. Aber du warst immer so gnädig zu uns, trotz unseres Murrens und Motzens. Trage uns weiterhin in deiner Gnade und Güte auf Adlersflügeln. Wir danken dir für deine Versorgung und Barmherzigkeit uns gegenüber.« Das blieb aus und eine lange Zeitspanne des Lehrmeisters »Gesetz« war die Folge. Durch das Gesetz Moses wurde der Bund Abrahams aufgegeben. So war es nicht geplant.

Fern von Gott

Gottes Gunst und Gnade war auf seinen Kindern, vom Auszug aus Ägypten bis zum Berg Sinai. Ausgerichtet auf das Blut Jesu, waren sie bereits in der Beziehung mit ihrem himmlischen Vater. Von Adlersflügeln getragen, sicher an seiner Hand geführt, wollten sie trotzdem diese Beziehung aufgeben und lieber Gesetzen und Geboten gegenüber gehorsam sein. Fern von Gott, aus selbst gewählter Distanz zu ihm, ändert sich jetzt aber die Art und Weise, wie Gott mit ihnen umgeht. Er erscheint ihnen in einer dicken Wolke und es geschieht so einiges, was sie in Angst und Schrecken versetzt.[99]

Ein Gott, der selbst die Anzahl der Haare auf deinem Kopf kennt, ist nicht auf das Hören unserer Worte begrenzt. Er schaut in unsere Herzen. Und was sieht er bei seinem Volk? Sie geben nur vor, ihn zu ehren. »Doch sie tun es nur mit den Lippen, mit dem Herzen sind sie nicht dabei. Ihre Frömmigkeit beruht nur auf Vorschriften, die Menschen aufgestellt haben.«[100] Wir lesen im Alten Testament öfter davon. Für ihn war und ist die persönliche Beziehung, die er für sie vorgesehen hatte, entscheidend. Das ist dir vielleicht nicht so ganz unbekannt. Wir dürfen froh sein über den Bund der Gnade, der uns wie ein Rettungsschirm beschützt.

Bis zum verheißenen Land Kanaan war es noch ein weiter Weg für das Volk Israel. Also marschierten sie weiter. Wieder murrten sie und beschwerten sie sich, wollten dies und forderten jenes, wünschten sich mehr und Besseres. Was vor dem Berg Sinai ein gütiges Wirken Gottes auslöste, brachte jetzt eine große Tragödie mit sich. Plagen kamen über das Volk, feurige Schlangen bissen sie zu Tode, Miriam wurde aussätzig. Unfälle, Krankheit, Tod, Leid gehörten nun zur Tagesordnung. Das waren die Folgen davon, dass sie nicht in der Lage waren, den Bund des Gesetzes einzuhalten. **Was für eine Tragödie – vor Sinai war niemand umgekommen, nach Sinai starben Unzählige.**

Besser auf Adlersflügeln getragen
als über Stock und Stein zu laufen!

Der Bund der Gnade bringt Leben, Schutz und Bewahrung selbst dann, wenn du so ziemlich alles falsch machst, was man falsch machen kann. Denn du bist Gott nah, dein Herz gehört ihm, du wirst von ihm auf Adlersflügeln getragen und hast eine weite Perspektive. Aber mit dem Gesetz gehen Fluch, Verderben und Tod einher, die bei jedem Fehlverhalten initiiert werden. Unter dem Gesetz verlässt man sich lieber auf den eigenen Gehorsam und seine eigene Leistungskraft. Das Herz ist dabei auf sich selbst gerichtet, fern von Gott. Bist du eventuell sogar völlig auf dich gestellt und versuchst alles, um dich im Leben zu behaupten? Hast du dich nie gefragt, unter welchem Bund du lebst?

Anstelle von Gesetz kamen Gnade und Wahrheit

Denn das Gesetz wurde durch Mose gegeben; die Gnade und die Wahrheit ist durch Jesus Christus geworden. – Johannes 1,17

Der erste Teil dieses Verses zeigt uns, dass Mose dem Volk das Gewünschte gab. Am Berg Sinai erhielt er das Gesetz von Gott und vermittelte es den Israeliten. Es forderte Gehorsam und Unterordnung und drohte bei Nichteinhaltung mit schwerwiegenden Folgen. Für Mose bedeutete es den Verlust der Verheißung in seinem Leben. Denn die unter dem Gesetz können nicht Erben der Verheißung sein.[101] Nichts, was er ab jenem Zeitpunkt tat – und das waren große Wunder –, fand Einzug in die »Glaubensgalerie« der Männer und Frauen mit großem Glauben, die wir in Hebräer 11 sehen. Jede Verheißung lag jetzt für Mose und das gesamte Volk auf Eis. Wie bereits gesehen, hatten sie dem Gesetz voreilig zugestimmt, und Gott gab es ihnen, nicht weil er es wollte, sondern weil sie sich selbst mit diesem Wunsch überschätzt hatten. So hielt der Gesetzesbund Moses (wie man diesen Bund nannte) Einzug in ihren Alltag. Doch mit all den Forderungen »Du sollst …« und der Drohung »Wenn du nicht, dann …« kam viel Unheil über das Volk. Das gleiche erleben Christen noch heute, wenn sie unter allen Regeln des Gesetzes leben wollen.

Das Gesetz ist lediglich ein Schatten von etwas und konnte uns daher nie die Wahrheit von Gottes Wesen nahebringen. Das Gesetz gibt Menschen Macht und Kontrolle über andere. Deshalb wollten auch viele der Schriftgelehrten dieses kraftvolle Werkzeug nicht aus den Händen geben. Zu wenig wussten sie mit dem liebenden Vaterherz Gottes anzufangen, das Jesus Christus den

Menschen offenbarte. Das Gesetz sagt uns zwar deutlich, was wir wie tun sollen. Das Wesen der Liebe Gottes jedoch bleibt verborgen hinter einer undurchdringlichen Steinmauer. Vielleicht kommt auch dir eher ein strafender, zorniger Gott in den Sinn als ein bedingungslos liebender Vater. Aber er hat dich und mich bereits geliebt in seiner ganzen Herrlichkeit, bevor du oder ich überhaupt einen Atemzug taten. Seine Liebe und unendliche Geduld mit uns finden wir in so vielen Beispielen. Selbst als das Gesetz uns von seinem Herzen trennte, machte er den Weg frei, der zurück zu ihm führte. Denn Gott zeigte uns allen seine Liebe dadurch, dass er seinen einzigen Sohn für uns gab, »damit jeder, der an ihn glaubt, das ewige Leben hat und nicht verloren geht.«[102] Er möchte ewig mit dir und mir zusammen sein – in einer Liebe, die wir erst vollkommen verstehen werden, wenn wir bei ihm sind.

Jesus kam, um den alten Bund zuerst erfüllen und dann aufheben zu können, um anschließend einen neuen Bund einzusetzen.[103] Damit hat Jesus die Ordnung, die früher galt, außer Kraft gesetzt. Sie hatte sich als ohnmächtig erwiesen und brachte letztlich keinen Nutzen.[104] Gott spricht von einem neuen Bund und erklärt damit den ersten für veraltet. Etwas, das alt ist und ausgedient hat, wird bald ganz verschwinden.[105] Das Gesetz war nicht imstande gewesen, uns zur Vollkommenheit zu führen. Dafür gibt der neue Bund uns jetzt eine Hoffnung, die alles Frühere in den Schatten stellt. Jetzt haben wir einen ungehinderten Zugang zu Gott.[106]

Mit Jesus kamen Gnade und Wahrheit, die immer Hand in Hand gehen und sich in einer Person widerspiegeln. Diese Person ist Jesus Christus. Durch ihn wird die Gnade und Wahrheit wieder sichtbar im Leben aller, die mit ihm gehen. Er ist für uns zur Wahrheit geworden. Das hat nichts mit den theoretischen Wahrheiten der Philosophie oder der Wissenschaft zu tun. Es ist auch kein idealistischer Traum. Die Wahrheit Christi bringt eine einzigartige Fülle in unser gesamtes Leben, überfließend und Frieden verbreitend.

Das Gesicht der Gnade

Oder kann es sein, dass du alles ablehnst, was du nicht mit deinem Verstand erklären kannst? Dann hat die Warmherzigkeit von *Gnade* dein Herz noch nicht vollkommen erreicht. »Ich möchte nur, dass es jedem gut geht und alle Frieden haben auf dieser Welt«, führst du an. Ja, das wünschen wir uns alle, und doch limitieren uns unsere eigenen Gesetzmäßigkeiten und wir wundern uns darüber, warum sich die Umstände um uns herum nicht ändern oder warum »gute« Menschen krank werden. Wir können mit unserem »Gut-Sein«, dem Einhalten der Zehn Gebote und unserer eigenen Leistung im Königreich Gottes überhaupt nichts erreichen. Nicht einmal Jesus Christus ließ sich als »gut« bezeichnen. Er erklärte: Nur Gott allein ist gut.[107] Niemand sonst! Aber Gnade – also überfließende Gunst in allen Bereichen – und Frieden werden uns erst mehr und mehr zuteil in der vollständigen Erkenntnis Gottes und unseres Herrn Jesus![108]

Grace has a face – Jesus!
Gnade hat ein Gesicht – Jesus!

Erst durch ihn erleben wir Gnade. Mose war lediglich der Botschafter des Gesetzes, Jesus dagegen *verkörpert* die Botschaft in seiner Person. Für den französischen Mathematiker und großen

Denker Blaise Pascal bedeutete das: »Jesus Christus ist der Mittelpunkt aller Dinge und der Grund zu allen Dingen, wer ihn nicht kennt, kennt nichts von der Welt und nichts von sich selber.« Blaise Pascal schaffte es, seinen wissenschaftlich geschulten Verstand für die Erkenntnis der Wahrheit Gottes zu nutzen. Wenn wir Jesus Christus anschauen und erkennen, dass er *Gnade* ist, sind wir uns seiner Gegenwart in unserem Leben konstant bewusst. Er ist in jeder Situation, die wir erleben, mit dabei. Das ist die Art von Beziehung, die Gott sich mit uns wünscht. In dieser innigen Verbindung zwischen Gott und dir kann sich seine unvorstellbare Gnade voll und ganz in deinem Leben entfalten.

Ein göttliches Versprechen

Abram (Abrahams früherer Name) wusste, auf wen er vertrauen konnte. Für ihn war Gott, sein Herr, der Allerhöchste und Besitzer des Himmels und der Erde.[109] Kann unser Verstand diese Dimension erfassen? Und jetzt stell dir vor, dieser Gott geht mit Abram einen unvorstellbaren Bund ein und verspricht ihm das Land vom Strom Ägyptens bis an den großen Strom Euphrat zum Erbbesitz. Abrams erster Gedanke war wohl, wem er, der Kinderlose, dieses Land vererben sollte. Aber der Herr, für den nichts unmöglich ist, erklärte ihm, dass ein Erbe aus seinem Leib hervorgehen und sein Same so zahlreich wie die Sterne am Himmel sein würde. Nun, er ist dein und mein Vorfahre in Jesus Christus. Wir hätten an dieser Verheißung vermutlich stark gezweifelt und sie unbeachtet gelassen. Abram aber glaubte dem Herrn – nicht erst ab diesem Moment, sondern beständig. Das legitimierte ihn in dessen Augen.[110]

Gottes Zusage an Abram wäre hinfällig geworden, wenn er Gesetze hätte einhalten müssen. Denn das Gesetz, das permanent übertreten wird, zieht Gottes Zorn nach sich. Wo kein Gesetz ist, gibt es auch keine Übertretungen. Also konnte Gott Abram das Erbe in Aussicht stellen. Abram hatte sich durch seinen Glauben legitimiert. Sein Glaube war nicht überflüssig. Ganz im Gegenteil, dieser Glaube machte ihn gerecht in Gottes Augen. Die Erfüllung von Gottes Zusagen ist an den Glauben gebunden, denn sie soll ein Geschenk der Gnade sein. Dieses Geschenk gilt nicht nur den Nachkommen, die das Gesetz erhielten. Sondern es steht auch für all diejenigen fest, die – ohne das Gesetz zu haben – so glauben, wie er glaubte.[111] Siehst du den Kern hier? Gläubige, deren Zentrum Jesus Christus ist, haben das Gesetz nicht! Ein Glaube, wie Abram ihn hatte, reicht aus, dich als Kind Gottes und damit als Erbe zu legitimieren.

Dieses göttliche Versprechen ist so gigantisch. Es beinhaltet sehr viel mehr als wir auf den ersten Blick erkennen. Dieser Bund der Väter – damit sind Abraham, Isaak und Jakob gemeint – erlebte seinen Höhepunkt 430 Jahre später, als Gott sein Volk an der Hand nahm und aus der Sklaverei führte. Doch der Bund der Väter wurde nicht geschlossen, damit sie aus Ägypten ziehen konnten. Der Gnadenbund Abrahams war vor allem ein Typos, ein Urbild für den Bund der Gnade durch Jesus Christus.

Darüber hinaus wurde Abraham zum Vater vieler Völker – zu dem auch jeder gläubige Christ gehört – und war sehr reich geworden an Vieh, Silber und Gold.[112] Gott versprach ihm, ihn zu segnen und seinen Namen groß zu machen.[113] El Schaddai, die hebräische Bezeichnung für »Gott, der Allmächtige, der mehr als genug ist«[114], versorgte ihn mit Reichtum im Überfluss. Sein Wort gilt und wird Realität. Wer die Augen davor verschließt, dass Gott der Allmächtige die Menschen unter seinem Bund auch mit Materiellem segnet, beraubt sich selbst seines Erbes und auch seine Mitmenschen des reichlichen Segens, an dem sie teilhaben könnten.

Wann ist Gnade wirklich Gnade?

Zur Bestätigung, dass Abram das Land als Erbe besitzen würde, leitete der Herr ihn an, ihm verschiedene Tiere zu bringen. Abram halbierte die Tiere und legte jedes Teil dem anderen gegenüber. Kaum ging die Sonne unter, wurde Abram von einem tiefen Schlaf erfasst. Er ruhte nicht einfach nur oder schlief langsam ein. Dieser tiefe Schlaf überfiel ihn augenblicklich. Im Traum hörte er, dass er ein hohes Alter erreichen würde. Das hieß für den knapp 90-Jährigen, dass ihm noch viele Jahre blieben, einiges zu bewegen. Jeder hat eine Aufgabe, egal in welchem Alter! Achte einmal darauf, welche Vision in deinem Herzen ruht … Außerdem hörte Abram in seinem Traum, wie es seinen Nachfolgern, dem Volk Israel in Ägypten und nach dem Auszug ergehen würde. Jetzt kam es zum dramatischen Höhepunkt – der Bund mit Abram wurde geschlossen. Kaum war es finster geworden, fuhren ein rauchender Glutofen und eine Feuerfackel zwischen den Tierstücken hindurch.[115]

Gnade wird zu Gnade in deinem Leben,
wenn du nichts damit zu tun hast!

Der Herr machte an jenem Tag einen Bund mit Abram. Und wer schlief? Abram! Tief und fest. Mit wem schloss El Schaddai dann stattdessen diesen Bund? Gott machte einen Bund mit sich selbst! Gnade wird zu Gnade in unserem Leben, wenn wir nichts damit zu tun haben. Wir erleben sie dann, wenn wir ruhen.

Wir sehen, dass ein Glutofen beteiligt war. Das zeigt uns, dass Gott diesen Bund geschlossen hat. Immer wenn du Rauch und

Ofen in der Bibel siehst, ist die Rede von Gott, dem Vater. So auch am Berg Sinai, als der Herr im Feuer auf diesen herabkam und sein Rauch aufstieg wie der Rauch eines Schmelzofens.[116] In der Geschichte mit Abram war er der Glutofen. Und in der Feuerfackel sehen wir bereits Jesus Christus, der im Alten Testament als Engel des Herrn bezeichnet wurde.[117]

Abram sah in seinem Traum zu, wie die Gottheit einen Bund mit sich selbst schloss – Gott der Vater schloss den Bund mit seinem Sohn Jesus Christus. Das war vielleicht ein Spektakel! Abram war nicht involviert und wurde trotzdem Nutznießer dieses Bundes, denn Gott sagte ihm, dass er in diesem Moment mit ihm einen Bund geschlossen hatte. Deshalb wird dieser Bund der »Bund Abrahams« oder der »abrahamitische Bund« genannt. Dasselbe gilt für uns im neuen Bund durch Jesus Christus. Wir wurden Nutznießer dieses neuen Bundes. Jesus Christus ging ans Kreuz und trug unser ganzes Versagen. Gott der Vater schloss für uns den Bund durch Jesu Auferstehung.

Das ist eines der großen Erkennungsmerkmale des Gnadenbundes. Der Mensch hat damit nichts zu tun, weder beim abrahamitischen Gnadenbund noch beim Gnadenbund durch Jesus Christus. **Stattdessen hat alles mit Gott zu tun.** Weil du überhaupt nichts dazu tun kannst, ist es die Fülle von Gottes Gnade, die gerade in deinem Leben wirkt. Die Begriffe »Zufall« oder »Glück« sind in diesem Zusammenhang definitiv falsch. Denn wie wir bei Abram sehen, reicht allein der Glaube aus, um Gottes Gnade zu erleben.

Und weil Gott in diesem Bund Abram zum Vater vieler Völker machte, gab er ihm mit 99 Jahren, als der verheißene Sohn durch Sarah geboren werden sollte, den Namen »Abraham«.[118]

Das offene Fenster

Aus Abram wurde Abra*h*am, und Abraham sollte auch seine Frau nicht mehr Sarai nennen. Der Name seiner Frau Sarai sollte von nun an Sara*h* sein.[119] Gott änderte ihre Namen und fügte das *h* dazu. Wie ich in der Einleitung erklärt habe, steht das *h* im hebräischen Alphabet »He« für die Zahl **Fünf**. Im Hebräischen ist das stets die Zahl für ***Gnade***.

Die Änderung des Namens musste erfolgen, denn der Unterschied zwischen dem *i* von Sarai und dem *h* in ihrem Namen ist enorm: Das *i* – also »Jod« – ist der 10. Buchstabe des hebräischen Alphabets und steht für Perfektion und Gesetz – die Zehn Gebote –, das bedeutet, Werke.[120] Man erkennt es auch in der bildlichen Bedeutung, die der Buchstabe Jod im hebräischen Alphabet hat. Er zeigt uns das Bild einer Hand, die etwas tun will.

Grace bringt Leichtigkeit in dein Leben!

---

89 Jahre lang wünschte sich Sarai ein Baby. Aber solange sie aus eigenen Werken etwas schaffen wollten, wurde sie nicht schwanger. Dann sagte Gott: Ich nehme ihr das *i* – die Werke, die Eigenanstrengung und Mühe – weg und gebe ihr das *h* – die Gnade. Das hebräische He hat das Bild eines offenen Fensters. In das Leben Sara*h*s strömt Luft, ein Hauch Gottes herein. Von dem Zeitpunkt an, als Gott Abra*h*am und Sara*h* das He gab, ist er nicht mehr nur »Gott«, sondern »der Gott Abrahams«. Er ist nicht einfach nur ein allgemeiner Gott, sondern er ist *dein* und *mein* Gott. Es wird persönlich.

Unter *Grace* erfüllte Gott selbst das Gesetz, und das Versprechen Gottes an Abraham wurde innerhalb eines Jahres Realität: Sarah wurde schwanger.

Grace bringt Luft und Leichtigkeit in dein Leben. Die Gnade Gottes lässt dich wieder durchatmen und du kannst dich ausruhen von Eigenanstrengungen. Du kannst deine eigenen Hände entspannen und einfach Gottes Hand machen lassen.

Mit wem gehe ich Hand in Hand?
Mit der Gnade oder mit dem Gesetz?

Ist dir bewusst, mit wem du Hand in Hand gehst? Sicherlich. Am schönsten ist es, ausgelassen mit jemandem Hand in Hand über Wiesen zu springen oder am Strand entlang zu laufen. Selbst beim Bergaufgehen ist es leichter mit einem lieben Menschen an der Hand. Das ist der Bund mit Sarah, Abrahams Frau: die Leichtigkeit des Lebens durch Gottes *Grace*.

Dagegen macht es wenig Spaß, wenn man an der Hand eines Menschen geht, die einen fest umklammert. Du wirst weiter gezogen: »Komm jetzt, du sollst doch nicht … und du musst noch …« Das ist der Bund, den Hagar darstellt, die Magd, die das tun muss, was andere ihr sagen.

Paulus erklärt uns den Unterschied zwischen diesen beiden Frauen. Der Kontrast wird darin sichtbar, auf welche Art wir uns durch das Leben bewegen. Abraham hatte zwei Söhne von zwei Frauen. Ismael (von der Magd Hagar), der aufgrund menschlich-eigenmächtigen Handelns geboren worden war, und Isaak, den die Freie, seine Frau Sarah, durch die Kraft der Zusage Gottes empfangen hatte.[121] Diese zwei Bündnisse, die durch Sarah und Hagar veranschaulicht werden, unterscheiden sich komplett voneinander.

Am Berg Sinai entstand das Bündnis, das Knechtschaft bringt. Dieser Bund wird von Hagar repräsentiert, mit all den Gesetzen, Geboten und Regeln. Ein Bund, der Knechte hervorbringt, Sklaven des Gesetzes. Hagar bedeutet wörtlich »Fremde« oder »Sklavin«. Ihr Name, der auch als »Felsklippe« gedeutet wird, steht für den Berg Sinai in Arabien und entspricht dem *jetzigen* Jerusalem, das immer noch in der Sklaverei und unter der Knechtschaft des Gesetzes lebt. Der zweite Bundesbeschluss wird im *himmlischen* Jerusalem sichtbar. Es ist das Bündnis mit der Freien, mit Sarah. Sie ist die Mutter von uns allen.[122]

Wenn wir wissen, welche Hand sich uns entgegenstreckt und uns vorher überlegen, nach wessen Hand wir uns gerade ausstrecken, dann ist es leicht, die richtige Hand zu wählen und mit ihr fröhlich des Weges zu ziehen.

Das Gesetz ist heilig!

Um jeden falschen Gedanken von vornherein aus der Welt zu schaffen: Das Gesetz (die Zehn Gebote) ist heilig, gerecht und gut,[123] denn es stammt von einem guten und heiligen Gott, dessen Maßstab Güte und Heiligkeit ist. Aber das Gesetz konnte nichts zur Vollkommenheit bringen. Wegen seiner Kraftlosigkeit und Unfähigkeit[124] ist es nicht in der Lage, Menschen heilig, gut und gerecht zu machen. Es ist ein schönes und perfektes, aber lebloses Bild. Du kannst dieses Bild stunden-, tage-, ja sogar jahrhundertelang anschauen und bis ins letzte Detail kennen. Vielleicht bist du sogar in der Lage, eine Kopie davon anzufertigen. Aber du wirst dich dadurch nicht in dieses schöne, perfekte Bild verwandeln. Obwohl das Gesetz vollkommen ist, vollbringt es nichts aus sich selbst. Weder kann das Gesetz Sünden vergeben, noch uns heiliger machen. Ganz im Gegenteil, es versetzt uns in einen Zustand der Abhängigkeit, in dem wir uns abmühen und eigene Leistung erbringen müssen. Unter dem Gesetz beginnt man auch mit der Be- und Verurteilung anderer, die den Standards nicht genügen, oder man drängt Schwächere vom Spielfeld, um sich selbst in eine bessere Position zu bringen.

Abraham wäre schnell ans Ende seiner Möglichkeiten gekommen, hätte er versucht, das so großartige göttliche Versprechen eines Sohnes aus eigener Kraft umzusetzen. Wir können Verheißungen, die Gott uns gegeben hat, nie durch Gesetzesleistungen unsererseits empfangen, sondern nur aufgrund der Gnade. Wenn wir Gott in seiner Gnade sehen, sieht er unseren Glauben, und das legitimiert uns für die Verheißung.

Wenn wir Gott in seiner Gnade sehen,
sieht er unseren Glauben!

An Eifer für Gottes Sache fehlte es weder dem Volk Israel noch mangelt es den Christen daran. Vermutlich liegt das Wirken aus eigener Kraft an einer fehlerhaften Zieleinschätzung. Denn häufig mangelt es an der Erkenntnis, dass durch Jesus Christus das Ziel bereits erreicht wurde und jeder für gerecht erklärt ist, der an ihn glaubt. So mancher hat die Vorstellung, dass er durch sein gutes und richtiges Tun Gott beeindrucken könnte. Er möchte seine eigene Gerechtigkeit aufrichten und rebelliert dabei, ohne es zu merken, gegen die Gerechtigkeit Gottes. Doch Christus ist das Ende des Gesetzes, weshalb jeder Gerechtigkeit erfahren kann, wenn er nur *glaubt*.[125]

Das Gesetz war auf dem Prinzip errichtet: »Tust du das Richtige, erhältst du Gutes. Tust du Schlechtes, dann trifft dich der Fluch.« Das Gesetz tötet. Es tötet die Leichtigkeit und Freiheit eines Lebens, das weit über den alltäglichen Umständen gelebt werden könnte. Der Mensch möchte aus sich selber tüchtig sein und sich all sein Wirken selbst anrechnen können.[126] Das Verlangen, eigene kreative Vorstellungen umzusetzen, Identität zu finden und eine Lebensperspektive zu gewinnen, ist der Impuls dafür.

Als Kind Gottes in dem royalen Status seiner Gunst zu leben, hat nichts mit eigener Leistung zu tun. Das ist für uns Menschen so schwer begreiflich. Wir brauchen nichts zu tun. »Das gibt es doch überhaupt nicht«, wirft da der eine oder andere ein, »nichts gibt es umsonst«. Wen wundert dieses Denken? Von Kindesbeinen an sind wir darauf trainiert worden, dass wir nur etwas bekommen, wenn wir etwas dafür tun.

Dabei ist es wichtig zu wissen: Wir Gnadenprediger haben den absolut höchsten Respekt vor den Zehn Geboten und Gottes Gesetz und wissen, wie heilig, gut und gerecht es ist. Aber es macht keinen von uns heilig, gut und gerecht. Wir werden keine besseren Menschen dadurch. Es hilft uns im Leben nicht weiter.

Auch wenn ich mich wiederhole: Das Gesetz ist gut, versteh mich nicht falsch. Es ist heilig, weil es von Gott kommt. Aber es kann dich nicht retten. Deswegen ist es nicht tadellos. Es hilft dir nicht dabei, Fehler zu vermeiden oder dich zu verändern. Niemand konnte durch das Gesetz und durch Werke des Gesetzes gerecht werden.

Deshalb schauen wir auf Jesus Christus, der die Gnade in Person ist und den wir auf jeder Seite der Bibel finden – im Alten wie im Neuen Testament – und zeigen jedem dieses Geschenk, helfen dabei, es auszupacken und freuen uns mit dir, wenn *Grace* in deinem Leben sichtbar wird.

GSI Folge 6 – Gerechtigkeit durch Jesus

Hatte am Mittwochmorgen pochende Kopfschmerzen, die während dem Hören der Tagesandacht plötzlich verschwunden sind, und zwar in dem Moment, als Sie unsere Gerechtigkeit durch Jesus Christus proklamiert haben!

Praise the Lord
Via Facebook

Der Bund des Gesetzes wird von höchster Stelle bemängelt

Die Unmöglichkeit, das Gesetz einzuhalten, wurde deutlich, als Jesus im Tempel lehrte und die Juden konfrontierte: »Hat nicht Mose euch das Gesetz gegeben? Und doch tut keiner von euch das Gesetz.«[127] Wenn der Gesetzesbund tadellos gewesen wäre, hätte Gott keinen Anlass gehabt, einen neuen Bund zu schließen. Doch er tadelte sein Volk und kündigte ihnen den neuen Bund an.[128]

Und trotzdem: Gottes überfließende Gnade war von Anfang an vorhanden und endete nie. Wir kennen stattdessen Gesetzlichkeit und haben uns selbst gewissermaßen dem Gesetz Moses unterstellt. »Sagt mir, die ihr unter dem Gesetz sein wollt: Hört ihr das Gesetz nicht?«[129] Spitzenklasse! Erkennen wir, was Paulus uns hier aufzeigen möchte? Ich hatte es auch lange nicht gesehen. Dann aber, während ich über diese Bibelstelle predigte, stand es mir plötzlich klar vor Augen. *Grace* gab es immer und zu jeder Zeit! Gottes Gnade war nicht abhandengekommen, als das Gesetz und die damit verbundenen Verhaltensregeln den Alltag der an Gott glaubenden Menschen beherrschten. Allerdings blieb ihnen *Grace* verborgen, denn ihr Hauptaugenmerk war auf eigene Leistung und Gesetzlichkeit gerichtet. Du kennst sicher Dreh- oder Kippbilder. Je nach Betrachtungsweise siehst du zum Beispiel eine alte, hässliche Frau oder eine hübsche, junge. Niemand sah *Grace*, obwohl sie permanent vorhanden war. Die subjektive Wahrnehmung richtete sich auf das Naheliegende, bewusst Gewollte. Aber nicht die Zehn Gebote und alle anderen Gesetze, sondern überfließende Gunst war und ist Gottes Anliegen für die Menschen.

Grace gab es immer und zu jeder Zeit!

Gottes Plan A beinhaltete nie »Du sollst nicht« und »Du darfst nicht« mit der Folge: »Wenn du, dann wird …«. Es scheint aber, dass es für uns einfacher ist, etwas Greifbares wie Gesetze und Regeln in der Hand zu halten und danach zu leben. Lebensbeeinträchtigende Folgen lassen sich dementsprechend zuordnen: »Weil du dies nicht eingehalten hast, ist dir jenes passiert.« Wer das so gelernt hat, tut sich schwer, einen anderen Blickwinkel einzunehmen. Wir halten gerne an Vertrautem fest. Das erspart uns die Mühe, eine neue Perspektive einnehmen zu müssen und gewohnte Abläufe anzupassen. Du hast aber sicher schon gemerkt, dass das Leben nach Gesetzen und Geboten nicht weniger Mühe macht. Im Gegenteil, es lässt dich ständig in Bewegung sein – sowohl in religiösen Traditionen als auch Aktionen –, bis dein Glaube wie ein ausgetrocknetes Flussbett vor dir liegt und das Leben nur noch beschwerlich erscheint. Aus diesem Grund kam es zu einem besseren Bund.[130]

Es ist unmöglich, das Gesetz vollständig einzuhalten

Nicht nur das Volk Israel musste erleben, wie irrig ihre Annahme war, alle Gebote einhalten zu können. Sie wollten den Bund Moses, denn sie fühlten sich in der Lage, die Gesetze zu halten. Auch gläubige, aktive Christen haben häufig diese Einstellung: »Ich kann sehr wohl die Gesetze Gottes einhalten. Bevor ich zur Arbeit gehe, bete ich eine Stunde, höre im Auto eine Predigt-CD und lese immer wieder zwischendurch ein paar Bibelstellen. Abends höre ich Worship-Musik und bete für Nachbarn, Freunde und Familie. Selbstverständlich bin ich sonntags im Gottesdienst. Das ermöglicht es mir, alles so zu machen, wie der Herr es möchte.« Geraten wir, wie das Volk Israel, leicht in die »Ich schaffe das auf jeden Fall«- und »Wenn ich das halte und tue, wird der Herr mich segnen«-Mentalität? Wie Israel wählen wir damit den Bund Moses mit seinen Gesetzen, anstelle uns bewusst zu machen, dass wir immer und fortwährend im Gnadenbund leben, der uns freisetzt und begünstigt.

Die Übertretung des Gesetzes geschieht so leicht und von den meisten fast unbemerkt. Hast du manchmal verurteilende Gedanken über das Tun anderer? »Ich finde, so sollte man sich nicht verhalten. Er hätte doch besser …« Und tauschst dich vielleicht mit deinen engsten Freunden darüber aus? »Das ist aber fehlerhaft – wie kann man nur so schlampig arbeiten.« Und überhaupt denkst du, dass du auf diesem Gebiet eigentlich viel mehr Erfahrung hättest als dieser Teamleiter … Selbst diese aus deiner Sicht völlig berechtigten Gedanken übertreten bereits das Gebot »Liebe deinen Nächsten …«. Wenn du über andere urteilst, ist das deine eigene Perspektive, und diese kann unvollständig oder sogar falsch sein.

Vielleicht bist du auch still und fleißig am Wirken in deinem Umfeld oder der Kirchengemeinde, hilfst überall, hast ein offenes Ohr für alle Nöte und fühlst dich ein wenig ausgebrannt und leider mangelt es auch an finanziellen Mitteln. »Oh, was hat diese Frau heute wieder für eine schöne Lederjacke an …« Der Gedanke nimmt im Lauf der Zeit immer mehr Gestalt an. »Ich mache doch so viel, es wäre schon toll, wenn ich mir auch endlich etwas mehr leisten könnte …« Du merkst es sicher bereits selbst: wir sollen nicht begehren, was unser Nächster hat.[131] Dieser harmlose Gedanke soll bereits das Gesetz brechen? Ja! Und zwar nicht nur dieses eine Gebot. In dem Moment, wo wir ein Gebot übertreten, haben wir alle Gebote übertreten.[132] »Aber ich tue doch so viel Gutes, das wiegt doch mehr.« Nein, eben nicht. Gottes Gesetze sind absolut heilig und unantastbar, man kann damit keine Geschäfte machen. Das eine lässt sich nicht mit dem anderen aufwiegen. In dem Moment, wo man eines der Gesetze bricht, hat man alle gebrochen, oder anders ausgedrückt: Hält man neun Gebote und bricht eines, hat man auch die neun anderen übertreten. Auch Gedanken der Lust, wie sie leicht bei Männern entstehen, führen schnell zur Gesetzesübertretung. Plötzlich steht eine unglaublich tolle Frau vor einem – es ist nicht die eigene – und oha, wo laufen die Gedanken hin? »Mann« stellt sich vor, wie er die Frau schön langsam auszieht oder wie sie duscht. Was für ein Bild. Und schon befindet »Mann« sich im Ehebruch oder in der Unzucht und das Gesetz ist nicht eingehalten. Kennt das jemand? Das Gesetz brachte den Menschen an die Grenze seiner eigenen Wirkungskraft. Deshalb kam Gnade zu uns in der Person Jesu Christi, um uns ein Leben zu schenken, das kein menschlicher Verstand je hätte erfinden können.

Eine Welt ohne Gott braucht das Gesetz

Das Gesetz ist gut, wenn man es seiner Bestimmung entsprechend anwendet. Das heißt, die Zehn Gebote gelten für eine Welt ohne Gott. Denn das Gesetz ist für die Gottlosen und Widerspenstigen gegeben, für solche, die Vater und Mutter misshandeln und Menschen töten, Kinderschänder, Menschenräuber, Lügner und Unheilige.[133] In einer Zeit, in der Glaube sich zu einem Großteil durch Unglaube definiert und Menschen ohne göttliche Führung miteinander Kontakt haben, braucht es Gesetze und Regeln. Wenn ich jedoch von Gesetz spreche, meine ich in allererster Linie die Zehn Gebote, nicht die rituellen Gesetze oder Verhaltensregeln.

Diese Zehn Gebote, wie auch alle Gesetze eines Rechtsstaates, gelten als Richtlinie für unsere Handlungen und decken sich mit unseren Moralvorstellungen. Zugleich wissen wir, dass beispielsweise die Strafe für Mörder mit lebenslanger Gefängnisstrafe nicht zwangsläufig weniger Mörder hervorbringt. Gesetze unterstützen uns und geben uns den Anschein von Sicherheit, aber in Wirklichkeit verhindern sie nichts, wie wir immer wieder erleben müssen. Hier siehst du bereits, dass das Gesetz dich nicht heilig machen kann. Es zeigt dir nur auf, dass du eben nicht heilig bist. Denn sonst könnte das Gesetz verhindern, dass Menschen zum Beispiel widerspenstig gegen Gott sind, lügen oder sogar Kinder missbrauchen oder töten.

Das bedeutet, das Gesetz ist gut, wenn es seiner Bestimmung entsprechend angewendet wird und man sich darüber im Klaren ist, für wen es bestimmt ist. Einem Gerechten – das ist ein Gläubiger – ist das Gesetz nicht auferlegt. Es richtet sich an Menschen, die ohne Gott leben.[134] Aus Glauben allein wird der Gläubige gerechtfertigt, nicht durch das Einhalten von Gesetzen oder sonstiger Rituale.[135] »Gerechtfertigt« heißt nichts anderes, als dass du, so wie du bist, recht bist, goldrichtig eben und wie geschaffen für alles, was vor dir liegt.

Sicherheitszaun für Unmündige

Wir sind durch unsere jeweilige Perspektive oft in unserem Verhalten begrenzt. So mancher ist wie der Alleinerbe eines großen Besitzes, der noch nicht in der Lage ist zu verstehen, was er geerbt hat. Solange Erben unmündig sind, unterliegen sie den Grundsätzen und Vorstellungen dieser Welt wie Knechte ihrem Herrn. Erst wenn sie die Stimme in sich erkennen, die Gott »Vater« nennt, wissen sie, wessen Sohn oder Tochter sie sind und welche Möglichkeiten damit verbunden sind. Das befreit sie von der Knechtschaft.[136] Das Gesetz ist ein Sicherheits- und Schutzzaun für Unmündige, die ihr Erbe noch nicht angetreten haben.

Dasselbe gilt für die Kindererziehung. Es gibt viele Hausregeln, Verkehrsregeln, Schulregeln und andere Regeln, die wichtig sind. Sie geben den Kindern einen geschützten Raum, in dem sie zu rücksichtsvollen, starken und mutigen Erwachsenen heranwachsen können. Gleichzeitig verbinden diese Verhaltensregeln die einzelnen Familienmitglieder miteinander. Sie werden zu einer starken Einheit und meistern Herausforderungen gemeinsam leichter. Aber: Unsere Kinder sollen durch die Erziehung zum Glauben an Jesus finden und nicht einen Gott von Regeln kennenlernen.

Die Nutznießer

Wir haben gesehen, wie der Bund mit Abraham zustande kam. Er hatte nichts damit zu tun, denn er schlief, während die Feuerfackel durch die zerteilten Tieropfer fuhr. Das war Hollywood in Bestform. Die Bibel ist voll von solchen Inszenierungen, die – wären damals schon Filme gedreht worden – einen Blockbuster nach dem anderen hervorgebracht hätten. Ganz zu schweigen davon, was uns noch erwartet. Reich beschenkt er uns mit seiner glanzvollen Pracht, die er für uns vorbereitet hat. In Römer 9,23 meint der Herr mit »uns« sein Volk, alle die bisher ungeliebt waren und jetzt Söhne und Töchter des lebendigen Gottes genannt werden.[137] Menschen können die Kreativität Gottes lediglich kopieren. In dem Moment, wo wir uns jedoch die Original-Inszenierungen Gottes genauer anschauen, erkennen wir erst, wie überwältigend dieser Schöpfergott wirklich ist.

Der Bund war also geschlossen worden zwischen Gott und – nicht Abraham, der ja schlief, sondern – Gottes Sohn. Genauso wurde der neue Bund nicht mit uns geschlossen, sondern zwischen Vater und Sohn, Gott und Jesus. Zwei Bündnispartner, die ihr Leben füreinander und dafür geben würden, dass der Bund nicht gebrochen wird. Bündnisse zwischen Herrschern wurden Jahrtausende lang auf dieselbe dramatische Art und Weise geschlossen. Sie zerteilten Tiere, es floss Blut und die Bundespartner gingen zwischen den Tieren hindurch. Das bedeutete, sollte der Bund von einer Partei gebrochen werden, würde die schuldige Partei genauso zerstückelt werden wie zuvor die Tiere. Blut musste fließen.

Abraham war lediglich der Nutznießer dieses Bundes, der Bündnispartner im Glauben. Denn er schlief ja, während der Bund vollzogen wurde. Unter dem Bund Abrahams waren keine Opfer notwendig, egal wie falsch oder fehlerhaft jeder sich verhielt. Auch unter dem Bund des Gesetzes, den Gott mit Moses geschlossen hatte, machte das Volk Fehler, genau wie vorher. Jetzt aber wurde durch diese Übertretungen der Bund permanent gebrochen und das Einzige, was ihr Leben rettete, waren die vielen blutigen Opfer, die sie zur Vergebung ihrer Schuld darbrachten.

Kein Mensch kann das heilige Gesetz Gottes einhalten. Wir Menschen wären auch weiter in die Irre gelaufen wie Schafe – jeder auf seinem eigenen Weg –, wenn nicht etwas viel Besseres bereits für uns vorgesehen gewesen wäre. Von jeher war es geplant, dass wir im Bund der Gnade leben sollten, mit allen dazugehörigen Verheißungen. Dazu gehört auch Friede, und wir alle wünschen uns nichts sehnlicher.

Der Sohn Gottes, der keinerlei fehlerhaftes Verhalten kannte, der Sünde nicht kannte, hat den auf unseren Namen ausgestellten Schuldschein – weil wir die Forderungen des Gesetzes nicht erfüllt hatten – für nicht mehr gültig erklärt. Er hat ihn ans Kreuz genagelt und damit für immer beseitigt.[138] Dadurch ist das Gesetz dauerhaft eingehalten. Wir brauchen uns damit nicht mehr abzuplagen. Unser Bund mit ihm ist mit seinen Initialen *Alef Taw* besiegelt, die von jeher bestanden. »Unmöglich!«, wirfst du ein?

Wir finden seine Initialen auf jeder Seite des Alten Testaments. Jesus selbst bezeichnete sich unter anderem als Alpha und Omega. Der Anfang und das Ende, der Allmächtige, der ist und der war und der kommt.[139] Jesus Christus war vom ersten Tag der

Schöpfung mit dabei. Das lässt sich wunderbar an den Originaltexten des Alten Testaments erkennen. Dort kommen immer wieder zwei Buchstaben vor: *Alef* und *Taw*. In der hebräischen Schrift leiten sie einen Akkusativ ein. Weil ihre Bedeutung völlig unklar war, ließ man diese Initialen bei der Übersetzung einfach weg. Was bedeutet aber *Alef Taw*? Es ist der erste und letzte Buchstabe des hebräischen Alphabets und sie entsprechen daher völlig dem griechischen Alpha und Omega, also A und O. Damit sehen wir mit *Alef Taw* bereits die Signatur von Jesus Christus und seine Initialen. Deshalb lesen wir im hebräischen Original in Genesis: »Am Anfang schuf Gott *Alef Taw* [also A O] die Himmel und die Erde«.[140] Jesus Christus ist der Bundespartner. Seine Signatur bestätigt uns dies.[141]

Wir dürfen erleichtert aufatmen. Der Gesetzesbund wurde durch Jesus für den Gläubigen aufgehoben.[142] Er wurde ein für alle Mal erfüllt und ist damit erledigt. Wenn etwas erledigt ist, brauchen wir es nicht mehr zu tun. Es hat auch wenig Sinn, eine Prüfung oder eine Aufgabe noch einmal durchzuführen, wenn jemand sie für uns bereits mit Exzellenz bestanden und erledigt hat. Ein für alle Mal! Keine Wiederholung erforderlich.

Wer arbeitet für dich?

Der nächste Punkt ist ein hilfreiches Unterscheidungsmerkmal, damit wir uns wirklich in Frieden und Freiheit bewegen können. Im Wort Gottes wird der Kern der Gesetze als »Dienst des Todes« und »Dienst der Verdammnis« bezeichnet. Während der »Dienst der Verdammnis« Herrlichkeit hatte, wird der »Dienst der Gerechtigkeit« von Herrlichkeit überfließen.[143] Sind wir offen dafür, uns durch den Geist Gottes und durch die Gerechtigkeit dienen zu lassen? Der Dienst des Geistes macht lebendig. Echtes Leben, das lebendiger, übersprudelnder und gleichzeitig ruhiger und ausgeglichener ist als wir alle es uns vorstellen können. Darüber hinaus erfahren wir Gerechtigkeit, denn wir sind frei von aller Schuld durch Jesus Christus, der sie für uns am Kreuz tilgte.

Am Pfingsttag, fünfzig Tage nach dem Tod Jesu Christi, wurde Petrus wie alle Anwesenden vom Heiligen Geist erfüllt.[144] Alle Apostel erhoben sich und traten vor das versammelte Volk. Völlig neuer Mut erfasste Petrus. Ein Mut, der auch unserer ist, wenn uns der Geist Gottes dient. Voller Zuversicht können wir all das anpacken, was noch vor uns liegt und uns dabei so richtig gut fühlen. Petrus begann über den verheißenen Erlöser, den Messias zu predigen – wer er ist, was er für alle Menschen getan hat – und forderte sie auf, sich retten zu lassen, indem sie den Namen des Herrn anriefen. Und 3000 Seelen wurden errettet.[145] Dieses erste Pfingstfest war die Geburtsstunde der *Grace*-Gemeinde, die vom Heiligen Geist erfüllt ist und kraftvoll, wie das Brausen des Geistes Gottes, von den Erlebnissen mit dem Herrn erzählt.

Zeitalter der Gnade

Pfingsten, die Ausgießung des Heiligen Geistes, können wir nun unter dem Gesetz betrachten oder aus Sicht der Gnade. Diese zwei Perspektiven zeigen Pfingsten so verschieden, wie der Dienst des Todes und der Dienst des Geistes sich unterscheiden. Das jüdische Volk feiert zeitgleich mit dem christlichen Pfingsten das Wochenfest »Schawuot«. Fünfzig Tage vorher feiern sie das Passahfest. Gott hatte ihnen – bevor sie aus Ägypten auszogen – befohlen, die Türpfosten mit dem Blut von Lämmern zu bestreichen.[146] Als er das Blut anschaute, sah Gott das Blut Jesu zur Befreiung. In Dankbarkeit über die Güte Gottes nannten sie dieses Fest »Passah«, was »verschonend vorübergehen« bedeutet.[147] Das Strafgericht zog an ihnen vorbei, einzig und allein wegen des Blutes des Lammes, das Jesu Blut symbolisiert. Und jetzt ein Schmuckstück der Gnade: In dem Moment, in dem wir das Blut Jesu empfangen haben, ist das Gericht auch an uns vorbeigezogen. Ein für alle Mal.

Durch das Blut Jesu ist das göttliche Strafgericht an dir vorbeigezogen – ein für alle Mal!

Fünfzig Tage nach dem Passahfest kommt das jüdische Volk an den Berg Sinai und erhält das Gesetz. Jetzt feiern sie Schawuot und damit den Empfang des Gesetzes. Mit Schawuot erinnert sich das jüdische Volk jedes Jahr an den Empfang der Zehn Gebote – auch heute noch. Aber welchen Dienst leistete das Gesetz den Menschen? Am Berg Sinai verloren 3000 Menschen ihr Leben, nachdem sie das goldene Kalb gemacht hatten.[148] Der Dienst des Gesetzes führt zum Tod. Nicht immer ist damit der körperliche Tod gemeint, sondern auch ein innerlicher Tod dem Leben gegenüber, der Verlust an Vitalität und Freude. Wenn jemand sagt: »Ich möchte nicht mehr leben, ich kann nicht mehr«, hat der Dienst des Gesetzes ihn zum Tod geführt. Dahingegen rettet der Dienst des Geistes Leben für die Ewigkeit in Gottes Herrlichkeit.

Wenn wir fünfzig Tage nach Ostern das Pfingstfest feiern, erinnern wir uns an den Empfang von Gottes Gnade, die Menschen rettet und befreit. Jesus brachte uns *Grace* und exakt fünfzig Tage nach seinem Tod, als sich an Pfingsten der Geist Gottes über die Menschen ergoss, begann das Zeitalter des neuen Bundes der Gnade.

Höre ich richtig?

Wir dürfen an Pfingsten die überfließende Gnade Gottes feiern. Mit dem Geist Gottes kam Gnade zu uns, die hörbar ist. El Schaddai, der Gott, der mehr als genug ist, erklärte deutlich, dass wir auf seinen geliebten Sohn, an dem er Freude hat, hören sollen.[149] Ich weiß, es ist nicht immer ganz leicht auf nur eine Stimme zu hören. Zu viel Lärm von überall her lenkt ab, irritiert oder macht uns taub. Es wird zweifellos einfacher, die Störgeräusche herauszufiltern, je mehr wir uns auf Jesus konzentrieren. Dann hören wir den Heiligen Geist, der uns von der Gnade Gottes erzählt, uns in ihre Tiefen vordringen und darin wandeln lässt. Höre nicht auf Mose und damit auf das Gesetz, suche auch nicht deine Antworten bei den Propheten, sondern höre *Grace*.

Auf dem Berg der Verklärung[150] wird das auf eindrückliche Art und Weise demonstriert. Neben Jesus standen Mose und Elia, das Gesetz und die Propheten also. Doch die Stimme, die vom Himmel ertönte, sagte nicht: »Hört auf alle drei.« Nein, die Stimme sagte: »Hört auf meinen geliebten Sohn.« Eine Aufforderung an alle Gläubigen und Jünger des Herrn, auf *Grace* zu hören und nicht auf Gesetz oder Propheten. Inzwischen wissen wir ja: »Grace has a face – Jesus« (Gnade hat ein Gesicht – Jesus), und Jesus stand in der Mitte dieser drei.

Die Zeugen dieses Geschehens auf dem Berg der Verklärung waren Petrus, Jakobus und Johannes – der innere Kern war also persönlich dabei, *live on the scene*. Selbst die biblische Auflistung der Namen dieser drei »Insider« ist nicht dem Zufall überlassen. Petrus steht sinnbildlich für Stein, also das *Gesetz*, Jakobus bedeutet im Hebräischen auch *Ersetzer* (engl. »Supplanter«) und Johannes bedeutet ganz einfach *Gnade*. Was sehen wir durch diese Reihenfolge? *Das **Gesetz** wurde **ersetzt** durch **Gnade**.* Es wird immer klarer, warum wir auf Jesus *allein* hören sollten!

»Das tue ich ganz genau, Pastor Engler, und deshalb versuche ich, die Zehn Gebote exakt einzuhalten, denn Jesus sagte: ›Wenn eure Gerechtigkeit die der Schriftgelehrten und Pharisäer nicht weit übertrifft, so werdet ihr gar nicht in das Reich der Himmel eingehen.‹«[151] Das ist sehr genau und präzise ausgedrückt und es stimmt, dass Jesus das so sagte. Die weitaus wichtigere Frage ist jedoch: *Weshalb* hat Jesus das gesagt? Jesus überwältigt seine Zuhörer mit den tatsächlichen Forderungen des Gesetzes, indem er sie über den wahren Geist des Gesetzes aufklärt. Dadurch sehen sie, dass sie es nicht halten können. Nur wenn etwas unmöglich erscheint, kann der Mensch zum Ende von sich selbst und seinen Eigenbemühungen gelangen. Jesus stellt eine unmögliche Forderung auf und »beerdigt« dadurch alle Wege (vor allem die Wege des Talmuds), selbst Gerechtigkeit zu erreichen. Die Bergpredigt ist Jesu Präsentation über den Maßstab der Gerechtigkeit, welche das Gesetz fordert und die kein Mensch einhalten kann. Das Gesetz lehrt somit über die Gerechtigkeit Gottes und dessen höchsten Standard, aber nur mit Jesus können wir gerecht werden – und wie man es auch dreht, ohne ihn schaffen wir es nicht.

Im alten Bund des Gesetzes sollten Gottes Gebote und Satzungen eingehalten werden. Wenn jemand der Stimme des Herrn jedoch nicht gehorchte, kamen Flüche über ihn.[152] In Gesprächen erlebe ich regelmäßig, wie Menschen unter der Angst leiden, Gott gegenüber ungehorsam gewesen zu sein. Sie interpretieren den jetzigen Zustand ihres Lebens als Folge von Ungehorsam. Diese Angst vor den Konsequenzen eines Fehlverhaltens hält Gläubige jeglicher Prägung nach wie vor gefangen. Bis zum heutigen Tag glauben sie, wenn sie richtig handeln, dann werde Gott sie segnen; wenn sie etwas falsch machen, dann werde er sie nicht segnen oder sogar bestrafen. Unser himmlischer Vater wusste, dass kein Mensch den heiligen Standard des Gesetzes erfüllen kann. Deswegen kam Jesus in diese selbstzerstörerische Welt. **Als er seinem Auftrag gemäß handelte, wurde sein absoluter Gehorsam zu unserem Gehorsam** und rechtfertigte uns damit vor Gott.[153] Jesus ist vollendet, vollkommen und gehorsam. Deswegen kann er uns und alles, was unser Leben ausmacht, wieder in die göttliche Ordnung bringen. Zerbrochenes wird intakt, Müdes wird frisch und munter, aus Unordnung wird Ordnung und jeder Missmut weicht Wohlbefinden.[154]

Der Einzige, der diesen Fluch des Ungehorsams von uns nehmen konnte, war Gott selbst. Durch seinen Sohn Jesus Christus hat er uns losgekauft und erlöst von dem Fluch des Gesetzes. Diesen Fluch trug er an unserer Stelle, als er am Holzkreuz endete.[155] Mit diesem einmaligen, in der Geschichte bis dato nie da gewesenen Glaubensgehorsam[156] – wie Paulus es bezeichnete – sind wir durch unser Leben mit Jesus **komplett und dauerhaft gehorsam**. Ja, du hörst richtig.

Wenn du das verstehst, hast du eine gesunde Basis geschaffen. In dem Moment, wo du Jesus in dein Leben aufnimmst, bist du ihm gegenüber gehorsam gewesen. Von diesem Augenblick an bist du, bleibst du und warst du in den Augen des himmlischen Vaters komplett gehorsam. Jetzt, wo du in diesem Glaubensgehorsam fest verankert bist, ist es leicht. Du lässt dich ganz einfach vom Geist Gottes leiten.[157]

Offenes Ohr für meinen Top-Berater

»Na ja, wenn es so einfach ist, aber …?« Tausend Fragen schießen durch den Kopf. »Warum das Ganze? Ich komme ohne den Heiligen Geist auch ganz gut zurecht. Schließlich bin ich talentiert und kann einiges an Erfolg vorweisen.« Ich allerdings bin mir sicher, dass jedermann einen Mentor braucht, und wenn schon, dann bitte den Besten.

Nach Gottes Plan sind wir auserwählt, heilig zu sein. Durch das Wirken seines Geistes und indem wir uns gehorsam Jesus Christus und dem Glauben zugewandt haben, werden wir durch sein Blut von aller Schuld gereinigt. Die Folge sind Gnade und Frieden in reichstem Maß![158] Hier geht es nicht um bloßen Befehlsgehorsam, sondern um eine Offenbarung der Person von Jesus Christus. Wenn ich eine Persönlichkeit kennenlerne, die auf ihrem Gebiet Herausragendes geleistet hat, höre ich gerne auf ihre Erkenntnisse. Davon kann ich nur profitieren. Jesus hat uns jemanden seinesgleichen geschickt, einen Tröster, einen weisen Lehrer und Advokat, der uns in allem beisteht, eine herausragende Persönlichkeit – den Geist Gottes.

Ich höre auf meinen Berater und erlebe dadurch ein für alle Mal nur Gnade.

Unter dem alten Bund mussten die Menschen dem Gesetz bis auf das i-Tüpfelchen gehorchen. Außerdem ging es darum, dem Herrn durch Werke zu gefallen. Sie wurden nicht vom Heiligen Geist geleitet. Das ist für uns ein für alle Mal erledigt, wenn wir Jesus in unser Leben einladen. Es geht nicht mehr um diese traditionelle Ansicht des Gehorchens, sondern um die Führung durch den Heiligen Geist, der für uns Mentor im besten Sinne ist. Wir folgen seinen Impulsen. In diesem Moment sind wir nicht mehr unter dem Gesetz[159], sondern frei, und zwar für immer.

Ganz ehrlich, auch ich bin schon hereingefallen auf gut gemeinte Tipps oder Ratschläge von vermeintlichen Fachleuten. Man braucht Weisheit, um zu wissen, von wem man etwas annimmt und von wem nicht. Wenn wir den Geist Gottes an unserer Seite haben, kennen wir den Top-Profi in allen Lebensfragen. Seine Erfahrung bezieht sich nicht nur auf das Hier und Jetzt, sondern auch auf das Morgen. Außerdem sind die Auswirkungen seines Planens von Ewigkeitswert, was man von anderen Plänen nicht unbedingt behaupten kann. Haben wir allerdings lediglich eine theoretische Abhandlung, also Theologie, dann ist Gehorsam etwas sehr Schwieriges und lässt uns eher eigene Wege gehen. Gehorsam im Leben mit Jesus – ein offenes Ohr für meinen Mentor zu haben – ist dagegen etwas wirklich Einfaches. Denn Christus hat uns erlöst vom Fluch des Ungehorsams.

Sohn und Tochter des Königs der Gnade

Viele Leute fragen oft zuerst nach Konsequenzen, weil sie ein negatives und strafendes Bild von Gott haben. Ja, selbstverständlich gibt es gesetzmäßige Auswirkungen. Wenn du morgen eine Bank ausraubst und du erwischt wirst, sind die Konsequenzen klar. Vielleicht plagt dich aber das Gefühl, etwas nicht so umgesetzt zu haben, wie es von Gott gemeint war. Dann kann ich dir sagen: Wenn du vom Geist Gottes geleitet wirst, bist du ein Sohn oder eine Tochter Gottes, des Königs der Gnade. Du hast nicht einen Geist der Unterdrückung und Abhängigkeit empfangen, der dich ängstlich und furchtsam macht, sondern den Geist Gottes, der dich als Tochter und Sohn anerkennt und annimmt. In dem Moment, wo du »Abba, Vater!« zu deinem himmlischen Vater rufst, gehörst du zur königlichen *Grace*-Familie.[160] Selbst wenn du dem sanften Flüstern deines göttlichen Mentors nicht gefolgt bist und jetzt Angst hast vor den Folgen, dann sagt dir dein ewiger Vater: »Mein Kind, du brauchst dich nicht zu fürchten! Du kannst hundertprozentig frei sein von Verdammnis, Schuldgefühlen und Verurteilung.« Das ist eine gute Nachricht! Sie befreit dich und gibt dir Raum zur Entfaltung.

Der himmlische Vater wird dir zuflüstern: »Fürchte dich nie mehr vor Strafe und Gericht. Du bist mein Sohn, meine Tochter geworden, den Geist der Furcht habe ich von dir genommen.« Denn wir haben nicht einen Geist der Knechtschaft empfangen, dass wir uns wiederum fürchten müssten, sondern wir haben den Geist der Sohnschaft empfangen, durch den wir rufen: Abba, Vater![161]

Die Furcht zu versagen ist völlig überflüssig, denn einer war bis zum Lebensende komplett gehorsam: Der Sohn Jesus Christus. Er hat uns die Tür geöffnet, damit wir Söhne und Töchter Gottes sein können. Durch Jesus kam Gnade und der Geist der Sohnschaft in unser Leben, anstelle des Geistes der Knechtschaft und des Fluches des Gesetzes.

»Aber mir unterlaufen doch noch immer so viele Fehler, die Gott, dem Allmächtigen, sicher nicht gefallen«, denkst du vielleicht. Ja, natürlich – und sie werden weniger und weniger. Schau nicht permanent auf deine Fehler oder bekenne ständig deine Sünden.

Sprich dasselbe wie Gott über dich. Und sprich über Jesus und deinen Glauben an ihn. Denn der Glaube ist es, der uns rechtfertigt und nicht unsere Sündenbekenntnisse. Wir können glücklich sein, denn der Herr rechnet uns unsere Sünden nicht mehr an.[162] Umgehend sind wir innerlich wieder auf den Beinen, denn der mahnende Zeigefinger, der eben noch auf uns gerichtet war, hat seine destruktive Macht verloren. Kein Mensch ist fehlerlos, auch kein Christ. Aber durch die Gnade in unserem Leben wachsen wir als Töchter und Söhne Gottes gut beschützt auf, werden reifer und überlegter. Immer schneller hören wir auf unseren geistlichen Berater und tappen zunehmend weniger in die Fallen des Lebens, die uns mit dem Bewusstsein von Schuld zurücklassen. Und vor allem können wir unbeschwert die Richtung ändern und unseren Weg richtig fortsetzen, wenn uns nicht mehr die Fesseln ständiger Schuldeingeständnisse anhängen.

Permanentes Bekennen von Sünden und das damit verbundene Eingestehen von Schuld ist eine Praktik, die unter das Gesetz fällt. Dem Wesen des neuen Bundes entspricht dagegen das ständige Bekennen unserer Gerechtigkeit in Jesus Christus. König David sah den König der Gnade kommen. Wohl dem Menschen, dessen Übertretungen vergeben und dessen Sünden zugedeckt sind, dem der Herr keine Schuld anrechnet.[163] David sieht den neuen Bund der Gnade prophetisch auf uns zukommen, steht aber zeitgleich dem Dilemma seiner eigenen Schuld und Sünde unter dem Gesetz gegenüber.

So aussagekräftig ist der 32. Psalm von David, dass Paulus diesen Wortlaut im Römerbrief aufgreift.[164] Aber eben nur den ersten Teil des Psalms. Denn dieser Teil entspricht der Realität des neuen Bundes: »Glücklich sind die, … deren Sünden zugedeckt sind«, und zwar ein für alle Mal durch den König der Gnade. Was bleibt, ist die Gerechtigkeit – und von dieser sollen wir reden.

In den Fußstapfen Abrahams

Abraham ist unser Vorbild, unser Vater im Glauben. Zugleich werden durch ihn viele Geheimnisse der Bibel für uns entschlüsselt, sodass wir die Gnade und Barmherzigkeit unseres himmlischen Vaters verstehen können und es begreifbar wird, was Glaube eigentlich bedeutet. So oder so ähnlich würde Abraham uns vielleicht seine Gottesbeziehung erklären: »Gott ist ein guter Gott! Ich sage dir, es lohnt sich, immer an ihn zu glauben, ihm zu vertrauen, ihm zu folgen. Ich selber habe es so gemacht – ziemlich lange – und es hat sich immer gelohnt.«

Als das israelitische Volk aus Ägypten auszog, lebten sie noch unter dem Bund Abrahams, einem Bund der Gnade. Sie zogen mit Silber und Gold aus, und es war kein Strauchelnder unter ihren Stämmen.[165] El Schaddai, Gott der Allmächtige, schickte sie voller Vitalität, Gesundheit und mit materiellen Dingen bestens versorgt auf ihren Weg. Eine gewaltige Demonstration seiner Gnade begleitete sie. Der Plan Gottes für sie war, dass sie den Bund Abrahams aufrechterhalten – mit etwas mehr Glauben als bisher. Sie sollten in den Fußstapfen Abrahams weitergehen, in seinem Glauben wandeln.

Es geht darum, was wir glauben. Glaube ist so vielfältig wie es unterschiedliche Menschen gibt. Er ist geprägt vom Erleben des Einzelnen und mit gruppendynamischer Auswirkung für ganze Völker. Jeder glaubt etwas, denn das Verlangen zu glauben ist bereits in unserer DNA enthalten. Etwas zu glauben heißt vertrauen. Jemandem zu vertrauen ist ein Grundbedürfnis in uns. Ohne Vertrauen würden wir nicht überleben und nichts mehr anpacken, tun oder bewegen. Selbst der, der an nichts glaubt, glaubt daran, dass er eben nicht glaubt.

Abraham wurde zum Vater all derer, die glauben. Genau wie ihm wird auch uns unser Glaube als Gerechtigkeit angerechnet. Wir sind gerechtfertigt, das heißt, wir sind integer und loyal. Dabei geht es nicht darum, ob ein religiöses Ritual an uns durchgeführt wurde, wie zum Beispiel die Beschneidung. Nein, es geht darum, sich nicht nur mit einem Ritual zu begnügen, sondern vielmehr den Fußstapfen unseres Stammvaters Abraham zu folgen und wie er zu glauben. Denn einem solchen Menschen wird aufgrund seines Glaubens Gerechtigkeit zugesprochen.[166] Nicht nur das Volk Israel sollte dem Vorbild Abrahams folgen und in seinen Fußstapfen des Glaubens gehen. Dasselbe gilt auch für uns.

Allein der Glaube an Gott wurde Abraham als Gerechtigkeit angerechnet. Wer sich dagegen durch eigene Leistungen seinen Lohn erarbeiten möchte, wird diesen auch nur auf der Grundlage des Geleisteten erhalten. Was er erhält, entspricht lediglich einer Verpflichtung und entspringt nicht Gottes Gunst.[167] Dementsprechend wenig ist es. Wir kennen diese leistungsbezogene Bezahlung aus unserem Arbeitsleben. Es ist meist keine Fülle in dieser Entlohnung, sondern gerade so ausreichend.

Die Buchhaltung Gottes

Wenn allerdings jemand, ohne irgendwelche Leistungen vorweisen zu können, sein Vertrauen auf Jesus Christus setzt, wird sein Glaube ihm als Gerechtigkeit angerechnet. Dann vertraut er auf denjenigen, der uns trotz all unserer Gottlosigkeit in Christus für gerecht erklärt[168] – er glaubt und vertraut seinem himmlischen Vater. *Logizomai* (griech. »anrechnen« oder auch »zurechnen«) bedeutet, dass etwas auf das Konto gebucht wird. Dieser griechische Begriff des Anrechnens, der vor allem buchhalterisch gebraucht wird, offenbart uns das Herzstück von Gottes Gnade.

Echter Glaube bedeutet, ruhig sein zu können und sich keine Sorgen zu machen, sondern Gott zu vertrauen, weil mein Konto der Gnade nie ins Minus rutscht. Warum gibt es auf diesem Konto kein Minus mehr? Weil Sünde **NICHT** angerechnet wird.[169] Wie dankbar können wir dafür sein. Du siehst also, durch den Glauben an Jesus Christus gibt es nur Gutschriften, und Abzüge wegen Sünde gibt es nicht. Sünde wird nicht angerechnet. Einfach ausgedrückt bedeutet das: Verfehlungen werden nicht auf mein Gnadenkonto gebucht. Verstehen wir jetzt, weshalb wir im Neuen Testament von Abraham und Sarah nur Gutes lesen? Die Fehler, die sie machten, wurden ihnen nicht angerechnet. Der neue Bund ist kein Kontokorrent von Plus und Minus, Ein- und Ausgängen, Zu- und Abflüssen. Es gibt ein einziges großes Guthabenkonto und kein Belastungskonto mehr. Wer einmal gerettet ist, kann seine Erlösung nicht mehr verlieren – Gott sei Dank.

Glaube und Gnade sind ein Paar!

Egal in welcher Lage wir uns gerade befinden, wir vertrauen El Schaddai (Gott dem Allmächtigen). Die Situation wird durch ihn gelöst werden. Wir folgen dem Rat unseres geistlichen Mentors, dem Geist Gottes, und wissen, was zu tun und was zu lassen ist. Warum können wir überhaupt glauben? Weil wir wissen, dass der Bund der Gnade durch Jesus in unserem Leben wirksam ist.

Es dauerte einige Zeit, bis ich es wirklich sah. Ähnlich einem Archäologen, der eine lange verschollene Kostbarkeit ans Tageslicht befördert. Glaube und Gnade sind ein Paar, wie Abraham und Sarah.

Wenn ich Jesus Christus sehe – also Gnade betrachte –, dann findet er Glauben bei mir und zwar mehr als genug. Ich persönlich finde das sehr entspannend. Glaube ist keine Gehorsamsleistung oder religiöses Getöse voller Kampf. Glaube wird durch die Verbindung mit Gnade zu etwas völlig Unbeschwertem. Wir dürfen dankbar sein, dass Abrahams wirkliche Frau nicht Hagar, sondern Sarah war, denn Gesetz und Glaube gehören nicht zusammen. Auch wurde niemand durch das Gesetz vor Gott gerechtfertigt.[170]

Ist es nicht logisch, dass Glaube und Gnade zusammengehören? Das Gesetz stellt den Menschen in den Mittelpunkt – sein Handeln und Wirken – und Glaube ist dafür nicht erforderlich. Wenn wir jedoch aus der Gnade heraus leben, steht Jesus im Zentrum, denn das Prinzip des Glaubens beruht auf Gnade.[171] Und deshalb stelle ich doch lieber den vollkommenen Jesus in den Fokus als mich und mein fehlerhaftes Verhalten. Ich muss es einfach nochmals betonen: Wenn ich auf Jesu große Gnade schaue, dann sieht Gott, dass ich Glauben habe! Ich muss also nicht mehr um Glauben ringen und hoffen, dass ich genug davon besitze. Ich brauche lediglich auf seine Gnade zu schauen und Glaube wird ein unbewusster, aber konstanter Begleiter sein.

Grace ist kein Mixgetränk

Jetzt stellt sich noch die Frage: Soll *Grace* in deinem Leben lediglich die minimale Zutat in einem sprichwörtlichen Cocktail aus Gesetz, Geboten und Verhaltensregeln sein? Diese Art der Vermischung entstand in der ersten Gemeinde durch Juden, die Christus nachfolgten, aber gleichzeitig im Gesetz blieben.[172] Natürlich wollen wir das eigentlich nicht und trotzdem wird es im Christentum oft so gelebt. Ein wenig Gesetz, ein wenig Gnade, ein wenig Gebote, noch ein wenig Gnade und dann gut vermischen. **In dieser Mixtur kommt Gnade allerdings nicht zur Entfaltung, sie wird wertlos.** Paulus bringt es auf den Punkt:

> *Denn wenn die vom Gesetz Erben sind, so ist der Glaube wertlos geworden und die Verheißung unwirksam gemacht. – Römer 4,14*

Du kannst die feinen Nuancen der Gnade nicht erkennen, spürst die Zartheit mit kraftvollem Ausgang nicht. Geschweige denn, dass du genügend davon genießen könntest, bis sich ihre Wirkung bei dir zeigt.

Etwas sehr Wichtiges dürfen wir dabei nicht übersehen. Hagar und Sarah verkörpern die beiden Bündnisse des Gesetzes und der Gnade. Hagar repräsentiert dabei den Bund vom Berg Sinai, der uns unter die Knechtschaft des Gesetzes bringt.[173] Ein Urbild, das uns eine übergeordnete und geistliche Sichtweise bis zum heutigen Tag vermittelt, ein Typos, wie es im Griechischen heißt. Wörtlich bedeutet der Name »Hagar« nichts anderes als »Fremde« oder »Sklavin«. Das Gesetz ist etwas Fremdes und es macht uns zu einem Sklaven. Wir sollten nicht mit dem Gesetz vertraut sein, sondern mit *Grace*, wie mit der Ehefrau, für die Sarah steht.

Gesetz und Gnade können nicht unter demselben Dach leben. Als Sarah erkannte, wie sehr ihr Sohn der Gnade, Isaak, vom Sohn, der aus eigenen Werken entstanden war, Ismael, verhöhnt und geärgert wurde[174], warf sie Hagar, die Magd – also das Gesetz – zusammen mit ihrem Sohn, der das *Fleisch* und *Gesetz* repräsentiert, aus dem Haus. Paulus griff das in einem seiner für uns heute wichtigsten Briefe auf, den er an die Galater geschrieben hatte, und erinnerte daran, was die Schrift und damit die höchste Autorität sagte: »Treibe die Magd hinaus und ihren Sohn!«[175] Ist das wirklich notwendig? Ja, denn solange das Gesetz im Hause wohnt, haben wir alle Hände voll damit zu tun, es zu beherrschen. Es bleibt dann überhaupt keine Zeit, die Gnade zu empfangen, so beschäftigt sind wir. Keine Frage, Gott liebte Hagar und Ismael und beschenkte sie reich.[176] Aber seine Erben sollten die Kinder der Freien sein. Wir können die Verheißungen Gottes nie durch Gesetzesleistungen empfangen, sondern nur aufgrund der Gnade. Darum nimm kein Mixgetränk zu dir, sondern ausschließlich *pure Grace.* Wie ein guter Weinkenner wirst du dann bald erkennen, wenn dir etwas Verfälschtes aufgetischt wird.

Pure Gnade

Es ist unerlässlich, dass wir beim Vertreiben des Gesetzes selbst nicht gesetzlich werden. Anders gesagt, ein Gesetz löst das andere Gesetz nicht auf. Wenn wir uns Gedanken darüber machen oder sogar eine große Liste anfertigen, was wir wie loswerden wollen, sind wir Sklaven des Gesetzes. Wir agieren aus eigener Leistung heraus. Gnade hingegen ist mühelos. Sobald wir verstehen und in unserem Herzen zulassen, dass Gott selbst das Gesetz austreiben will, können wir uns gelassen durch das Leben bewegen. Der Heilige Geist, unser Top-Berater zeigt uns, wo uns das Gesetz noch im Wege ist. Wir dürfen loslassen, was uns bedrückt oder belastet, dürfen die Anstrengung aufgeben, uns ein zufriedenes, glückliches Leben zu erarbeiten.

Wie können wir aber unterscheiden, auf welchem Terrain wir gerade unterwegs sind? Ganz simpel: Wir befinden uns auf gefährlichem Gelände, wenn wir aus unseren eigenen Möglichkeiten heraus etwas vollbringen. Wir bewegen uns jedoch auf sicherem Gelände, wenn der Herr es zustande bringt und wir nichts damit zu tun haben. Das hat zwar den Nachteil, dass wir uns nicht selbst auf die Schulter klopfen können, wie gut wir das wieder hinbekommen haben, aber dafür werden wir in unserem Leben bessere Ergebnisse sehen als je zuvor. Außerdem gibt es ein klares Erkennungsmerkmal: Fröhlichkeit und Gelassenheit selbst in der schwierigsten Situation. Beides ist Ausdruck eines großen Vertrauens und Glaubens an den Gott, der uns auf seinen Armen sicher – auch durch Stürme – trägt, bis wir wieder trockenen Fußes auf festem Boden stehen können. Lass dich von Jesus tragen, lass dich von Gnade tragen.

Mehr von Jesus Christus
befreit dich von Gesetzlichkeit.

Es ist einfach, sich von der Gesetzlichkeit zu verabschieden: Nicht durch mehr Gehorsam und noch mehr »Ich muss …«, sondern durch das Kennenlernen einer Person. Denn je mehr wir diese Person Jesus Christus erkennen und eine Offenbarung über ihn und von ihm haben, umso mehr weicht die Eigenleistung und Gesetzlichkeit aus unserem Leben.

Gewaschene Füße

Mache dich schon einmal bereit und zieh deine Schuhe und Strümpfe aus. Logisch, während wir durch diese natürliche Welt gehen, werden unsere Füße schmutzig. Jetzt stell dir vor, Jesus krempelt seine Ärmel hoch. Er beginnt, dir liebevoll deine Füße zu waschen und trocknet sie sorgfältig mit einem Tuch ab, damit du mit ihm Gemeinschaft haben kannst. Du aber fühlst dich so schmutzig von all den Geschehnissen des Alltags und möchtest lieber ein Vollbad. Völlig überflüssig, denn wer gebadet ist, hat es nicht nötig, den ganzen Körper zu waschen. Er ist vollkommen rein, bis auf seine Füße.[177] Unser Geist ist reingewaschen durch das Blut Jesu – ein für alle Mal. Deshalb brauchen wir kein Vollbad mehr zu nehmen. Darauf können wir uns hundertprozentig verlassen, denn er will an unsere Fehler und Gesetzlosigkeiten nicht mehr denken.[178] Unter keinen Umständen und für alle Zeit. Aber unsere Seele ist noch sehr irdisch und zieht allen Schmutz an, den es rundherum gibt. Jetzt benötigen wir wieder ein Bad, allerdings reicht bereits ein Fußbad, das Wasserbad des Wortes.[179]

Unsere Füße werden ziemlich strapaziert, genau wie unsere Seele. Ein Fußbad dient der Entspannung und bringt neuen Schwung in den ganzen Körper. Unser Innerstes braucht ebenfalls Entspannung – und die erhält es, wenn es im Wasserbad der Worte Jesu planschen und eintauchen kann. Danach pulsiert das Leben in jeder Zelle und bringt neuen Schwung. Jesus sagt dir: »Du bist sauber!«, egal ob dich andere für »nicht ganz sauber« halten. Denn kaum machst du einen Fehler, fühlst du dich schuldig oder verurteilst und verdammst dich selbst. Das Beste, was du jetzt tun kannst, ist ein Fußbad zu nehmen. Das ist nichts anderes, als dich an das vollkommene Erlösungswerk Jesu zu erinnern. Inmitten des Versagens kannst du aufschauen zu ihm – du bist nicht allein – und weißt, dass du komplett gebadet und dadurch rein bist. Ein für alle Mal. Wann immer du ab jetzt das Wort »gewaschen« hörst, wird es dich an deine Freiheit von jeder Schuld durch Jesu Werk erinnern. Das Fußbad hat außerdem ein Ende, denn er trocknete mit seinem Leinentuch die Füße. Dieses Tuch aus Leinen symbolisiert deine Gerechtigkeit in ihm. Du bist recht und integer in seinen Augen.

Um den täglichen Schmutz wieder loszuwerden, nehmen wir ein Fußbad und hören eine gute *Grace*-Botschaft, die dir Jesus Christus nahebringt. Am besten gleich eine meiner Gnaden-Predigten (*www.gracefamilychurch.ch*) … Haha, Spaß beiseite, natürlich gibt es auch viele andere gute Prediger und Botschaften zu diesem Thema. Gnade wird dich immer daran erinnern, dass dir ein für alle Mal jedes Fehlverhalten vergeben ist. Dabei wäscht sie dir die Füße. Gnade wäscht deine Füße.

Es ist mir ein Anliegen, wirklich verständlich zu machen, dass eine gute Botschaft über Jesus Christus, sei es am Sonntag im Gottesdienst oder via Internetdownload, einem Wasserbad gleichkommt. Daher gefällt mir der Vergleich der christlichen Ortsgemeinde mit einem großen öffentlichen Schwimmbad: Hunderte und Tausende können gleichzeitig darin Baden und sich erfrischen lassen.

GSI Folge 7 – Frei von HIV

Pastor Juan Carlos schrieb:

Vor drei Wochen hörten wir von der Not einer Familie. Sie wohnen etwas entfernt von uns. Die Mutter ist HIV/AIDS-krank und hat häufig Atemnot. Das HIV/AIDS wurde auch auf ihre Tochter übertragen. Anita ist jetzt zwei Jahre alt. Wir haben die Familie besucht und ihnen Audio- und Videopredigten von Pastor Erich Engler geschenkt.

Obwohl sich der Familienvater hart gegenüber dem Glauben äußerte, erlaubte er unsere Besuche und erlaubte seiner Frau, die Predigten zu hören und zu sehen.

Die Mutter von Anita nahm Jesus Christus sofort als ihren Erlöser an und hört die Predigten seitdem ständig. Ab dem ersten Tag hatte sie keine Atemnot mehr.

Die Mutter erzählte uns, dass Anita Spaß hatte, die Predigten mitzuhören oder mit anzuschauen. Ein paar Tage später stellten die Ärzte bei der Kleinen bedeutende positive Veränderungen in der Gesundheit fest. Aufgrund dieser Veränderungen wurde die kleine Anita eine Woche später nochmals von den Ärzten gründlich untersucht. HIV/AIDS konnte bei ihr nicht mehr festgestellt werden! Gott ist guuuuttt!!!

Der Vater war von den Ereignissen überrascht. Auf seine eigene Verantwortung brachte er Anita in ein anderes Krankenhaus. Dort konnten die Ärzte nur bestätigen, dass die Kleine völlig gesund ist. Kein HIV war mehr nachweisbar! Preis dem Herrn!

Trotz allem versucht der Vater sich gegenüber dem Glauben nach außen hin ablehnend zu zeigen. Er begann aber selbst, Predigten zu hören, und erlaubt seiner Frau, eine Gemeinde zu besuchen. Wir beten, dass auch er Jesus bald annimmt.

Die Mutter ist über die Ereignisse sehr erfreut und dankt Gott ständig für die Heilung ihrer Tochter und erwartet auch selber, von AIDS geheilt zu werden. Lasst uns weiterhin Fürbitte für sie tun. Wir vertrauen, dass der Herr sein Werk in diesem Fall vollenden wird.

Liebe Grüße

Pastor C. R., Kuba

Keiner muss kämpfen

Komm zur Ruhe. Der einzige Kampf, den wir zu kämpfen haben, ist der gute Kampf des Glaubens.[180] Für die meisten von uns ist es allerdings schwierig, sich selbst zurückzunehmen und zu sagen: »Sorgen bringen mich keinen Schritt weiter, deshalb gehe ich jetzt am besten schlafen und lasse mir vom Herrn die Lösung zeigen.« Wenn wir in der Ruhe Christi sind, kann Gnade am besten wirken. Stattdessen drehen sich unsere Gedanken meist im Kreis:

»Wie wird es nächstes Jahr mit meiner Firma aussehen?« oder »Warum ruft er mich nicht an – er liebt mich nicht mehr …« oder, oder, oder … Wir sind nervös, steigern uns gehetzt in die jeweilige Situation hinein und versuchen, mit Aktionismus eine Lösung des Problems herbeizuführen. Und dann? Es bleibt gerade ein wenig Zeit durchzuatmen, bevor die nächste Sache geregelt werden muss. Das Rennen deines Lebens gleicht einer Endlosschleife auf dem Formel-1-Ring – bis die ersten Verschleißerscheinungen auftreten oder es dich ganz aus der Bahn wirft. Kennst du das?

Wie bei einem Boxenstopp, wenn wir zur Ruhe kommen, arbeitet ein anderer für uns, damit wieder alles gut läuft. Unser himmlischer Vater ist am Wirken. Wenn wir selbst am Schaffen sind, ist seine Unterstützung überflüssig. In diesem Fall würden wir uns selbst auf die Schulter klopfen und sagen: »Das habe *ich* doch gut hinbekommen.« Bis … ja, bis die nächste Runde ansteht.

Jetzt höre ich ein großes »Aber …« Natürlich legst du dich nicht faul auf die Couch und wartest, was geschieht. Nein, du gehst deinen Verpflichtungen nach und legst gleichzeitig all das Ungewisse in die Hände des himmlischen Vaters, der aus Chaos göttliche Ordnung geschaffen hat und es immer noch tut. Er hat über alles eine bessere Übersicht als du und weiß genau, was jetzt richtig ist.

Ruhe innerlich! Ruhe konstant, egal welchen notwendigen Tätigkeiten du nachkommen und mit welchen Situationen du dich auseinandersetzen musst. Mir hilft es sehr, wenn ich mir vorstelle, wie ich Jesus anrufe und mir bewusst mache, was er zu mir sagt: »Ja, geht klar. Ich kümmere mich darum. Es ist schon so gut wie erledigt.« Die Anspannung fällt von mir ab – deutlich spürbar in meinem Nacken-Schulterbereich – und ich werde wieder innerlich ruhig. Ich weiß, dass *Grace* wirkt – unabhängig von mir.

Das ist Glaube und gleichzeitig unser Kampf. Wir kämpfen deshalb den guten Kampf des Glaubens, weil wir permanent darum ringen, dem Glauben Vorrang zu geben, zu vertrauen, dass es jemanden gibt, dessen Gunst auf mir liegt. Immer wieder in diese Ruhe zu kommen und zu wissen, dass jemand für mich am »Wirken« ist: Jesus Christus. Das ist der Kampf des Glaubens. Es ist ein guter Kampf, bei dem wir immer öfter merken werden, dass wir uns entspannt hinsetzen können.

Die Aufgabe heutiger Prediger ist daher, den Gottesdienstbesuchern das Wesen von Jesus zu zeigen, dessen Wirken wir auch in eindrücklicher Art und Weise im Alten Testament sehen können – und nicht nur im Neuen Testament, in dem er offensichtlich zu erkennen ist. Mich überrascht es immer wieder, wo der Typos von Jesus in der Bibel überall zu finden ist – vom Anfang an bis zum Ende. Es ist fast schon abenteuerlich, wie viel wir dadurch entdecken und erkennen können.

Hinsetzen und entspannt bleiben!

Jesus Christus, der Hohepriester, hat sich zur Rechten Gottes gesetzt! Nachdem er ein einziges, für alle Zeit ausreichendes Opfer für uns vollbracht hat, hat er damit auch all unsere Fehler auf sich genommen und dadurch ein für alle Mal annulliert.[181] »Ja, und?«, fragst du dich vielleicht. Das ist dir schon längst bekannt? Super, dann bringt dich nichts mehr so leicht aus der Ruhe, oder? »Dass Christus zur Rechten Gottes sitzt, ist ja ganz nett, aber es hat für mich keine große Bedeutung.« Und genau das ist der Punkt.

Der Hohepriester musste unter dem Gesetz den Gottesdienst täglich verrichten – im Stehen. Er musste jeden Tag unzählige Opfer für alle Sünden des Volkes darbringen – im Stehen. Es gab keine Sitzgelegenheit im Allerheiligsten, keine Ruhe, keine Pause und keine Entspannung – alles geschah im Stehen. Gleichzeitig waren die Sünden nur bis zum nächsten Mal bedeckt worden, aber nicht für immer weggenommen.[182] **Jesus Christus dagegen konnte sich hinsetzen – und zwar dauerhaft**. Denn seine Aufgabe ist erledigt. Ein für alle Mal sind all unsere Sünden – vergangene, gegenwärtige und zukünftige – komplett vergeben und vergessen. Und hier ist es, das göttliche Geheimnis, das eigentlich kein Geheimnis ist: Jesus **setzte sich hin**, und das bedeutet für uns Vergebung ganz und gar, in jeder Hinsicht und von A-Z.

Setz dich hin und entspann dich!

Das göttliche Geheimnis: Wenn du mit Jesus verbunden bist, ist dein Inneres nicht nur total lebendig, sondern du bist durch *Grace* auch sicher vor den Fallstricken der natürlichen Welt. Und – du bist mitversetzt in Christus Jesus und **sitzt** mit ihm zusammen in den himmlischen Welten.[183] Gnade ermöglicht es dir, dich hinzusetzen und zu entspannen!

Ohne Jesus, also noch unter dem Gesetz, treibt dich Rastlosigkeit weiter. Du möchtest alles richtig machen. Ängste plagen dich und Kampf ist an der Tagesordnung. Vergiss dieses nur allzu menschliche Verhalten. Stell dir vor, du sitzt neben dem König der Könige, neben dem Anfang und Ende allen Seins, Gott, dem Allmächtigen. Du bist am sichersten Ort aller Zeiten. Die Aussicht von dort ist gigantisch und er wird dir den überschwänglichen Reichtum seiner Gnade zuteilwerden lassen – weil du in Christus Jesus bist.[184]

Liebe übertrifft alles

Was geschieht in dem Augenblick, in dem du deine Ellbogen einsetzt, um vorwärtszukommen? Die Übertretung eines der beiden Gebote, die uns Jesus Christus mit auf den Weg gab: Du sollst deinen Nächsten lieben wie dich selbst.[185] Sein Gebot drehte sich ausschließlich um Liebe und Beziehung, nicht um Verbote. Wir können einander lieben, weil er uns bereits geliebt hat.[186] Gesetzlichkeit jedoch macht dich kühl, rational und distanziert dich von Menschen, vielleicht sogar von dir selbst.

Gnade ist denen gegeben, die ein demütiges Herz haben – nicht zu verwechseln mit einem unterwürfigen Herzen. Das heißt auch, dass für uns (wie für Jesus) alle Menschen gleich viel Wert sind, egal wo sie sich auf ihrem Glaubensweg befinden. Je weniger jemand negativ urteilend über andere spricht, umso mehr hat ihn *Grace* bereits erfasst. Gottes Gnade streckt helfend die Hand dem entgegen, der sich ihr nähert. Egal ob er langsam oder schnell erfasst, was ihm dargeboten wird.

Stell dir vor: Du brauchst Gott nicht mehr aus deiner eigenen Kraft und deinen seelischen und verstandesmäßigen Möglichkeiten heraus zu lieben,[187] wie es das oberste und wichtigste Gesetz verlangte. Unter der Gnade darfst du erleben, wie *er* dich liebt, mit all seiner Kraft, seinem Verstand und seinem ganzen Herzen. Jetzt kannst du sagen: »Alles wird leicht um mich herum.« Wenn wir in Liebe miteinander umgehen und dem Glauben gegenüber gehorsam sind,[188] dann ist diese Liebe die Erfüllung des Gesetzes.

Das sind die Bedingungen des neuen Bundes: Gott will dir und mir geben! Er will es und tut es auch. Er nimmt das steinerne Gesetz aus unserem Herzen und füllt es neu mit seinem Gesetz der Liebe. Nie mehr denkt er an unsere Fehler, denn er hat den ersten Bund, der sich überlebt hat, für veraltet erklärt.[189] Gott erklärt: »Ich will« und »Ich werde«. Und wir? Wir *sollen* und *müssen* nicht mehr, es gibt kein »Wenn du es falsch machst, dann …« mehr. Es geht im neuen Bund der Gnade vor allem um Beziehung. Sein Gesetz ist Liebe, und die will er in unsere Herzen geben und in unseren Sinn schreiben.[190]

Wenn wir eine Offenbarung von der Liebe Gottes für uns haben, dann verstehen wir seine unlimitierte Gnade, die uns sicher ist. »Oh, aber das bin ich eben. Ich kann mich nicht einfach ändern. Das ist viel zu schwierig für mich!« Genau richtig. Darum ist der neue Bund ein Gnadenbund. Keine kopflastige Theologie, sondern eine Person – Jesus, der uns sanft und liebevoll zeigt, wie es funktioniert. Wenn es dir wie mir geht, stehst du irgendwann mit vor Staunen offenem Mund da und wunderst dich, wie um alles in der Welt du das zustande gebracht hast.

GSI Folge 8 – Lehren aus neuer Perspektive

Herzlichen Dank für die Lehre. Sie ist von großem Segen für mein Leben. Die Webseite (iglesia-del-internet.com) ist ein großer Segen gewesen und ist es noch und wird es weiterhin sein. Was ich lerne, lehre ich und gebe es an andere weiter. Jemand hörte mich über dieses Thema sprechen und lud mich zu einer Gemeinde hier in Peru ein, um vier Sonntage hintereinander über das Thema »Gnade« zu predigen und zu lehren.

Ich beschäftige mich zurzeit mit dem Römerbrief. Dort erkenne ich immer mehr die Gerechtigkeit aus Gnade, die nicht in Werken gegründet ist.

Ich bin Absolvent von Rhema Peru. Ich werde immer eurem Dienst gegenüber dankbar sein.

Jetzt beginne ich, Glaube, Gebet und Lobpreis aus der Perspektive der Gnade zu betrachten. Nicht mehr aufgrund von Werken, sondern aufgrund des vollendeten Werkes von Christus Jesus. Ich liebe ihn sehr!

Eine Umarmung aus der Ferne.

Erick, Peru

Gnade offenbaren

Gnade ist nichts Natürliches! Wir können sie nicht selbst entwerfen und bauen oder sie pflanzen und wachsen lassen. Keine Wissenschaft ist in der Lage, Gnade zu erforschen. Der menschlichen Ratio ist ein Erfassen von Gottes Gnade nicht möglich. Es ist etwas Übernatürliches, das uns nur durch den Geist Gottes offenbart wird. Ausschließlich unser Herz begreift und ergreift es.

Gnade ist etwas Übernatürliches!

Für Viele ist es allerdings sehr schwierig, dieses Leichte, diese durch und durch pure Gnade Gottes einfach anzunehmen. Auch aus eigener Erfahrung weiß ich, wie sehr sich unser Innerstes gegen so viel Unbefangenheit des Lebens wehren kann. Umso mehr schmerzt es mich, wenn ich sehe, wie sehr einige Personen gegen das Freimachende der Gnade kämpfen. Bei mir dauerte der Kampf ein ganzes Jahr, bis ich die pure Botschaft der Gnade annehmen konnte. Das *Grace*-Gen hatte bei mir lediglich auf den Andockmoment gewartet. Anfänglich war es etwas schwierig für mich, altgewohnte Denkmuster über Bord zu werfen. Doch der Geist Gottes zeigte mir geduldig jeden Schritt. Ich weiß also, was in manchen von uns vielleicht gerade arbeitet. Für *Grace* ist das keine große Sache, denn sie ist wie ein Wasserfall des Lebens – sie fließt unaufhörlich, ob sie (von uns) wahrgenommen wird oder nicht.

Eines Tages folgte ich dann dem Bedürfnis, dieses erfrischende Wasser auf der Haut zu spüren und es zu trinken und setzte mich einfach in dieses Wasserbad. Jesus wurde mir vertrauter als je zuvor – obwohl ich bereits seit Jahrzehnten sehr viel von ihm wusste. Dann erlebte ich die ersten positiven und äußerst angenehmen Veränderungen – zuerst bei mir selbst, später auch in meinem Umfeld. Mein Alltag gestaltete sich unbeschwerter.

Jetzt lehre ich schon eine Weile über die Gnade Gottes. Aber es gibt nichts Begeisternderes als den Menschen die Botschaft zu bringen, dass ihnen alles vergeben ist, dass sie frei von jeder Last sind und sich vor Umständen nicht mehr fürchten müssen.

Die Revolution von *Grace* ist global und wird von Menschen für Menschen weitergegeben. Sie ist deshalb so einzigartig, weil sie keine Theologie oder Doktrin ist, sondern Jesus in Person. Schaust du Jesus an, siehst du *Grace*. Gottes Weg, uns zu befreien, ist die Vergebung von Schuld und Fehlern. Das ist *Grace*.

Emotional und spirituell gefangenen Menschen Befreiung zu verkündigen, wie Jesus es in der Synagoge von Nazareth tat,[191] bedeutet zu verkündigen, dass dir vergeben ist. Derjenige, der in der Gefangenschaft der *Unvergebenheit* lebt, muss nicht mehr von allen Seiten hören: »Du musst vergeben, du musst vergeben, sonst …« Nein, der in seiner Bitterkeit Gefangene braucht die Gewissheit: »Hey, Gott hat mir diese *Unvergebenheit* in meinem Herzen bereits verziehen.« Als Folge davon kann diese Person seinem Peiniger dann ohne Zwang vergeben und loslassen.

Wir dürfen konstant und pausenlos in diesem Bad der Vergebung sein. Unsere Sinne und Gedanken werden auf unseren royalen Status in Gottes Königreich gerichtet, wenn wir im Wort Gottes von *Grace* lesen, darüber hören und dabei Jesus anschauen – das Gesicht der Gnade.

Kapitel 3

Das habe ich jetzt davon ...

Wir sind immer noch dabei, Gnade neu zu entdecken, aber langsam entwickelt sich jetzt ein Bild von *purer* Gnade vor unseren Augen. Es soll jedoch nicht bei einem abstrakten Bild bleiben, das wir anschauen und bewundern. Davon gibt es schon zu viele in Museen oder hinter dicken Stahlwänden. Gnade käme nicht von unserem himmlischen Vater, wenn sie keinen Bezug zur Wirklichkeit hätte. Keine toten Buchstaben oder Abbilder in Stein. Ganz im Gegenteil, göttliche Gnade sprüht vor Leben und berührt mit ihren multidimensionalen Facetten den gesamten Menschen in seinem Denken, Fühlen und Handeln. Vermutlich wirst du überrascht sein, was dir dieses göttliche Geschenk alles zu bieten hat ...

Blanko akzeptiert

Ja, wir sind akzeptiert von Gott. Immer! Es hängt nicht davon ab, was wir tun oder nicht tun. Genauso wenig können wir uns Gottes Akzeptanz mit Geld erkaufen. Korruption und mafiöse Strukturen funktionieren nicht. Ebenfalls egal ist, in welche Familie wir hineingeboren wurden – wir sind von unserem himmlischen Vater bereits akzeptiert worden, bevor wir im Mutterleib entstanden sind. Das übersteigt sicher ein wenig unsere Vorstellungskraft und trotzdem ist es Realität. Denn das ist pure Gnade. Wenn wir nur dann akzeptiert würden, wenn wir allen Anforderungen gerecht geworden sind, ginge es uns wie vielen Menschen. Außerdem wäre Gott dann auch nicht El Schaddai, der Allmächtige, sondern nur Mensch, der meint, er wäre allmächtig. Davon gibt es bereits zu viele. Aber er ist derjenige, dessen Wort Gewicht hat und der zu seinem Wort steht.

Wenn dich Selbstzweifel plagen oder du dich völlig überflüssig fühlst in dieser Welt, dann frage dich: »Hat Gott Christus akzeptiert?« Die Antwort ist einfach. Er hat es – und damit dich auch.

Ich bin akzeptiert,
weil Gott Christus akzeptiert hat.

Du und ich sind voll und ganz und für immer akzeptiert und angenommen, weil Christus von Gott akzeptiert ist. Der himmlische Vater sieht seinen Sohn und dessen Vollkommenheit, in die wir eingetaucht sind, als wir Christus zu unserem Herrn machten. Das ist *Amazing Grace*, erstaunliche Gnade. Der Vater sieht in uns das Abbild Christi, denn Jesus ist das Spiegelbild Gottes, und wir Gläubige sind das Spiegelbild Jesu. Aber wen sieht Gott? Ausschließlich Jesus, und das ist es auch, was er über uns denkt und von uns glaubt. Jesus spiegelt unser Leben als Erlöste wieder.

Spieglein, Spieglein an der Wand …

Die meisten Leute schauen am Morgen in den Spiegel und betrachten sich dort. Die einen länger, die anderen kürzer. Selbst der Apostel Jakobus war das gewohnt, nur mit dem Unterschied, dass er in einen Spiegel schaute, den niemand sonst hatte. Er wusste, wer in das vollkommene Gesetz der Freiheit schaut – also in den Spiegel von *Grace* –, der würde die richtigen Dinge tun und ihn durfte man glücklich preisen, denn er würde gesegnet sein bei allem, was er tut.[192] Allerdings haben viele Leute gänzlich missverstanden, was Jakobus uns mit diesem Abschnitt sagen wollte. Sie sind in Aktionismus verfallen und versuchen krampfhaft in jeder Lebenslage sogenannte Täter des Bibelwortes zu sein. Dabei stellen sie aber unweigerlich immer wieder fest, dass sie darin versagen und an ihre Grenzen stoßen. Vielfach entstehen dann Aussagen wie: »Ich hatte wohl nicht genug Glauben« oder »Wir müssen einfach noch mehr beten«. Das sind Standardsätze, die sogar von der Kanzel gepredigt werden.

Jakobus meinte aber nie, dass wir Täter der Bibel werden sollen, sondern Täter des Wortes. Im Griechischen wird hier das Wort *logos* verwendet. Logos ist eine Bezeichnung und ein Name für Jesus Christus – »das lebendige Wort«. Wir sollen mit Sanftmut den uns eingepflanzten Logos, also Jesus, aufnehmen und diesen wie in einem Spiegel immer wieder betrachten. Das sind die Täter des Wortes. Sie schauen permanent in das Spiegelbild von Jesu und sehen nicht sich selbst, sondern unseren lieblichen Erlöser. Aber es gibt auch diejenigen, die dieses Bild nur kurz anschauen und danach vergessen, wie sie in ihm aussehen. Hier erkennen wir die Tiefe des Ganzen: Wir sehen aus wie er – das dürfen wir stets vor Augen haben. Jakobus nennt solche Menschen vergessliche Hörer und nicht Täter. Die wirklichen Täter sind jene, die beständig in diese Freiheit des Spiegels Jesu Christi schauen. Sie betrachten sich konstant in seinem Ebenbild und werden glückselig, weil sie vollkommene Freiheit von Schuldgefühlen erfahren.

Frühmorgens sehen wir im Badezimmerspiegel unsere eigenen verschlafenen Gesichter; im Spiegelbild des Wortes hingegen siehst du aus wie der vollkommene Christus. So wie er ist, sind auch wir in dieser Welt.[193]

Gottes Konzept für den Menschen ist vielleicht nie vollständig offenbart worden. Aber als Gott den Menschen schuf in seinem Bild, also in seiner Reflexion, schaute Adam in die Reflexion des Allmächtigen. Das hebräische Wort *demut* bedeutet »ihm gleich« und nicht wie häufig übersetzt »ihm ähnlich«. Das heißt, der Mensch wurde Gott gleich, also in seinem Spiegelbild, in seiner Reflexion geschaffen.[194] Gott war die Reflexion für die gesamte Menschheit, als er den ersten Menschen schuf. Ebenso wurde Jesus am Kreuz zur Reflexion für die gesamte Menschheit.

Gott ist Liebe und in uns ist die Liebe vollkommen geworden. Wir können freimütig, das heißt völlig gelassen, den Tag des Gerichts betrachten. Denn wir wissen: Jesus kommt nicht ins Gericht – also auch wir nicht. Denn gleichwie er ist, so sind auch wir in dieser Welt. Jesus kommt weder unter Verurteilung noch Verdammnis, er verliert auch seine Rettung nicht. Dasselbe gilt für uns. Dein Stern fällt nicht, wie bei so manchem berühmten Star, sondern ist und bleibt für immer am Himmel.

Gnade zeigt dir, wie du bist

Sicher kann davon ausgegangen werden, dass hier in Europa, aufgrund seiner Kolonialgeschichte und zweier Weltkriege, ein großflächiges Schuldbewusstsein herrscht. Infolge dessen hat sich dieses Schuldbewusstsein auch in unserem persönlichen Leben ausgebreitet und ist unterschwellig Bestandteil unseres Lebens geworden. Ob in der Familie, am Arbeitsplatz, in der Schule, sogar unter Freunden oder in Kirchengemeinden. Von klein an hören wir: »Warum bist du nur so … Du wirst es nie zu etwas bringen.« Oder das Gegenteil geschieht, wenn die Familienhistorie dir bereits feste Regeln für dein Leben vorschreibt und du nicht einmal daran denken darfst, anders zu sein. Du fühlst dich schuldig, den Ansprüchen nicht gerecht zu werden, und spürst gleichzeitig, dass irgendetwas nicht passt. Als Christ hörst du in Predigten »Du sollst nicht« oder »Du darfst nicht«. Ein gewisses Level an Schuld wird aufrechterhalten, aus Angst, jemand könnte Gottes Gnade missbrauchen oder unabhängig von Geistlichen direkt in eine Beziehung mit dem himmlischen Vater eintreten. Sie befürchten, dass ihre Schäfchen wie eine wild gewordene Horde Pferde durchgehen könnten, wenn sie von der Freiheit in Gottes Gegenwart erfahren.

Das Gefühl »Ich genüge nicht« und »Ich bin nicht gut genug« lähmt dich, oder es raubt dir den Mut zu mehr und nimmt dir die Kraft, aus der Fülle zu leben. Aber so hat es dein himmlischer Vater nicht für dich geplant. Er will dich durch seine Gnade, seine Liebe motivieren. Eine Liebe, die keine Vorgaben für das Verhalten des Anderen hat, sondern die grenzenlos und bedingungslos ist. Wer das liebende Vaterherz entdeckt, möchte es nicht enttäuschen. Und selbst, wenn nicht alles gut geht, steht eins fest: Einer hat dir schon verziehen – der ewige, liebende, himmlische Vater. Plötzlich ist es so einfach, ohne jedes Minderwertigkeits- oder Schuldgefühl in seiner Gunst und Güte zu leben. Du weißt, wie wertvoll du bist, entdeckst deine Fähigkeiten und bekommst Mut, sie einzusetzen.

GSI Folge 9 – Scheidung überflüssig

Liebe Pastoren der Iglesia del Internet (Internetkirche),

Mein Name ist Angel P. Beruflich bin ich Offizier hier in El Salvador.

Meine Ehe war ein Desaster und am Rande der Scheidung. Ich bin sehr beeindruckt von einer Tatsache: Wow, Gott ist so gut! Er kommt nie zu spät!!!

Pastor Bojorge und sein Team aus Nicaragua hatten El Salvador besucht und DVDs der Iglesia del Internet verschenkt. Auf meiner Arbeitsstelle gab mir jemand eine dieser DVDs. Einige dieser Predigten waren Teil der »Ehebereicherungstage«.

Ich kam mit der DVD zu Hause an und sagte zu meiner Frau: »Lass uns diese Predigten von Pastor Erich Engler hören. Vielleicht möchte Gott heute dadurch zu uns reden.«

Nachdem wir das erste Video angeschaut hatten, nahmen wir uns an der Hand. Gott hatte tatsächlich zu uns geredet! Wir haben uns sofort vergeben, denn wir haben erkannt, dass eine Scheidung nicht die Lösung war.

Wir waren sehr beeindruckt von der Predigt und wurden stark berührt.

Wir sind dem Herrn sehr dankbar. In dieser Nacht vom 27.11.2012 hat Gott in seiner Gnade unsere Ehe blitzartig wiederhergestellt und gerettet! Wir sind sehr glücklich! Amen!

Angel P., El Salvador

Wie du vergeben kannst

Dieses Buch über die pure Gnade wird nicht geschrieben, um Freibriefe dafür zu verteilen, nach Lust und Laune ein egozentrisches Leben ohne Rücksicht auf die Bedürfnisse anderer Menschen zu führen. Es soll stattdessen jedem dabei helfen, die täglichen Herausforderungen ohne Schuldgefühle anzupacken. Denn die Gnade ist dort umso überströmender, wo vieles schiefläuft.[195] Wir haben nicht alles im Griff. Sünden geschehen jeden Tag – selbst bei geistlichen Persönlichkeiten, Hochgebildeten oder Politikern. Wer aber dermaßen von sich selbst überzeugt ist, hat einige Mühe, das göttliche Geschenk der Gnade anzunehmen und als Tatsache zu akzeptieren. Er verlässt sich auf seine eigene Kraft, die jedoch letztlich menschlich begrenzt ist.

Was aber geschieht, wenn wir begreifen, dass es nicht von uns abhängt, ohne Sünde zu sein, sondern dass ein Anderer bereits alles erledigt hat? Wem viel vergeben wurde, der wird viel lieben.[196]

Wem viel vergeben wurde, der wird viel lieben!

Du weißt mittlerweile: »Grace has a face«, und während du immer wieder sein Gesicht betrachtest, entsteht und wächst eine wahre Beziehung mit Jesus Christus. Jetzt entfaltet Gnade ihre gesamte Wirkung und du spürst, wie wertvoll und geliebt du bist. Das gibt dir Vertrauen und Zuversicht. Auf einmal läuft es rund, sogar wenn Steine auf dem Weg liegen. Du hast einen sicheren Stand und brauchst dich nicht mehr zu beweisen. Der Kampf um Anerkennung ist vorbei – ein für alle Mal. Das Chaos, das die Welt hervorbringt, verwandelt sich in göttliche Ordnung und zwar immer dann, wenn du die Liebe lebst, die du in dir spürst und die Vergebung weitergibst. Jesus Christus sagt zu dir: »Ich sehe diese Bitterkeit in deinem Herzen und ich habe sie dir bereits vergeben!« Das setzt dich frei, allen Menschen vergeben zu können, die dich verletzt haben. Unter *Grace* hat Jesus dir schon vergeben und deshalb kannst auch du jetzt vergeben und lieben.

Jesus zeigte den Juden der damaligen Zeit auf, dass ihnen unter dem Gesetz nur vergeben wird, wenn man selbst vergibt.[197] Doch unter dem neuen Bund der Gnade vergibt uns Gott zuerst. Er hat uns die vielen Unvergebenheiten in unseren Herzen bereits verziehen, ohne dafür die Gegenleistung des »Zuerst-Vergebens« zu verlangen.[198] Ich bin davon überzeugt, dass diese Gnade gerade jetzt, während du diese Zeilen liest, Vergebung gegenüber einer weit zurückliegenden Sache oder einer Person auslöst. Das Geheimnis der Vergebung unter Menschen liegt darin zu erkennen, dass Gott mir alle Unvergebenheit und Bitterkeit bereits schon verziehen hat. Und wem viel vergeben wurde, der kann selbst viel lieben und anderen vergeben.

GSI Folge 10 – Vergeben und wieder glücklich

> *Mein Name ist José A. und ich möchte einfach mitteilen, was der Herr vor Kurzem in meinem Leben getan hat.*
>
> *Seid ca. 9 Monaten war meine Ehe vollständig zerstört. Meine Frau war mir untreu geworden. Alles brach zusammen. Es war für mich unerträglich. Aus diesem Grund verließ ich die Gemeinde und wollte mit Gott nichts mehr zu tun haben.*

Pastor Bojorge ließ aber nicht locker und besuchte mich mehrmals. Er versuchte, mich mit dem Wort Gottes aufzubauen. Ich aber machte zu, es prallte an mir ab.

Am 26. Oktober besuchte mich Pastor Bojorge wieder. Dieses Mal schenkte er mir eine DVD mit Videopredigten von Pastor Erich Engler. Der Inhalt: 55 Tagesandachten (Galater), »Den richtigen Lebenspartner finden« und »Ein für allemal«.

Aufgrund dessen, was ich durchmachte, war ich sehr niedergeschlagen … Am Abend begann ich, mir diese Predigten anzuschauen, so hatte ich das Vorrecht, Pastor Erich zu sehen. Für mich war es so real. Während er predigte, wurde ich in meinem Herzen stark berührt. Erstmals weinte ich und weinte und weinte … Ich hörte den Pastor sagen, dass man nicht nach einem anderen Partner Ausschau halten soll, wenn man noch verheiratet ist. Daher dachte ich, es gäbe keine Lösung für mich, und weinte bitterlich …

An diesem Abend hörte ich weitere Predigten. Das Wort stellte mich wieder her. Durch Gottes Gnade wurde ich gestärkt und ich entschied mich, meiner Frau zu vergeben. Am nächsten Tag suchte ich sie auf, da wir getrennt lebten. Dabei haben wir uns ausgesprochen und einander vergeben. Wir sind wieder zusammen. Ich lebe wieder mit meiner lieben Frau und unseren Kindern in einem Haus.

Am 28. Oktober gingen wir alle wieder zur Gemeinde. Wir haben unseren Bund mit Gott erneuert. Jetzt bin ich sehr glücklich. Ich danke Jesus Christus für seine Gnade, und dass ich durch sie wieder auf den richtigen Weg kommen konnte.

Ich bin Pastor Engler und auch Ihnen, Pastor Taron, unendlich dankbar. Danke, dass Sie die Botschaft der Gnade Gottes in unserer Nation Nicaragua ausbreiten. Wir werden dadurch sehr gesegnet.

José A., Nicaragua

Sünde kann Gnade nicht stoppen

Wer die Liebe Gottes nicht kennt, fällt schnell in eine Fehlerfalle. Sündhafte Gedanken und Handlungen entwickeln sich aus unbefriedigtem Verlangen heraus, das wiederum aus einem Mangel entstanden ist. Wer glaubt, diesen Mangel auf Dauer ausgleichen zu können, der täuscht sich. Keine Droge, kein Erfolg, kein Reichtum und keine Höchstleistung werden dich dauerhaft erfüllen. Spätestens wenn wir sehen, wie die schönen, reichen, erfolgreichen Stars aus Sport, Politik und Gesellschaft abstürzen, wissen wir wieder: Nichts von Menschenhand Aufgebautes ist von Dauer. Der Drang nach Perfektion ist ein Kampf, den wir dauerhaft nicht gewinnen können. Es kommt dem Versuch gleich, den Sand in der Wüste einsammeln zu wollen. Wir schaffen es nicht aus uns selbst, ohne Sünde durchs Leben zu gehen.

Darum hat uns jemand diese schwere Last abgenommen. Jesus Christus wurde zum Opfer für die Sünden der ganzen Welt[199] und – vielleicht ist das für manche neu – sogar für alles Fehlverhalten, das Gläubige so an den Tag legen. Wir brauchen dieses Bewusstsein von Gerechtigkeit. Es festigt uns, gründet uns in ihm und rüstet uns damit für die täglichen Herausforderungen des Lebens aus.

Mit der Erkenntnis von unserer Gerechtigkeit sind wir deshalb nach einem Fehler in Sekundenschnelle wieder auf den Beinen. Kein Selbstzerfleischen mit der Frage »Was wäre, wenn …?« oder Selbstvorwürfe à la »Hätte ich doch bloß …«. Es gibt dann auch keine Last, die uns so schwächt, dass wir im Bett landen. Allerdings ist Gnade nicht dafür da, die Selbstüberhebung eines Menschen zu unterstützen oder ihm alles zu ermöglichen, was er sich wünscht. Das schafft der Mensch ja auch ohne göttliches Wirken ganz gut. Aber jeder, der häufig in ein Fehlverhalten tappt und sich dabei schlecht fühlt, der braucht Gottes Gnade. »Aber das ist doch ungerecht …«, mag der eine oder andere einwenden. Oder er denkt: »Ich habe alles gut im Griff. Ich kann gut ohne Gnade auskommen.« – bis zum nächsten Börsencrash, einem familiären Schicksalsschlag oder dem Verlust der Arbeit und des gewohnten sozialen Umfelds. Was sehen wir hier? Eine deutliche Begrenztheit, die nur an der Oberfläche den gewünschten Glamour erlangt.

Aber es gibt auch die, die ehrlich zu ihren Fehlern stehen. Sie erleben, dass dort, **wo Sünde war, Gnade überfließend ausgegossen wird**. Häufig heißt es in dem Fall: »Was für ein Glückskind« oder »Das Schicksal meint es gut mit ihm«. Für einen kurzen Moment erfassen andere die grenzenlose Liebe, die der himmlische Vater für diesen Menschen mit all seinen Schwächen hat.

Im Buch des Lebens steht dein Name, nicht deine Fehler

Diese göttliche Gnade hat einen gravierenden Unterschied zur menschlichen Gnade: Sie ist absolut nicht davon abhängig, was wir tun oder nicht tun. Stellen wir uns nur vor, wie limitiert die Gnade in der Person Jesu Christi wäre, wenn sie lediglich innerhalb unserer menschlichen Begrenzungen ihren Wirkungsgrad entfalten könnte. So ist es eben nicht. Das Fantastische an *Grace* ist, dass sie sich nicht ändert und immer im gleichen Maß für uns wirksam ist, egal was gerade geschieht.

Wir kennen das alle: In bestimmten Situationen fallen uns zuallererst unsere Fehler ein, lange bevor wir an etwas Schönes denken. Und sollten wir sie einmal vergessen, gibt es sicherlich jemanden, der uns gerne daran erinnert. Schwerwiegende Vergehen werden in einer Datenbank gespeichert und können von der entsprechenden Behörde jederzeit nachverfolgt werden. »Einmal Sünder, immer Sünder …«, denken wir. Im heutigen Informationszeitalter gehen auch kleinste Ungeschicklichkeiten nicht verloren. Selbst nach Jahren ist im Internet Negatives über eine Person jederzeit abrufbar. Der Makel bleibt für immer.

Leider wird diese unauslöschliche Art der Fehleraufzeichnung irgendwann zum Normalsten auf der Welt. Wir gewöhnen uns daran und das beeinflusst unser Verhältnis zu Jesus – und auch zu unseren Mitmenschen. Folglich erwarten wir das Schlimmste von dem Moment, in dem wir vor dem ewigen Thron stehen werden. Schließlich können selbst die nicht sicher sein, die stets lieb, nett und gut waren, ob sie nicht doch einmal eine sündige Fantasie hegten und dafür zur Rechenschaft gezogen werden. Autsch! Hinzu kommen die Ungewissheit und die Angst, die sich beim Gedanken an den Tod einschleichen. Also stellen wir uns auf eine ziemlich unangenehme Begegnung mit Gott, dem Richter ein und spüren eine bedrückende Last auf den Schultern. Oder wir ignorieren dieses Gefühl der Selbstverdammnis und lassen es im Strudel von gut gemeintem Aktionismus untergehen.

Doch unter Gnade ist es anders. Dieses menschliche Denken ist himmelweit von den göttlichen Plänen für uns entfernt. Denn am Ende der Zeiten wird das Buch des Lebens geöffnet werden, in dem dein Name geschrieben steht.[200] Ein kostbarer Name, für den Jesus mit seinem Vater einen Blutsbund der Gnade eingegangen ist. Ein Name voller Schönheit steht in diesem Buch des Lebens, der zeigt: Hier ist jemand, der seinen königlichen Status als Sohn oder Tochter des himmlischen Vaters kennt und *ihm* ohne Wenn und Aber vertraut.

Verfehlungen werden nicht registriert!

Gott führt keine Bücher über Sünden und Verfehlungen. Das ist nicht sein Wesen. Darum geht es nicht. Einzig und allein der Glaube an Jesus Christus zählt. Das sehen wir bereits bei Sarah und Abraham im Alten Testament. Im Neuen Testament werden sie als unsere Glaubensvorbilder[201] porträtiert. Kein Wort mehr von dem Stress, den sie anderen bereiteten, von den Lügen, davon, dass Sarah Gott auslachte, oder gar von dem Seitensprung Abrahams, der seinen Ursprung im Unglauben hatte. Gottes Gnade löscht diese Dummheiten aus. Lediglich der Glaube, den sie später lebten, bleibt für immer ersichtlich. Das Neue Testament hält ihren Glauben heroisch fest, doch ihre Sünden und Verfehlungen finden sich nirgends mehr unter dem neuen Bund der Gnade. Prüfe es selbst: Im Hebräerbrief gehören Abraham und Sarah zu den Superstars der Ahnengalerie, im Römerbrief zu den bärenstarken Glaubenshelden und im Galater zu den Gesegneten. Und wo sind ihre Verfehlungen im Neuen Testament festgehalten? Nirgends! Genauso sieht dich auch Gott in Jesus – tadellos, makellos und glaubensstark.

Du bist der Nachkomme eines Glaubenshelden, dem größten Glaubensmann, der jemals lebte und einer starken Frau des Glaubens. Damit gehörst du in dieselbe Ahnengalerie und hast dieselben Insignien des Glaubens wie Sarah und Abraham.[202] Dieses

Hoheitszeichen ist in dir sichtbar und du darfst auf deinen Glauben an Jesus Christus zählen. Das Einzige, das für immer schriftlich festgehalten ist, sind deine Insignien des Glaubens.

Keine unbezahlte Rechnung mehr

Wem dies noch nicht ausreicht, um *Grace* mit beiden Händen zu erfassen – es geht weiter. Bisweilen wird die Botschaft des Evangeliums so verstanden, als wäre sie nur an Menschen gerichtet, denen der Glaube an Jesus Christus fehlt. »Verkündet das Evangelium in aller Welt«, heißt es. Doch das Evangelium richtet sich auch an gläubige Menschen. Wenn uns das bewusst ist, können wir sehen, dass für den, der zu Christus gehört, etwas Neues begonnen hat und das Alte vergangen ist. Gott hat **uns**, das heißt, die ganze Welt (und dazu gehören auch diejenigen, die Jesus bereits kennen), durch Christus mit sich selbst versöhnt. Er rechnet den Menschen ihre Verfehlungen nicht mehr an.[203] Das ist die Kraft des Evangeliums: die Vergebung jeden Fehlverhaltens, und das gilt ohne Ausnahme für jeden einzelnen Menschen dieser Welt.

Sollte dir das etwas zu provokativ sein, dann lass dir von einem Textzeugen im Wort Gottes die Bestätigung geben. Der Apostel Paulus verdeutlicht in seinem Brief an gläubige Christen in der Hauptstadt Italiens, wie glücklich und gesegnet jeder sein darf, dessen Fehler zugedeckt sind, denen der Herr die Sünde nicht anrechnet. Das gilt für jeden, der glaubt.[204] Im Übrigen ist der Glaube, wie Abraham ihn hatte, der einzige Weg zur Gnade, zu Jesus.

Lass es mich so formulieren: Wenn Jesus für dich und mich sein Werk vollbracht hätte, damit wir nicht mehr sündigen, dann hätte er komplett versagt. Oder gibt es jemanden, der nicht hin und wieder einen Fehler macht? Aber … Jesus war erfolgreich! Denn er nahm alle unsere Sünden – auch die zukünftigen – mit ins Totenreich, damit sie nicht mehr gegen uns sprechen.

Und schon sehe ich deine Frage vor mir: »Aber wie soll das gehen?« Ganz einfach, alles ist bereits bezahlt. Es gibt keine unbezahlten Rechnungen mehr, kein Schuldschein ist mehr offen und es werden auch keine neuen mehr ausgestellt. So wie sich seine Gerechtigkeit auf deine Zukunft bezieht, genauso bezieht sich die Vergebung der Sünden auch auf dein zukünftiges Leben. In der Bibelübersetzung *Neues Leben* steht: »Glücklich ist der, dem der Herr die Sünden nicht mehr anrechnet.« Siehst du, was das für dich und mich bedeutet? Zusätzlich – als wäre das nicht schon genug – ist »anrechnen« an dieser Stelle in der griechischen Sprache doppelt verneint. Mit anderen Worten: Gott wird uns unsere Fehler überhaupt nicht und in gar keinem Fall anrechnen.

Fehler werden auf keinen Fall mehr verbucht.

Fehler werden nicht mehr angerechnet, nicht mehr verbucht. Die Sollseite ist leer und auf der Habenseite ist ein riesiger Überschuss, wie wir bereits im ersten Kapitel gesehen haben. Würden wir den Text von Römer 4,8 in heutiges Deutsch übertragen, dann könnten wir es in etwa so lesen: »Glückselig ist der Mann, **der eine Empfangsbestätigung für Vergebung, anstatt eine Rechnung für seine Sünden erhalten hat.**« Mit diesem Wissen kannst du gut und ruhig schlafen, ohne das Gefühl, nichts wert oder gar unwürdig zu sein, weil du einen Fehler gemacht hast.

Das sitzt tief

Gefühle der Schuld und Selbstverurteilung sitzen oft sehr tief. Manchmal nehmen wir sie gar nicht bewusst wahr und dennoch prägen sie unser Verhalten. Andere kämpfen dagegen an oder versuchen, sie zu ignorieren, um gar nicht erst Scham oder Angst aufkommen zu lassen. Der unsichtbare Ankläger aber spricht uns über das Gewissen an. Es vergisst nichts und erinnert uns an jede Einzelheit unseres Fehlverhaltens. Gewissensbisse beißen uns wie Piranhas, bis von unserer eigentlichen Persönlichkeit nichts mehr übrig bleibt.

Als Reaktion darauf gibt es die unterschiedlichsten Freisetzungsversuche. Befreiungsdienste in Gemeinden finden großen Zulauf. Typisch sind Sätze wie »Weil dies und das in meiner Vergangenheit so war, deshalb bin ich wie gefangen« oder »Oh je, mein Ururgroßvater hat seine Ehefrau betrogen, ich kann einfach nicht anders. Der Generationenfluch lastet auf meinen Schultern«. Oder der eigenständige Aktivismus und das Streben nach Erfolg sollen frei machen. Aber sie hinterlassen lediglich eine Leere. Schuld- und Verdammnisgefühle ziehen sich in noch tiefere Ebenen des Seins zurück – die Folge bleibt: »Was bist du für ein Versager!« »Kannst du es nicht besser?« »Schon wieder …!« Dafür laden sich artverwandte Gesellen wie Stolz und Neid oder Ärger und Härte oder Stress bei uns ein und tun so, als wären sie hier zu Hause. Jetzt sind mehrere Undercoveragenten eines fremden Systems am Werk. Verdammnis, Schuldgefühle und vieles mehr bekommen Auftrieb, zerstören die einzigartige Identität des jeweiligen Menschen und damit auch die liebende Beziehung zu seinem Schöpfergott.

Hieran zeigt sich deutlich, wie wichtig es für uns ist zu wissen, dass die Anklage bereits fallen gelassen worden ist. Sie hat keine rechtliche Grundlage mehr. Wir sind durch Jesus von diesem schuldbeladenen Gewissen befreit worden und können voller Vertrauen und Zuversicht vor unseren himmlischen Vater treten.[205] Dieses sichere Bewusstsein darf jeder Gläubige haben. Denn durch Eigenleistung werden weder die Undercoveragenten der Verdammnis vertrieben noch ihr Auftraggeber eliminiert. Der Ankläger ist ein echter Rechtsverdreher. Schafft er es doch, den Geist Gottes als Moralapostel und unheilvollen Lehrer darzustellen, der an einem herumnörgelt, bis man ein »guter Christ« wird.

Schluss mit: »Bitte – Bitte – Bitte …«

Etwas raubt uns den Frieden, der letztlich jedem zusteht. Vor allem Christen haben ein ausgeprägtes Bewusstsein von Sünde. Schließlich wurde es seit Entstehung der Kirche reichlich gepredigt. Der moralische Zeigefinger erhob sich schnell gegen den Anderen: »Wehe, wenn du nicht …« Mit diesen Drohungen sollten Menschen vor der Sünde geschützt werden. Genau das ist der Grund, warum einige Angst bekommen, wenn sie die Botschaft der Gnade hören. Dabei ist das völlig überflüssig.

Freibrief für mehr Liebe!

Das Wort für »Sünde« ist im Griechischen *Hamartia* und bedeutet letztlich nichts anderes als »Zielverfehlung«. Aber was ist das Ziel? Ziemlich simpel: Beziehung mit Jesus. Selbst wenn wir das Ziel verfehlt haben, können wir zum himmlischen Vater schauen und uns seiner Liebe absolut sicher sein. Er sieht unsere Gerechtigkeit in Jesus Christus.

Dabei dürfen wir vollkommen darauf vertrauen, dass all unsere Zielverfehlungen bereits ein für alle Mal durch das Blut von Jesus ausradiert wurden. Es ist kein »Bitte – Bitte – Bitte, vergib mir!« erforderlich. Das wäre reine Zeitverschwendung. Warum um etwas bitten, das du bereits empfangen hast! Nur wer nicht genau weiß, was er in seinem Briefkasten liegen hat – oder die Sendung noch nicht geöffnet hat –, bittet beim Absender immer wieder um Lieferung. So mancher wundert sich, warum die erbetene Vergebung überhaupt keine Auswirkungen zeigt und die Freude am Leben sehr vergänglich ist. Schau die Post an, die dir dein himmlischer Vater geschrieben hat: »Du bist mein geliebtes Kind, dir ist alles ein für alle Mal vergeben und …« In diesem Augenblick spürst du die Liebe deines Vaters. Das gibt dir keinen Freibrief für ein Leben in Sünde, sondern einen Freibrief für mehr Liebe. Plötzlich begreifst du: Er hat dich zuerst geliebt – ohne Vorbehalt, so wie du bist. Ohne dein Zutun ist die Liebe Christi bereits in dir angelegt. Du denkst nicht mehr über dein Fehlverhalten nach, sondern über Gott den Allmächtigen, deinen dich liebenden Vater. Das ist das richtige Bewusstsein.

Keinerlei Strafe mehr

Die Geschichte von Joseph in der Bibel zeigt uns etwas sehr Spezielles auf, und das macht sie so einzigartig. Joseph, der (von seinen Brüdern verraten) vom Sklaven zur zweitmächtigsten Person Ägyptens avancierte, führt uns als Typos und damit Bild von Jesus Christus, tief in das Vaterherz Gottes hinein. Wir sehen, dass Joseph bei den Begegnungen mit seinen Brüdern und seinem Vater siebenmal weinte. Bei den ersten sechsmal[206] war sein Herz jeweils von Mitgefühl und Erbarmen so erfüllt, dass er nicht anders konnte, als zu weinen. Im Kapitel »Du bist tief geliebt« wirst du entdecken, was diese Barmherzigkeit für dich persönlich bedeutet.

Aber jetzt, als Joseph zum siebten Mal weint, ist es nicht mehr aus Mitgefühl. Joseph war zur Beerdigung des Vaters nach Hause gereist. Durch sein Kommen wollte er der Familie zeigen, dass er zu ihnen steht und mitfühlt. Er hatte Geschenke mitgebracht, wie bei Besuchen üblich. Doch seine Brüder plagten üble Gedanken, die aus Gewissensbissen heraus geboren waren. Kennen wir das nicht alle? »Was ist, wenn Joseph sich jetzt doch noch rächen will und uns alles Böse heimzahlt, was wir ihm angetan haben?« Schuldgefühle werden von Angst begleitet und daraus resultiert Feigheit. Nicht anders reagierten die Brüder Josephs. Sie trauten sich nicht, zu ihrem Bruder zu gehen, sondern schickten einen Boten zu ihm. Der sollte für sie eine Brücke bauen mit der Behauptung, dass ihr verstorbener Vater Joseph darum gebeten hätte, den Brüdern das Unrecht von damals zu vergeben. Als Joseph das hörte, begann er zu weinen.[207] Jetzt weinte er aus Enttäuschung. Bei jeder Begegnung hatte er ihnen Gunst, Versorgung und Barmherzigkeit zuteilwerden lassen. Er hatte sie mit Wagenladungen von Gütern für ihren Rückweg zum Vater ausgestattet, damit sie überleben konnten. Er hatte sie fürstlich beherbergt und ihnen Gold und Silber mitgegeben. Und wie reagierten sie? Mit Angst! Angst, er könnte trotzdem noch etwas gegen sie haben, Angst, ihre Fehler würden sie einholen mit der sicheren Strafe im Gepäck.

Weißt du, was unseren himmlischen Vater am meisten enttäuscht? Wenn wir ihm nicht glauben, dass er uns alle Sünden vergeben hat und nur Gutes von ihm auf uns wartet. Siebenmal Weinen sehen wir in dieser Geschichte. Im Hebräischen steht die Zahl Sieben für Vollständigkeit, völlige Vollendung und völligen Abschluss sowie geistliche Perfektion. Dem Werk Christi ist nichts mehr hinzuzufügen – es ist vollendet.

Wir dürfen uns freuen – unsere Vergebung ist vollständig vollendet.

Das Vaterherz weint, wenn wir daran zweifeln, dass wir durch das einmalige Opfer seines Sohnes komplett und vollständig reingewaschen sind von allen Fehlern. Die Errettung ist vollendet. Nicht unsere Sünden, Fehler und Verfehlungen betrüben ihn – wie wir an der Geschichte Josephs sehen. Sondern er ist betrübt, wenn wir die komplette Vergebung nicht akzeptieren und für uns in Anspruch nehmen; wenn wir das Geschenk, das er uns gibt, nicht annehmen oder nicht auspacken. Wenn wir stattdessen eher zweifeln und aus einem Sicherheitsdenken heraus lieber einen Boten schicken, der unsere Fehler in einem anderen Licht darstellen soll. Oder wenn wir weiterhin ständig unsere Sünden bekennen und mit Selbstzweifeln vor seinen Thron treten.

Wasserfall der Vergebung

Ich weiß nicht, wie es dir geht, aber ich fühle mich geduscht und in frisch gewaschenen Kleidern am wohlsten. Kaum vergehen ein paar Stunden und ich möchte am liebsten wieder unter die Dusche gehen. Klar, der Schmutz aus der Luft legt sich auf uns, wir fassen Dinge an, von denen wir schmutzig werden, und Schweiß überzieht – hoffentlich unsichtbar – unseren Körper. Genauso schnell legen sich Verfehlungen auf uns. Und so bleibt bis zur nächsten

Dusche unter der göttlichen Vergebung ein unwohles Gefühl von Verschmutzung.

Was für ein begrenzter Gott wäre er aber, wenn er uns in unseren menschlich begrenzten Möglichkeiten leben ließe. Ich bin froh, dass er an alles gedacht hat. Denn für das Haus David – im neuen Bund die Ortsgemeinde und der universelle Leib Christi – und damit für uns wurde ein Brunnen der Reinigung gegen Sünde und Unreinheit aufgemacht.[208] Dieser Quell, ein Brunnen, begann für uns wie eine Fontäne zu sprudeln, als Jesus mit seinem Blut in das Allerheiligste ging und es als Opfer darbrachte. Es ist ein prophetisches Wort aus dem Alten Testament, das darauf hinweist, was im neuen Bund der Gnade Realität werden würde.

Permanent im Licht und unter dem Wasserfall der Vergebung!

Unter diesem Wasserfall der Vergebung stehen wir automatisch und permanent, wenn wir im Licht wandeln. Damit ist die Errettung durch den Sohn Gottes gemeint. Das Blut Jesu Christi reinigt uns von aller Sünde.[209] Auch hier zeigen sich wieder interessante Aspekte, wenn man die Interlinearübersetzung (d. h. die Wort-für-Wort-Übersetzung) zurate zieht, um das Wort Gottes im Griechischen zu studieren. Das Wort »reinigt« kommt in diesem Abschnitt zweimal vor. Hier steht das Wort für »reinigt uns« im Indikativ Präsens Aktiv. Der Indikativ Präsens Aktiv beschreibt eine andauernde, kontinuierliche und lineare Handlung, die gerade geschieht. Das Blut, das uns reinigt, wird im Griechischen also nicht als einmalige und punktuelle Handlung beschrieben.

Eine andauernde, lineare und kontinuierliche Fontäne strömt aus dem Licht heraus und wäscht alle Fehler dauerhaft weg. Sie kommt aus dem Allerheiligsten, sie ist heilig und heiligt alle, die in Jesus Christus sind. Das ist die wahre Heiligung des Gläubigen.[210]

Unser Körper ist ein Schatten der großen Wahrheit des Leibes Christi: Nicht von ungefähr besteht er zu etwa zwei Dritteln aus Wasser. Allein das Blutplasma enthält bis zu 90 Prozent dieses lebenswichtigen Elementes und auch der Abtransport von sogenannten Abfällen aus Organen und Zellen ist nur mittels Wasser und Blut möglich. Die lebenswichtige Bedeutung von Wasser und Blut haben wir bereits zusammen angeschaut. Göttliche Prinzipien sind nicht nur in seinem Wort zu lesen bzw. an Jesus Christus zu erkennen, sondern sie sind auch seiner Schöpfung »Mensch« bereits in die DNA geschrieben. Ist das nicht fantastisch? Hier gibt es keine Irrtümer oder Zufälle. Es ist der Plan für dich und mich, in Jesus gereinigt zu werden.

Die Scheinheiligen der Bibel

Vielleicht denkst du, wie auch früher die Gnostiker, dass es »Sünde« überhaupt nicht gibt und fragst dich, was das alles soll. Aber wir haben alle schon Ungerechtigkeit erlebt, das ist keine Frage. Jeder kennt sie und sie geht mit Sünden einher. Das ist der Alltag dieser Welt. Zu behaupten, es gebe keine Sünden, ist fern von der Wahrheit.[211]

Genau an diesem Punkt wenden viele Christen ein: »Wenn wir aber unsere Sünden nicht bekennen, Pastor Engler, kann uns Gott doch auch nicht vergeben.« Ich bin immer wieder froh, wenn diese Frage auftaucht. So lässt sich schnell die Sichtweise klären, denn wann immer wir die richtige Brille aufsetzen, verblüfft uns der liebende Vater einmal mehr. Bist du bereit für die Perspektive der Gnade Gottes?

Zuerst einmal halten wir fest, dass Gott uns unsere Sünden nicht aufgrund unserer Bekenntnisse vergibt – das würde Vergebung nämlich zu einem menschlichen Werk machen. Nein, Gott hat uns schon alle unsere Sünden vergeben – ob wir sie nun bekennen oder nicht. Die Vergebung ist ein souveräner Akt Gottes zugunsten der gesamten Menschheit. Nicht unser Bekenntnis der Sünde rückt diese Wahrheit in unserem Leben ins richtige Licht, sondern allein der Glaube an Jesus Christus, der für uns zur Sünde gemacht wurde.

Zweitens, lasst uns den ersten Johannesbrief in seine Einzelteile zerlegen und entflechten. Theologen führen an – ebenso wie ich –, dass dieser Brief die Gläubigen vor aufkommenden Irrlehren warnt, besonders jene gnostischer Art. *Gnosis* bedeutet im Altgriechischen »Erkenntnis« im allgemeinen Sinn. Gnostiker sahen sich als Wissende und Erkennende und damit in einer Sonderstellung zu anderen Menschen. Die Bewegung der Gnosis neigte zum sogenannten Doketismus, was sich vom griechischen Wort *dokein* (dt. »scheinen«) ableitet. Diese Lehre betrachtet die Menschlichkeit und das Leiden des irdischen Christus als bloßen Schein, als Illusion. Christus sei ein Trugbild und damit ungeboren und unkörperlich gewesen, also keine Realität. Daraus begründet sich der nächste Gedanke: Wenn Christus lediglich als Illusion auf dieser Welt war, hat er weder seine Auferstehung noch das Leiden wirklich erlebt. Zu alledem behaupten Gnostiker, Sünde sei nicht real und im Endeffekt habe Sünde auch keine Bedeutung. Hier setzt der Apostel Johannes in seinem ersten Brief an und weist deutlich auf diese Irrlehre hin. Johannes predigt also zu ungläubigen Gnostikern und schreibt deshalb »Was wir gesehen und gehört haben, das verkündigen wir euch, damit auch ihr Gemeinschaft mit uns habt; und unsere Gemeinschaft ist mit dem Vater und mit seinem Sohn Jesus Christus.«[212] Er verdeutlicht, dass wahre Gläubige wissen und bekennen: Jesus Christus ist im Fleisch gekommen. Darum sind sie aus Gott.[213] Er vergleicht die echte Jesus-Beziehung mit bloßer Scheinheiligkeit, Licht mit Finsternis, Wahrheit mit Lüge.

Wen betrifft das?

Johannes erklärt, dass Gott Licht ist und es in ihm keine Finsternis gibt. Mit der Finsternis bezeichnete Johannes die Gnosis und beschrieb die Gnostiker als Lügner, die nicht die Wahrheit tun. Dem gegenüber stellte er klar, dass Gläubige im Licht wandeln wie Jesus und darum Gemeinschaft mit ihm haben. Jetzt führt er das Highlight an: Durch diese Gemeinschaft mit Jesus Christus im Licht **reinigt** uns – die Gläubigen – sein Blut von aller Sünde.[214] Dieses erste Wort für »reinigt« beschreibt, wie vorher bereits erwähnt, eine andauernde, kontinuierliche und wiederholte Handlung.

Es gibt Menschen, die wie die Gnostiker behaupten, es gebe überhaupt keine Sünde. Denen erklärt Johannes, dass sie sich selbst verführen und die Wahrheit nicht in ihnen ist. Aber er verurteilt sie nicht, sondern zeigt ihnen den Weg auf: Wenn Gnostiker ihre Sünden bekennen, wird Gott treu und gerecht sein und die Sünden vergeben und sie von aller Ungerechtigkeit **reinigen.**[215] Das zweite Wort für »reinigen« steht an dieser Stelle nun nicht mehr im Indikativ Präsens, sondern im Konjunktiv Aorist. Das bedeutet, es ist eine einmalige Handlung, die sich nicht wiederholt und als abgeschlossen gilt.

Fassen wir den Kontext zusammen:

Wenn wir sagen, dass wir keine Sünde haben [Gnostiker], so verführen wir uns selbst, und die Wahrheit ist nicht in uns. Wenn wir aber unsere Sünden bekennen [Gnostiker], so ist er treu und gerecht, dass er uns die Sünden vergibt und uns reinigt von aller Ungerechtigkeit [Gnostiker]. … Meine Kinder [Gläubige], dies schreibe ich euch, damit ihr nicht sündigt! Und wenn jemand sündigt [Gläubige], so haben wir einen Fürsprecher bei dem Vater, Jesus Christus, den Gerechten; und er ist das Sühnopfer für unsere Sünden [Gläubige], aber nicht nur für die unseren, sondern auch für die der ganzen Welt.[216]

Diese Zerlegung, an wen die einzelnen Aussagen gerichtet sind, hat vermutlich allen verdeutlicht, dass 1. Johannes 1,9 nicht an Gläubige gerichtet sein kann. Sogar die Aussage aus Vers 9 »… **und uns reinigt von aller Ungerechtigkeit«** bezieht sich nicht auf Gläubige. Denn Gläubige haben die Gerechtigkeit aus Glauben und nicht die Ungerechtigkeit der Sünde erhalten. Wie dankbar dürfen wir für eine detaillierte Auslegung dieser Stellen sein. Ganze Steinberge rollen von den Herzen der Gläubigen, wenn durch die richtige Brille hinter den geschriebenen Buchstaben plötzlich das Licht der Gnade sichtbar wird. Und es geht weiter …

Was bedeutet »bekennen«?

Im 1. Johannes Kapitel 1, Vers 9 wird das griechische Wort *homologeo* (für »bekennen«) benutzt, was soviel bedeutet wie »dasselbe sagen, übereinstimmen, zugeben oder eingestehen«. Was heißt es also für Gnostiker, ihre Sünden zu bekennen? Wie dürfen wir das jetzt verstehen? Wir wissen ja bereits, Gnostiker glauben nicht an die wirkliche Fleischwerdung des Messias. Sie behaupten, Jesus sei nur so eine Art Geistwesen gewesen.

Verstehst du, was Gnostiker bekennen oder eingestehen müssen? Nicht einige Tatsünden, sondern vielmehr sollen sie zugeben, dass Jesus ins Fleisch gekommen, d. h. Mensch geworden ist – denn dann würden sie dasselbe sagen wie Gott. Das Bekenntnis der Sünde ist also im Kontext ein Eingestehen, ja ein Zugeben, dass Jesus der Sohn Gottes ist, der ins Fleisch gekommen ist.

Es ist so, als würde ein guter Freund der Familie anderen von euch (den Gläubigen) erzählen und auch das schwarze Schaf der Familie (ein Gnostiker) käme mit seinen Ansichten und seinem Lebensstil immer wieder in dem Bericht vor. Das heißt aber keinesfalls, dass das schwarze Schaf die ganze Familie repräsentiert. Ganz im Gegenteil, jeder in der Familie würde Wert darauf legen, dass klar differenziert wird, was auf wen zutrifft. Genau das sollten auch wir uns beim Lesen der Bibel zu Herzen nehmen.

Ein Anderer spricht für mich

Im alten Bund finden wir den viel schwierigeren Weg, Sünden einzugestehen. Jeder Einzelne bekannte seine Übertretungen für sich selbst, deckte seine Schuld vor dem Herrn auf und durfte wie auch König David mit der Vergebung der Schuld rechnen.[217] Das Prinzip im Alten Testament war es, für sich selber zu sprechen. Jeder gläubige Mensch bekannte fortwährend seine Sünden, bis zum großen Versöhnungstag Jom Kippur. Wir finden diesen Fokus auf das eigene Bekenntnis von Sünden in allen Religionen. Der Gläubige beichtet, versucht sich frei zu beten von jeder Schuld. Selbst in freikirchlichen Kreisen gibt es Dienste, die alle Sünden bis hin zum Mutterleib mit dir durchbeten. Am Schluss bist du dann vermutlich so ausgelaugt und erschöpft vom Bekennen deiner Sünden wie einst der Prophet Daniel.[218] Du hast überhaupt keinen Glauben mehr, dass Jesus dein Retter ist, und erlebst nicht, was sein Opfer für dich bedeutet.

Dieses dauernde Schuldbekenntnis ist das Resultat eines falschen Glaubens und führt zu einem Leben, das weit entfernt ist von Sorgenfreiheit oder Glück. Es ist beladen und schwierig. Hinzu kommt die bedrohliche Befürchtung: Falls man seine Schuld verheimlicht, wird einen noch etwas Schlimmeres treffen. Der einzige Weg, um Barmherzigkeit zu erfahren, ist also, seine Schuld zu bekennen und das Sündigen bleiben zu lassen.[219] Das bedeutet, wir sprechen weiter und weiter Schuld über uns selbst aus. Ohne es zu merken, bleibt man dabei mit einem Bein in der negativen Manifestation über dem eigenen Leben hängen. Die Erinnerung an die Ereignisse, die die Schuld hervorriefen, ist jederzeit abrufbar und bringt Scham und Verunsicherung hervor.

Ist es nicht wunderschön zu wissen, dass nicht wir beständig unsere Sünden bekennen müssen, sondern dass ein Anderer für uns spricht? »Und wenn jemand sündigt, so haben wir [Gläubige] einen Fürsprecher.«[220] Das Bild des Fürsprechers finden wir bereits in der Typologie des Alten Testaments. In 3. Mose 16 wird von Jom Kippur, dem großen Versöhnungstag gesprochen. Jom Kippur ist das ultimative Sinnbild für Christus in seiner Stellvertreterposition für unsere Erlösung und weist ganz deutlich auf den neuen Bund hin. Jom Kippur hebt sich also von allen anderen Opfern ab, die wir im Alten Testament finden. Es ist wichtig zu verstehen, dass das Wort »Versöhnung« im Alten Testament lediglich »bedecken« bedeutet. Deshalb wird im Judentum bis zum heutigen Tag der große Versöhnungstag jedes Jahr aufs Neue zelebriert.

Jesus dagegen hat unsere Sünden nicht nur bedeckt, er hat sie gänzlich ausgelöscht – alle, bis hin zu unserem Lebensende. Deshalb wiederholt sich das jährliche Ritual nicht mehr.[221] Jom Kippur ist ein Schattenbild unserer Erlösung. Der große Versöhnungstag selbst ist wiederum gespickt mit Typologie. Dem Hohenpriester Aaron (ein Bild für den Hohenpriester Jesus) wurden zwei Ziegenböcke als Sündopfer gegeben.[222] Diese beiden Ziegenböcke sind ebenfalls ein Bild für das Opferwerk Jesu: Der eine Bock wird geschlachtet und sein Blut wird vergossen, entsprechend dem Tod Jesu und seinem Blutvergießen am Kreuz. Dem anderen Bock werden die Hände aufgelegt und er wird in die Wüste geschickt, wo er verendet: ein Bild für den Tod Jesu und seine Trennung vom Vater.[223]

Betrachten wir das Ritual mit dem zweiten Bock etwas genauer. Aaron legt seine Hände auf den Kopf des lebenden Bockes und bekennt die Sünden des Volkes Israels. In diesem Augenblick legt der Hohepriester alle Verfehlungen und Übertretungen auf den noch lebenden Bock, der dann zum Sterben in die Wüste geschickt wird.[224] Die Sünden wurden also durch den Sündenbock hinweggetragen. Ist dir aufgefallen, dass die Israeliten ihre Sünden gar nicht selbst bekannten? Der Hohepriester war ihr Fürsprecher, er bekannte alle Schuld des Volkes. Die Leute mussten nur noch akzeptieren, was der Priester für sie tat.

Wir nehmen einfach an, was Jesus für uns getan hat. Wenn wir uns verfehlen, dann haben wir einen Hohenpriester und Fürsprecher für unsere Sünden. Er nahm meine Sünde hinweg, und sogar wenn ich jetzt als Christ noch sündige, steht er vor Gott, spricht für mich und bestätigt dem Vater, dass meine Sünde bereits auf seinem Körper »hinweggetragen« wurde.

Gläubige sind Geliebte und bereits Gerechte in Christus und müssen deshalb nicht mehr von Ungerechtigkeiten gereinigt werden. Aber wenn doch einmal etwas passiert, haben wir einen Fürsprecher bei dem Vater: Jesus Christus, den Gerechten[225]. Dieser Status der Gerechtigkeit geht nie mehr verloren und hat nichts mehr mit dem persönlichen Verhalten zu tun. In 1. Johannes 2,1 steht auch »so *haben* wir« im Griechischen in derselben Zeitform wie zuvor »reinigend« (Kapitel 1 Vers 7). Es bedeutet, *andauernd, wiederholt haben* wir einen Fürsprecher, der uns *konstant* vertritt.

Dr. jur. Jesus spricht für uns, das ist das Prinzip des neuen Bundes. Seine Kommunikation mit dem Vater ist ohne Missverständnisse, denn er ist das Wort. Jesus bringt deinen Fall vor den Vater und sagt: »Vater, ehrenwerter Richter, dies ist mein geliebter Bruder (oder meine geliebte Schwester): gerecht, weil ich gerecht bin; geheiligt, weil ich geheiligt bin; rein, weil ich rein bin.« Und im gleichen Moment ist der Fall auch schon abgeschlossen. Es muss überhaupt keine Akte mehr angelegt werden. Denn Gott der Vater betrachtet nicht uns, sondern seinen Sohn, in dem wir als gläubige Christen wandeln. Um Jesu willen sind gläubigen Christen die Sünden vergeben, denn der Böse ist besiegt.[226] Das galt schon immer und gilt auch jetzt noch.

»Aber was tue ich, wenn ich etwas falsch mache?« Erstens denke daran, dass er keinen Gedanken mehr an unsere Sünden und Gesetzlosigkeiten verschwendet und unsere Vergebung bereits Realität ist – daher fordert unser Fehlverhalten kein Opfer oder Sündenbekenntnis mehr.[227] Und zweitens, weil ich weiß, dass viele aufrichtige Christen Mühe mit dem Gedanken haben, ihre Sünden nicht mehr ständig bekennen zu müssen: Wenn du einen Drang hast, mit Gott über deinen Fehler zu sprechen, dann kannst du offen sein mit deinem himmlischen Vater. Rede mit ihm über das, was schief gelaufen ist. Es kann sich dann etwa so anhören: »Vater, ich habe diesen Fehler gemacht. Aber danke, dass mir diese Sünde nicht angerechnet wird. Danke, dass ich gerecht bleibe.« In dem Moment schaust du auf das Kreuz, bekennst dich zur Gerechtigkeit und nicht mehr zur Sünde. Jetzt ist plötzlich wieder Jesus im Zentrum und nicht mehr unser »Ich – Ich – Ich«. Schau nicht mehr durch die Brille des Gesetzes auf deine Verfehlung, sondern setze die richtige Brille auf – die der Gnade. Jetzt siehst du Jesus, der für dich spricht, und das schlechte Gefühl in dir verfliegt. Stattdessen spürst du die innige Umarmung des Vaters, der dich bedingungslos liebt.

Festen statt Fasten

Überdies dürfen wir, weil wir Gottes Kinder sind, mit Jesus zusammen feiern, essen und trinken. »Ah, das Abendmahl!« Ja, ganz genau, und die Einladung dazu gilt jedem Christen auf dieser Welt. »Nein, das stimmt nicht. Da gibt es doch die, die unwürdig sind, es zu nehmen und deshalb darauf verzichten, weil sie sonst schwach und krank werden.«[228] Womöglich sagst du dir auch: »Ganz ehrlich, da halte ich mich lieber an die Strategie: besser verzichten als unwürdig teilnehmen« und weichst dem Abendmahl aus. Weißt du, was dir durch diese Angst, unwürdig zu sein, entgeht?

Es sind die Feinheiten der Sprache, die oft einen großen Unterschied ausmachen. Deshalb ist es so wichtig, beim Wort Gottes immer das richtige Passwort einzutippen. Unser Geheim-PIN heißt nämlich: I-N-C-H-R-I-S-T-U-S. Wir studieren die Bibel also auch hier durch die Brille unserer Erlösung in Christus. Wenn wir das Abendmahl so angehen, sind die mit dem Wort »unwürdig« zusammenhängenden Ängste völlig unnötig. Denn »unwürdig« ist in diesem Satz **kein** attributives Adjektiv, das beschreibt, wie eine Sache oder ein Mensch *ist*. Es ist stattdessen ein **adverbiales** Adjektiv, das das Verb (hier: *isst*) näher beschreibt und die *Art und Weise* darstellt, wie die Abendmahlfeier vonstattengeht. Es heißt, »wer unwürdig *isst*«. Damit ist gemeint, wie wir *essen und trinken* und nicht wie wir als Menschen *sind*. Die Bezeichnung »unwürdig« bezieht sich also niemals auf dich als Person, denn I-N-C-H-R-I-S-T-U-S zu sein bedeutet *würdig gemacht*, weil Christus würdig ist.

Doch es gibt noch andere Aspekte und häufig werden diese Fragen gestellt: »Muss ich, bevor ich das Mahl nehme, jede Sünde bekennen? Was, wenn ich eine vergessen habe?« Oder: »Ich versuche wirklich ehrlicher, aufrichtiger, versöhnlicher und reiner zu sein, aber immer wieder passieren mir die gleichen Fehler. Muss ich nicht vollkommen rein sein, bevor ich das Abendmahl zu mir nehmen kann?« Es ist so traurig, das zu hören. Denn das ist die Brille des Gesetzes: »Wenn du nicht, dann …« Die Bibel sagt uns: »Bekennt *einander* eure Sünden«[229]. Die Betonung liegt hier auf »einander«. Und wenn du weißt, dass du etwas mit einem Anderen klarstellen solltest, dann tue es, denn das ist heilend.

Meinst du Judas, der Verräter und Dieb, hätte beim Abendmahl dabei sein können, so unwürdig wie er war? Aber Jesus gab ihm sogar selbst das Brot[230] und wusch ihm vorher noch die Füße wie den anderen Jüngern. Wenn wir auf uns schauen, dann finden wir Unwürdigkeit und Versagen – und zwar bei jedem, mich eingeschlossen. Doch durch die Fotolinse des Kreuzes – das ist der Blick, den du hast, wenn du das Kreuz im Fokus hast und dadurch alles klar wird – siehst du, wie vollkommen akzeptiert und würdig gemacht du durch Jesus Christus bist. Der Herr gibt dir Gunst, weil die Schönheit und Exzellenz Jesu in uns hineintransferiert wurde. So bist du wirklich bereit für das wertvolle und wunderbare Abendmahl.

Nicht wer, sondern wie!

Jetzt halte dich fest, wenn du das liest. Denn im Abendmahl liegt eine der größten Segnungen verborgen, die es überhaupt gibt. Schau sie dir mit mir an.

Vor dem Auszug aus Ägypten zeigte Gott Mose, dass das Volk das Passah nehmen sollte.[231] Es bestand aus zwei Elementen. Zum einen sollten die Israeliten mit dem Blut eines Lammes die Türpfosten bestreichen, damit der Verderber in Ägypten an ihren Häusern vorüberziehen würde. Zum anderen sollten sie das Fleisch über dem Feuer braten, damit alle Bakterien vernichtet würden und sich keine Seuche ihrem Haus nähern konnte.[232]

Gott gab ihnen klare Anweisungen für die Vorbereitungen, indem er sagte: »**So** sollt ihr es aber essen …«[233] Es ging nie darum, **wer** das Passah nimmt, sondern **wie** er es einnimmt. Die Anordnung lautete, alle sollten es essen – von jung bis alt und vor allem die Kranken und Gebrechlichen. Warum? Stell dir vor, zwei bis drei Millionen Menschen machen sich für den Auszug aus Ägypten bereit. Denkst du nicht auch, dass darunter Tausende Alte, Kranke und Gebrechliche waren? Wie hätten diese transportiert werden sollen? Aber schauen wir es uns an: Alle sollten essen! Und das gesamte Volk Israel zog aus, reich gesegnet mit Silber und Gold, und die 95-Jährigen waren so gut zu Fuß wie die 25-Jährigen, gesund, vital und stark. Denn sie hatten das Passahlamm der

Heilung und Stärkung zu sich genommen und kein Strauchelnder war unter ihnen.[234]

Was meinst du wäre passiert, hätten die Israeliten die Anweisungen zum Passah ignoriert und gesagt: »Ach komm, das ist einfach unser normales Dinner«? Das Wunder wäre ausgeblieben und sie hätten sich mit Tausenden von Kranken und Gebrechlichen auf den Weg machen müssen. Auch deshalb warnt Paulus sie sinngemäß, dass sie das Abendmahl nicht einfach als Currywurst mit Pommes betrachten, sondern aufeinander warten sollen.[235] Einige in der Korinther-Gemeinde dachten wohl eher an ein geselliges Oktoberfest als an das Mahl des Herrn. Das wäre unwürdig dem kostbaren Werk Jesu gegenüber. Das Volk Israel wurde durch das Passahmahl, das als Sinnbild des Abendmahls gesehen werden kann, gestärkt. Ihre Zellen regenerierten sich. So konnte das gesamte Volk gesund und vital aus Ägypten ziehen. Im Passahmahl sehen wir bereits Heilung als Ankündigung für die Heilung in Jesus Christus. Dies galt nicht nur damals, sondern durch das Kreuz auch für uns heute. Für mich ist das eines der größten Geheimnisse des Abendmahls und aus diesem Blickwinkel dürfen wir es heute gemeinsam feiern. Also lasse dich nicht mehr verwirren, wenn jemand sagt, du seist unwürdig.

Im Abendmahl liegt Heilung.

Denke daran, was für ein wertvolles Geschenk von Gottes Gunst Jesus uns allen hinterlassen hat. Es ist ein Festmahl und kein Todesmahl. Jesus sagte nämlich: »Nehmt, esst. Das ist mein Leib.«[236] Sein Leib ist mein Leib, seine Heilung ist meine Heilung, seine Kraft ist meine Kraft. Außerdem enthält dieses Festmahl reichlich aufbauende und erneuernde Inhaltsstoffe, besser als alle gesunde Kost zusammen. Niemand sollte mehr darauf verzichten müssen – aus welchen Gründen auch immer.

Die ellenlange »Do it yourself«-Liste

Eine junge Dame besuchte vor einiger Zeit einen unserer Gottesdienste. Während der Predigt sah ich, wie sie von Gottes Gnade sichtlich berührt wurde. Am nächsten Tag schrieb sie mir eine kurze Nachricht:

> *Sie haben doch gesagt, dass der heutige Gottesdienst unsere Leben verändern wird: Ich fühlte mich seit 3 Monaten lahm im Glauben. Jetzt fühle ich mich wieder zu 100 % bei Gott, aufgeladen, motiviert und voller Freude, weil Gott Großes vorhat! 3 Monate Selbstveränderungs- und Motivationsversuche = fail (engl.: scheitern, misslingen); einmal Gottesdienst = Verwandlung!*

Eine andere Frau aus der Schweiz, die unsere Bibelschule Grace Academy[237] besucht, schrieb uns kürzlich etwas Ähnliches. Es sind diese kurzen, knackigen Zeugnisse, die wir einfach mögen:

> *Seitdem wir seit letztem Herbst hin und wieder die Gottesdienste der Grace Family Church besuchen, beobachten wir, wie wir Gottes Gunst im täglichen Leben erfahren!*

Mehr Wunder und Segen erleben

Wenn wir eine Umfrage starten würden, *wie man mehr Wunder und Segen erleben könnte,* dann würden wir wahrscheinlich eine ganze Liste von gut gemeinten Vorsätzen und Entschlüssen bekommen. Das könnte sich dann etwa so anhören:

- Ich werde mehr beten, damit ich mehr Wunder von Gott erlebe.
- Ich werde nächste Woche mit meinem versprochenen Fasten beginnen.
- Ab sofort lese ich fünf Kapitel in der Bibel, dann segnet mich Gott ganz bestimmt.
- Ich werde mit meiner Frau nicht mehr so viel schimpfen.
- Vor allem bekenne ich alle meine Sünden und tue Buße für all die Fehler meiner Vorfahren.
- Ich halte mich von jetzt an immer an das Tempolimit im Straßenverkehr, denn das wahre Gesicht eines Christen zeigt sich beim Autofahren.
- Morgen werde ich mich mit meinem Nachbarn versöhnen und ihm einen Kuchen backen.
- Ich gebe zu und bekenne, dass ich, als ich elf Jahre alt war, den Kanarienvogel meines kleinen Bruders mit dem Luftgewehr umgelegt habe.

Und das wäre nur ein kleiner Auszug davon, was wir zu hören bekämen. Noch viel mehr Lustiges und Bizarres wäre auf dieser Liste zu finden.

Versteh mich nicht falsch, ich bin absolut für Gebet oder die Einhaltung der Straßenverkehrsordnung. Doch all das sind schlussendlich Früchte unseres richtigen Glaubens, aber keinesfalls die Grundlage. Jesus erlöste uns nicht, indem er für uns betete und fastete, oder indem er sich mit seinem Esel immer an die Jerusalemer Geschwindigkeitsbegrenzungen hielt. Nein, er rettete uns aufgrund seines kostbaren Blutes, das vergossen wurde. Denn ohne Blutvergießen gibt es keine Vergebung.[238]

Was sagt Gott dazu?

> *Gott gibt euch seinen Geist und lässt Wunder bei euch geschehen – tut er das, weil ihr* ***das Gesetz befolgt*** *oder weil ihr die* ***Botschaft vom Glauben gehört*** *und angenommen habt? – Galater 3,5 GNB*

Wunder geschehen nicht wegen unserer Werke, Bemühungen, unseres Fastens oder mehr Betens und auch nicht aufgrund unserer Vorsätze, bessere Menschen zu werden. **Wunder geschehen, weil wir die Botschaft vom Glauben hören, das Wort der Gnade also.**

> *Und nun, Brüder, übergebe ich euch Gott und dem Wort seiner Gnade, das die Kraft hat, euch aufzuerbauen und ein Erbteil zu geben unter allen Geheiligten. – Apostelgeschichte 20,32*

Die größten Wunder passieren genau dann, wenn du dem Wort Gottes zuhörst. Ganz ohne Anstrengung oder eigene Bemühungen. Drei Monate mit Selbstveränderungs- und Motivationsversuchen haben nichts gebracht, wie es die junge Frau aus der Schweiz beschrieben hatte. Im Gegensatz dazu können fünfzig

Minuten Gottesdienst und einfach nur zuhören uns verwandeln. Gunst kommt mehr und mehr in deinen Alltag, wenn du unter der wunderbaren Botschaft der Gnade bist und sie regelmäßig hörst. Es geht nicht darum, mehr zu tun, sondern einfach nur dem zu lauschen, was Jesus schon getan hat. Das Christentum ist nicht eine lange Liste von »tun, tun, tun«; denn das wären Werke des Gesetzes. Es geht vielmehr um »getan, getan, getan« – und zwar von Jesus allein. Wir sehen, es geht nicht um ein christliches *Do it yourself*, damit wir mehr von Gottes Gunst erleben. Es ist das andauernde Hören der Botschaft der Gnade und des Glaubens, das Wunder und Segnungen im Leben von Menschen freisetzt.

Die *Gute Nachricht Bibel* erklärt sogar, dass unsere Kirchen und ihre Mitglieder durch Gottes Gnade reifen werden. »*… nun stelle ich euch unter den Schutz Gottes und unter die Botschaft seiner rettenden Gnade. Durch sie wird er* ***eure Gemeinde im Glauben reifen lassen*** *…*«[239] Durch das Gesetz sind wir unmündige und pflegebedürftige Säuglinge (gr. *nepios*)[240], durch die Gnade werden wir zu reifen und gefestigten Christen im Wort der Gerechtigkeit.[241]

Mit Mose zu flirten bedeutet, Jesus zu betrügen

Einmal mehr wird deutlich, dass wir das Gesetz nicht mit Gnade vermischen können. Wir werden nie Wunder erleben, weil wir das Gesetz befolgen. Wir erleben Wunder, weil wir die Botschaft hören und annehmen. Einige denken, der gute Mix mache es aus – als Christ sozusagen möglichst ausbalanciert zu sein. Mit etwas von Moses Gesetzen und danach etwas von Jesu Gnade. Dazu kannst du dir ganz einfach folgenden Spruch merken:

»Mit Mose (dem Gesetz) zu flirten bedeutet, Jesus (die Gnade) zu betrügen.«

Nichts gegen etwas Flirten unter Ledigen. Wenn du jedoch schon verheiratet bist – und da stimmst du mit mir sicher überein –, ist Flirten mit einer Anderen bzw. einem Anderen fehl am Platz, oder? Wenn du verheiratet bist, dann hört das Flirten mit anderen Kandidaten und Kandidatinnen auf, denn du hast ja bereits ausgewählt. Genauso ist es mit Jesus und seiner Gnade. Er hat uns schon ausgewählt und wir haben dazu das Jawort gegeben. Warum also noch mit Mose (dem Gesetz) flirten?

Paulus sagt im Römerbrief, dass wir durch Christus dem Gesetz gegenüber tot sind und jetzt ihm allein gehören (mit ihm verheiratet wurden). Lies einmal ganz aufmerksam das siebte Kapitel des Römerbriefes. Fälschlicherweise interpretieren viele Bibelausleger, dass es dort um Scheidung und Ehebruch zwischen Menschen geht und man nur wieder frei ist zu heiraten, wenn der Lebenspartner verstorben ist. Doch bei genauer Betrachtung geht es hier überhaupt nicht um Menschen, die Ehebruch begehen. Es ist hier stattdessen die Rede vom Gläubigen, der befreit ist von seiner Beziehung zu Mose, also einem Gesetz, das ihn verdammte. Alle Geschiedenen können aufatmen. So wie es keine Verdammnis mehr in Christus gibt,[242] besteht auch keine Verdammnis mehr für Geschiedene. Menschen, die durch eine Scheidung hindurchgehen mussten, werden weder von Jesus noch von uns als Vertretern der *Gnade* verurteilt – im Gegenteil, wir haben ein großes Herz für Geschiedene.

Paulus spricht hier also über den neuen Bund der Gnade, der in Christus gekommen ist. Er stellt das Gesetz der Gnade gegenüber und teilt seinen Zuhörern mit, dass sie nicht mehr mit Moses Gesetzen verheiratet sind, sondern mit Jesus. Er offenbart den Römern, dass sie vom Gesetz, das sie gebunden hatte, frei geworden sind. Deshalb kommt es einem Ehebruch mit Jesus gleich, wenn sich jemand wieder dem Gesetz Moses zuwenden will.

Tote erhalten keine Strafzettel mehr

Paulus geht noch weiter. Er sagt den Römern nicht nur, dass sie vom Gesetz frei geworden sind, sondern, dass sie dem Gesetz gestorben sind. Das bedeutet, wir werden niemals mehr wegen der Nichteinhaltung von Geboten und Gesetzen bestraft. Denn wir sind ja »dem Gesetz gestorben«.[243]

Stell dir vor, jemand übertritt die Geschwindigkeitsbegrenzung auf der Schweizer Autobahn, die auf 120 km/h angesetzt ist. Nun rast diese Person mit 150 km/h in eine Polizeikontrolle und wird bei der nächsten Ausfahrt vom Polizisten »gepflückt«. Der gute Mann, der nur seinen Job tut, klopft an die Autoscheibe und hat bereits das Strafbuch zur Hand. In Kürze wird er als Gesetzeshüter dem Gesetzesbrecher eine sehr hohe Buße aufbrummen. Der Übeltäter lässt also mit einem schlechten Gewissen die Scheibe herunter in der Erwartung, bestraft zu werden. Doch in diesem Moment erleidet der Raser im Auto einen Herzinfarkt und stirbt auf der Stelle. Der Polizist unternimmt sofort Reanimationsversuche, die leider ohne Erfolg bleiben. Der Arzt bestätigt etwas später den Tod des Geschwindigkeitsübertreters und die Leiche wird abtransportiert. Die Angehörigen werden über den tragischen Vorfall informiert.

Nun, was denkst du: Wird der Tote noch einen Strafzettel für die Tempoübertretung von 30 km/h bekommen? Steckt der Polizist noch einen Bußzettel in die Hosentasche des Toten? Denkt der Polizist überhaupt noch über einen Strafzettel nach? Nein, das wird er und das kann er nicht, denn Toten kann man keinen Strafzettel mehr ausstellen. Genauso ist unsere Stellung zum Gesetz Moses. Wenn wir eines oder mehrere der Zehn Gebote übertreten, wird kein Strafzettel mehr ausgestellt. Genauso wenig erfolgt eine Bestrafung, da du dem Gesetz gegenüber ja für »tot« erklärt wurdest.

Ich zitiere Paulus: »So steht es auch mit euch, meine Brüder und Schwestern! Weil ihr mit Christus gestorben seid, seid ihr dem Gesetz gegenüber tot.«[244] »Aber jetzt stehen wir nicht mehr unter dem Gesetz; wir sind tot für das Gesetz, das uns früher gefangen hielt.«[245] Das ist das erste Mal, dass wir zu unserem Tod »Halleluja« sagen können! So gibt es also weder eine Verurteilung noch Verdammnis, genauso wie es auch keine Strafzettel und keine Bestrafungen mehr für tote Gesetzesübertreter gibt.

Ja, was ist jetzt mit der Buße?

Toten werden keine Bußzettel mehr ausgestellt. Weshalb? Ein Toter kann seine Strafe nämlich gar nicht mehr bezahlen. Er ist nicht mehr in dieser Welt. Mit dem ausgestellten Bußzettel leistet man Buße für eine getätigte Gesetzesübertretung. Man kann das aber nicht mehr, wenn man nicht mehr unter diesem Gesetz lebt.

Einige behaupten jetzt: »Aber die Verwandten könnten doch die Schuld dafür noch bezahlen müssen«. Christen nennen das Generationenflüche und Generationenschuld. Kaum zu glauben, wie viele Nachfahren heute die Schulden ihrer Vorfahren bezahlen wollen. Sie glauben zudem, sie müssten sich vorher lossagen und freisprechen von den Dingen, die ihre Vorfahren eventuell getan haben *könnten*. Manche gehen sogar soweit, dass sie Buße tun für ihre Vorfahren, ihr Land, ihre ganze Familie – was für ein Teufelskreis des falschen Glaubens. Dabei erstickt das Erleben der wahren Gnade Gottes. Dieses Verhalten ist völlig unnötig, denn Jesus hat uns erlöst vom Fluch des Gesetzes.[246]

Die ganze Debatte über die von einigen so genannte »Vorfahrenschuld« gründet sich in der Theologie von Gesetz und Gesetzlichkeit. Ist dir auch schon aufgefallen, dass praktisch jede Lehre über Generationenflüche aus dem Alten Testament kommt und einfach in das Neue Testament übertragen wird, ohne dass sie dort überhaupt erwähnt wird? Es wird behauptet, wenn wir Flüche und Sünden der Vergangenheit nicht bewusst lösen und bekennen, würden wir ständig mit Bindungen und Lasten in unserem Leben zu tun haben. Solche Lehren sind auf das Gesetz aufgebaut und das Loswerden basiert auf eigenen Werken. Das wird dann als Buße für sich selbst und Buße für die Sünden der Vorfahren bezeichnet.

Wenn du dich ständig mit der Schuld deiner Vorfahren befasst, lebst du nicht aus Gnade. Du steckst fest in negativem Denken. Dabei glaubst du, durch ein ständiges Sich-Lossagen von Fehlern würdest du echte Buße tun. Doch dein negatives Denken über Schuld, Sünde und Fluch verhindert im Grunde genommen die echte und wahre Buße in deinem Leben. Im nächsten Abschnitt erkläre ich dir, wieso einige in einer falschen Bußspirale gefangen sind.

Zurück zur Gnade

Buße ist wohl eines der Themen, das am häufigsten falsch verstanden wird. Für die meisten Leute bedeutet Buße, ihr Fehlverhalten und ihre Übertretungen zu bekennen oder für Gott etwas zu tun, das sie nicht wollen. Sie versuchen, sich dadurch Vergebung sozusagen zu erkaufen. Dabei ist Vergebung doch etwas vollkommen Unverdientes. Das griechische Ursprungswort für Buße ist *metanoia*. Es hat nichts mit Sündenbekenntnis oder Vorfahrenschuld zu tun. Das Wort bedeutet schlicht und einfach »Sinnesumkehr« (engl.: *»change of mind«*).

Seitdem du dieses Buch liest, tust du (ganz unbewusst) Buße. Du beginnst, Gnade neu zu begreifen und erkennst viele falsche Gedankenstrukturen, die in dir stecken. Allein das Hören der frohen Botschaft verändert dein Denken radikal. Alte Muster werden über Bord geworfen. Du erlebst innere Freisetzung von gesetzlichen, verstrickten Bindungen und all das nur, weil du (ganz unbewusst) Buße tust, also deinen Sinn und dein Denken erneuerst.

Das hebräische Wort für Buße ist *teschuvah* und bedeutet ebenfalls »Umkehr«. *Teschuvah* leitet sich vom hebräischen Wort *schuv* ab und heißt »zurück«. In der hebräischen Sprache entspringt jedes Verb einem Grundstamm, der fast immer aus drei Buchstaben besteht. Außerdem haben alle hebräischen Buchstaben eine eigene Bedeutung. Wenn wir diese verstehen lernen, beginnt das Alte Testament für uns ganz neu und lebendig zu werden. Genau aus diesem Grund ist der Kurs über das hebräische Alphabet einer der wichtigsten unserer Bibelschule *Grace Academy.*

Zurück zu *teschuvah* und der Buchstabenabfolge des Wortes. Hier offenbart sich uns das Ziel der Umkehr. Dies ist die hebräische Schreibweise:

תשובה

Im Hebräischen lesen wir von r echts nach links. Zuerst steht dort der Buchstabe »Taw«. Die Bedeutung dieses Buchstabens ist das Kreuz. Er steht symbolisch für das Kreuz. Danach kommt das aus drei Buchstaben bestehende Stammwort *»schuv«* (in grau) das, wie bereits erwähnt, »zurück« bedeutet. Am Schluss sehen wir den Buchstaben »He«, der immer für Gottes Gnade steht, da es der 5. Buchstabe im Alphabet ist (5 ist die Zahl für Gnade). Wenn wir diese Reihenfolge der Buchstaben jetzt verbinden, dann bedeutet *teschuvah* sinnbildlich: *Kreuz, zurück, Gnade*, oder in einem deutschen Satz ausgedrückt: *»Durch das KREUZ ZURÜCK zur GNADE.«*

Wow! Kannst du sehen, was Buße bedeutet? Wahre Buße heißt soviel wie: »Hey, kehrt zur Gnade zurück, Leute.« Biblische Buße ist also kein Abbezahlen irgendeiner Schuld oder eine gewissensberuhigende, religiöse Praktik, um sich von der Schuld unserer Vorfahren zu lösen, sondern eine Sinnesänderung. **Weg von Gesetzlichkeit, hin zur Gnade Jesu!** Du kannst nicht mit Mose und Jesus gleichzeitig »verheiratet« sein. Buße ist schlichtweg die Veränderung deiner Gesinnung, weg von Gesetz und Gesetzlichkeit, hin zur überströmenden Gunst Jesu durch das Kreuz allein. Das erinnert uns wieder an das Gleichnis des verlorenen Schafes. Wo ist die Buße des Schafes zu sehen? Der Hirte trägt das Schaf zurück und das Schaf lässt sich vom Hirten tragen. *Zurück zur Gnade* – das ist die wahre Buße unter dem neuen Bund. Dementsprechend bin ich voll und ganz für Buße, ich predige Buße und fordere die Leute zur Buße auf – es muss nur die richtige sein.

Breche aus der falschen Bußspirale von negativem Denken über dich selbst und deine Vorfahren aus. Ein Denken über Schuld, Sünde und Fluch verhindert in Wirklichkeit die echte und wahre Buße in deinem Leben. Ich versichere dir, dass du echte Freiheit erleben wirst, wenn du zur Gnade zurückkehrst.

Göttliche Strategie

Als Jesus am Kreuz rief: »Es ist vollbracht!«, war das gesamte System des Gesetzes mit den Opferritualen vollbracht und erfüllt worden. Gleichzeitig zerriss der Vorhang im Tempel Gottes, der uns vorher den Zugang verwehrt hatte, von oben nach unten – die göttliche Strategie und das göttliche Eingreifen wird sichtbar. Und was sehen wir? Nun haben wir das Vorrecht in Gottes Nähe zu sein. Wir erleben seine Liebe jeden Tag aufs Neue. Denn Jesus hat durch die Hingabe seines eigenen Lebens das Gesetz mit seinen zahlreichen Geboten und Anordnungen außer Kraft gesetzt, indem er es erfüllte. Mit dem Ziel, auf diese Weise Frieden zu schaffen, hob er jede Trennung auf. Dank ihm haben wir alle – Juden wie Nichtjuden – freien Zutritt zum Vater und gehören zu Gottes Familie.[247]

Unter dem alten Bund stand – wenn sie gesündigt hatten – etwas zwischen den Israeliten und Gott, bis sie zum Priester kamen und ein neues Opfer brachten. Bevor der Priester es opferte, untersuchte er das Lamm gründlich auf seine Makellosigkeit. Achtung: Er untersuchte nicht den sündigen Israeliten, ob er fehlerlos und perfekt sei. Kannst du diese Vorgehensweise auch im neuen Bund entdecken? Für uns heute bedeutet das, wenn wir einen Fehler begehen, schaut Gott nicht mehr auf uns, sondern untersucht das Lamm Jesus; er schaut ihn an und befindet das Lamm als vollkommen rein und perfekt. Jesus, mit seinem fortlaufend reinigenden Blut und dem vollbrachten Werk am Kreuz von Golgatha, ist immer der Mittler zwischen Gott und dem Menschen. Jetzt weißt du, wer zwischen dir und Gott steht. Nicht deine Sünde oder ein Fehler, sondern einzig und allein das Lamm Gottes – Jesus – steht dazwischen und ist makellos rein.

Das Job-Profil deines persönlichen Beraters

Außerdem haben wir hier und jetzt einen himmlischen Berater und Beistand, der uns hilft! Er ist unser Ratgeber und Helfer – der Geist Gottes.[248] Wie Jesus, der die Ehebrecherin in der dunkelsten

Stunde ihres Lebens tröstete[249], wirkt auch der Heilige Geist. Er verurteilt nicht, sondern tröstet.

Er ist der Geist der Gnade[250] und zeigt uns Gnade und wie wir sie in jeder Situation erfahren können. Der Geist Gottes ist auch kein Geist der Verdammnis, sondern er offenbart uns die Gerechtigkeit Gottes.[251] Wir werden gerecht in dem Moment, in dem wir an Jesus Christus glauben. Der Heilige Geist ist unser Berater und erinnert uns daran, welchen Stand wir vor dem Herrn haben aufgrund dessen Werkes. **Denn »gerecht sein« bedeutet nicht das richtige Tun, sondern den richtigen Stand durch Jesus vor Gott haben.** Es ist so wichtig, dass uns Fehler nicht zu Boden drücken, denn das entspricht nicht unserer Stellung vor dem Herrn. Wenn wir Fehler machen, verdeutlicht uns unser himmlischer Berater, dass wir trotzdem die Gerechtigkeit in Christus sind und bleiben.

Kapitel 4

Sicherheit für die Ewigkeit

Ist es nicht die Frage nach dem Danach, die viele beschäftigt? Bücher, die Nahtoderlebnisse und damit einen Blick in die Ewigkeit beschreiben, sind oftmals Bestseller. Diese Berichte geben uns den Hinweis, dass es nach dem Tod noch etwas gibt. Gleichzeitig stehen wir hilflos der Frage gegenüber, was wohl von uns gefordert wird, um in diese Ewigkeit gelangen zu können. Man will ja alles richtig machen. Schon drängt sich uns der Gedanke auf: »Hoffentlich reicht das auch wirklich«, und wir wirbeln von der einen zur anderen Aufgabe, um nur ja nichts zu übersehen. Wunderbar – und dann kommt der Moment des Todes. Und jetzt?

Immer für uns – nie gegen uns

Es ist so einfach und darum vermutlich schwer zu akzeptieren. Wer aber die Bibel im Kontext liest und unterscheidet, was zu wem wann gesagt wurde, wird sich einer Sache ziemlich sicher: Es geht um die Versöhnung mit Gott durch Jesus Christus.[252] Darauf weist uns der Heilige Geist hin. Denn Gott hat seinen Sohn nicht in die Welt gesandt, um die Welt zu richten, sondern damit sie durch ihn gerettet wird.[253] Das macht Gott nicht zum Allversöhner, für den die Rettung nichts mit Jesus zu tun hat. Es macht ihn zum Liebhaber der Menschheit, der den verlorenen Sohn wieder in die Arme schließen will. Es wird höchste Zeit für die *Rettung* der Welt, wenn wir anschauen, was hier alles im Argen liegt. Aber vielleicht liegt es auch an der Polung auf negatives Denken, wenn Menschen im Wort Gottes zuerst Bedrohliches oder Schlimmes entdecken. Sie interpretieren Bibelstellen zuerst einmal gegen sich und sehen einen strafenden, zornigen Gott.

Das Wort Gottes ist für uns – nie gegen uns!

Dabei übersehen sie völlig die Liebe Gottes für seine Schöpfung. Wenn du selbst schon einmal etwas geschaffen hast, wirst du wissen, wie sehr dein Herz daran hängt. Oft begleitet uns in Kindertagen Gefertigtes durch unser gesamtes Leben. Gott möchte Beziehung mit uns und will mit seiner Gunst unseren Alltag bereichern. Deswegen ist sein Wort, die Bibel, auch für uns und nicht gegen uns. Auf jeder Seite sehen wir Gnade. **Denn Gnade ist das Evangelium, das Evangelium ist Gnade.** Jesus Christus ist nicht nur das Gesicht der Gnade. Er ist es auch, der für uns Partei ergreift in jeder Situation, die wir gerade durchleben. Überlege dir einmal, welche Dimensionen hier wirken. Jemand glaubt an dich und tritt für dich ein – immer! Mich bewegt das zutiefst.

GSI Folge 11 – Nichts ist zu unwichtig

Lieber Pastor Erich ...!

Ich bin immer noch erstaunt von der Liebe Gottes – es ist, als würde ich jetzt anfangen, ihn zu kennen und zu erleben ... Also, ich habe keinen Computer und nun habe ich mich entschieden, weil ich in der Schule Grace Academy vor Ort bin, einen zu kaufen ...

Ich fragte einen Kollegen, was das beste Modell für mich sein könnte. Er zeigte mir dann welche, die für mich am besten infrage kommen würden ... und plötzlich sagte er: »Ich schenke dir einen, es ist nicht der Neueste, aber du kannst damit deine Bibelschule gut machen und viel Spaß dabei haben.« Wow!

Nächste Woche hole ich den Computer ab und fange dann voll an ... Es ist wunderbar, dass ich jetzt den Computer nicht kaufen muss. Denn so kann ich schneller die Grace Academy-Studiengebühren bezahlen ... Ich freue mich so sehr!

Ich wünsche euch allen einen ganz gesegneten Tag.

Zulma F., Schweiz

Kein Grund zum Verrücktwerden

Schon früh gab es Erkenntnisse darüber, dass die Hälfte aller Christen in psychiatrischen Anstalten glauben, sie hätten die Todsünde gegen den Heiligen Geist begangen. Th. Kirchhoff, Direktor einer Nervenheilanstalt und Privatdozent für Psychiatrie, schrieb bereits 1899 in seinem Buch *Grundriss der Psychiatrie*: »Der Versündigungswahn ist unter den melancholischen Erkrankungen eines der regelmäßigsten Vorkommnisse.« Weiter führte er aus, »darin findet sich auch die Sünde gegen den Heiligen Geist.« Dieser »Versündigungswahn«, wie ihn die Psychiatrie bezeichnet, ist eine der größten Fallen, in die selbst heute noch viele Gläubige tappen können. Wenn du lediglich Botschaften über Sünde hörst und dir ständig eingeredet wird: »Du bist ein Sünder«, dann entsteht leicht einmal ein dunkles Gedankenkino ohne Ausweg. Manche nehmen sich deswegen sogar das Leben. Das ist wirklich tragisch. Was würde geschehen, wenn diese Menschen die Wahrheit erfahren könnten? Dass durch Christus bereits alle Sünden vergeben sind, sogar zukünftige! Dass sie als Gläubige gar keine Todsünde mehr begehen können! Diese viel zitierte Sünde gegen den Heiligen Geist ist das konstante Ablehnen des Messias, was viele Pharisäer in Israel zu dieser Zeit taten. Sie beschuldigten Jesus, er wäre von einem bösen Geist besessen.[254]

Wie wir vorher bereits gesehen haben, kannst du als gläubiger Christ die Sünde gegen den Heiligen Geist überhaupt nicht begehen. Lass dir das auf deiner Zunge zergehen, verinnerliche es und erzähle es jedem deiner Glaubensgeschwister. Keine Sünde schließt dich von der Ewigkeit mit deinem himmlischen Vater mehr aus. Du bist durch Jesus Christus wiedergeboren, das heißt, zur Gerechtigkeit geboren. Jesus kommt für unser Heil, für unsere Rettung und nicht mehr wegen unserer Sünden.

Glaubst du schon?

Das Wort »Sünde« weckt bei uns automatisch eine negative Deutung. Wir haben dazu ein festes Bild in uns eingebrannt, eines von Verwerflichkeit, Tod und Ausgrenzung. Der moralische Zeigefinger erhebt sich drohend über uns. Dabei übersehen wir leicht das wichtigste Detail: der neue Bund spricht lediglich von **einer** Sünde!

Diese **eine** Sünde, die der Geist Gottes konfrontiert, ist der Unglaube an Jesus Christus.[255] Dabei ist es egal, ob es diejenigen sind, die ihren Unglauben unbewusst wahrnehmen und nach einer Antwort suchen: Ich war immer auf der Suche nach etwas Unbestimmtem. Weder die Astrologie noch die Wahrsagerei oder die Universallehre der Esoterik, ja nicht einmal der Buddhismus, konnte diesem Sehnen vollständig und dauerhaft begegnen. Meine Begrenztheit brachte mich jeweils schnell an die Grenzen des Möglichen. Und dann nahm mich eine Freundin in einen dieser modernen Gottesdienste mit. Verstanden habe ich nicht viel, aber eines spürte ich durch die Menschen dort und wollte es für immer haben: Trost und Liebe – eine Liebe direkt aus der himmlischen Ewigkeit mitten in mein Herz. Jetzt habe ich in Jesus Christus das gefunden, was ich überall gesucht hatte.

Oder ob es Menschen sind, die trotz Erfolg und Reichtum rastlos bleiben: Erfolg ist nicht alles, und glaub mir, das Vermögen richtig zu verwalten, damit es sich vermehrt und sich nicht in Börsencrashs oder Immobilienblasen verliert, ist ein harter Job. Auch Vermögensberater machen Fehler. Außerdem gilt es noch die Nachfolge sinnvoll zu klären. Absolut nicht einfach. Und selbst wir, die wir Milliarden in Hilfsprojekte stecken, ohne je eine dauerhafte Veränderung zu bewirken, versuchen lediglich unser Gewissen zu beruhigen. Diese Flüchtigkeit all dessen, was mein Leben ausmacht, gab mir zu denken. Dann schickte mir jemand einen Link zu einer Predigt über einen Jesus Christus, wie ich ihn noch nie erlebt hatte. Eigentlich wollte ich sie schon im Papierkorb entsorgen. Für so etwas war meine Zeit zu kostbar, dachte ich. Doch irgendwie kam Neugier in mir auf und ich begann hineinzuhören. Was für Neuigkeiten! Eine Freude breitete sich in mir aus, die ich nicht einmal bei meinen größten Millionenverträgen verspürt hatte. Jesus Christus ist jetzt der leitende Kopf in meinem Leben, und das außerordentlich erfolgreich.

Folge diesem Weg, der zum Vater führt. Dieser Vater schenkt dir überfließende Gnade und auf ewig eine innige Beziehung mit ihm. Die Armut in deiner Seele oder auch in deinem Leben ist vorbei, wenn du an Jesus Christus glaubst. Das ist die wichtigste Aufgabe des Heiligen Geistes. Er überführt die Welt von der Sünde des Unglaubens.[256] Von einer einzigen Sünde, nicht von mehreren. Er ist nicht hier, um den gläubigen Christen mit irgendwelchen Sünden zu konfrontieren, für die Jesus Christus am Kreuz bereits den Preis bezahlt hat und an die sich der himmlische Vater nicht einmal mehr erinnert.

Der Geist Gottes möchte, dass du zur Gerechtigkeit erwachst und dich daran erinnerst, wie der Vater nach dir schaut, dich mit offenen Armen empfängt und ein wunderbares Fest für dich ausrichtet. Du bist recht, so wie du bist, weil Jesus recht ist, der in dir ist und dich zugleich umgibt.

Der Mythos der zehn Jungfrauen …

… oder wie ein verzerrtes Bild zu Schuldzuweisung führt. Hast du auch schon gehört, du müssest vorbereitet und wachsam sein, wenn Jesus wieder kommt? Dieser Mythos entstand in christlichen Kreisen aus dem Gleichnis über die zehn Jungfrauen: Fünf von ihnen nahmen zu ihren Öllampen zusätzlich Öl mit, während die anderen fünf nur ihre Öllampen mitnahmen, um den Bräutigam zu empfangen.[257] Hier gibt es einige ganz wichtige Aspekte, die ich erwähnen möchte und die unsere Ansicht von den

Jungfrauen radikal verändern werden. Wenn wir die Bibel so lesen, wie sie geschrieben wurde, also nicht nur einen Vers, sondern auch den Kontext darum herum – denn in der Summe des Wortes Gottes ist Wahrheit[258] –, dann löst sich dieser Mythos schnell auf.

Das griechische Wort für »Jungfrauen« ist *parthenos* und bedeutet nicht einfach nur Jungfrauen, sondern »Brautjungfern«. Was auch Sinn macht, denn wir sind hier auf einer Hochzeit und diese Jungfrauen sind die Brautjungfern der Braut. Entscheidend hier: Die Brautjungfern sind nicht die Braut! Im Kontext des Neuen Testaments sehen wir, wer die Braut ist. Es sind alle, die an Jesus Christus glauben, also die Gemeinde und der gesamte Leib Christi. **Als gläubige Christen sind wir die Braut und nicht die Brautjungfern.** Damit ist klar, dass dieses Gleichnis der Brautjungfern nicht von uns spricht. Jesus ist der Bräutigam und er kommt nicht wegen der Jungfern, sondern er hat seine Braut – nämlich uns – schon gefunden. Jetzt sehen wir in diesem Gleichnis noch die Beschreibung vom »Reich der Himmel«. Damit ist sowohl ein innerer Bereich als auch ein äußerer gemeint. Es gibt also Menschen, die drinnen sind – die gläubigen Christen –, und andere, die noch nicht glauben, sind entsprechend draußen. Es ist wie mit dem neuen Jerusalem: Auch hier gibt es ein Innerhalb und ein Außerhalb.

Hier sehen wir wieder, wie wichtig Glaube ist. Denn das Gleichnis von den zehn »Brautjungfern« spricht von Menschen, die in der großen Trübsalszeit doch noch zum Glauben finden. Das ist der Zeitpunkt, wenn der Bräutigam – Jesus – mit seiner Braut – also uns – wieder auf die Erde zurückkehrt, um das zweite Hochzeitsmahl, das als »Mahl des großen Gottes«[259] bezeichnet wird, zu zelebrieren. Vorher wird Jesus mit uns, seiner Braut, bereits beim ersten Hochzeitsmahl des Lammes im Himmel[260] kräftig gefeiert haben.

Es gibt immer eine zweite Chance. Jeder soll die Möglichkeit haben mit dem himmlischen Vater die Ewigkeit zu verbringen. Deshalb kehrt der Bräutigam mit seiner Braut (also den gläubigen Christen) wieder zurück auf die Erde, auf der die große Trübsal herrscht. Die fünf klugen »Brautjungfern« werden dann zu den Glaubenden gezählt, weil sie wachsam waren. Sie warten auf die Rückkehr des Bräutigams und sind bereit. Während die fünf törichten »Brautjungfern« unüberlegt handelten und sich dadurch die Chance vertan haben, am Hochzeitsmahl des Bräutigams teilzunehmen.

Niemals verlassen, immer gesegnet

Während der Mensch Jesus Christus gekreuzigt wurde, zog er wie ein Magnet alles Schlechte, Böse, Sündhafte und Kranke auf sich. Der ganze Zorn Gottes für die Bösartigkeit der gesamten Menschheit kam in diesem Augenblick auf diesen Menschen, der stellvertretend dort am Kreuz hing. Gott, der Allmächtige kann sich dieser Finsternis nicht zuwenden. Deshalb schrie sein Sohn: »Mein Gott, mein Gott, warum hast du mich verlassen?« Zum ersten Mal nennt Jesus ihn nicht mehr »Vater«, denn diese innige Beziehung war durchtrennt. Jesus wurde in diesem Moment von Gott verlassen, damit er dich und mich nie mehr verlassen noch aufgeben muss. Jesus erlebte dieses Verlassen-Sein so, als hätte Gott sich von ihm abgewendet. In diesem speziellen Augenblick lag der gesamte Zorn auf ihm und er nahm ihn mit in den Tod, in die Finsternis hinein. Der Zorn Gottes wurde dabei komplett erschöpft: Gott wird auf seine Kinder nie mehr zornig sein.

Wir können heute wegen des vollendeten Werks Jesu am Kreuz rufen: »Mein Gott, mein Gott, warum hast du mich so sehr geliebt, warum bist du mir so sehr gnädig.« Mit unseren Worten zeigen wir unseren Glauben und unser Vertrauen in den Vater, der uns niemals verlässt. Gott hat uns bereits alles gegeben. Jetzt brauchst du nur zu glauben, dass du alles hast und es in Empfang nehmen kannst.

Es gibt keinen Stolperstein mehr

Ja, und dann gibt es die ebenfalls schwierige Stelle mit dem »mutwillig sündigen« und der schrecklichen Angst davor, vom Gericht und Zorn wie in einem Feuer verzehrt zu werden.[261] Das ist ein Punkt, der für viele Menschen wie ein Stolperstein wirkt. Wenn wir aber mit unklaren Bibelstellen besonnen umgehen und sie nicht über die eindeutigen und klaren Aussagen von Gottes Wort dominieren lassen, dann haben wir bereits viel geschafft. Der nächste Schritt ist, dass wir eine Sicherheit und Festigkeit gewinnen, die uns nicht bei jedem Windhauch ins Wanken geraten lässt.

»Das Evangelium der Gnade zu bezeugen«[262], ist die Botschaft des Neuen Testaments. Es legt dir keine Steine in den Weg, sondern gibt Gott die Möglichkeit, den Stein vor deinem Herzen zu entfernen. Du stehst auf wie Lazarus, dessen Name »Gott hat geholfen« bedeutet und gehst aus der dunklen Höhle hinaus ins Licht und hin zu Jesus. Jetzt siehst du die Herrlichkeit Gottes in deinem Leben.[263] Denke daran: Immer wenn du »Stein« in der Bibel siehst, ist das ein Symbol für das Gesetz. Es ist unsere Aufgabe als Prediger und Pastoren, dir zu zeigen, dass dieser Stein des Gesetzes von deinem Leben weggerollt wurde. Wenn wir das nicht tun, bleibst du im Dunkeln. Aber wenn wir wissen, dass Jesus diesen Stein bereits hat entfernen lassen, können wir absolut entspannt sein und

Sicherheit haben und im Licht dieser Erkenntnis den vermeintlichen »Stolperstein« in Hebräer 10 Vers 26 einmal etwas genauer betrachten.

> *Denn wenn wir **mutwillig sündigen**, nachdem wir die Erkenntnis der Wahrheit empfangen haben, so bleibt für die Sünden kein Opfer mehr übrig. – Hebräer 10,26*

Das Wort »mutwillig« findet sich im gesamten Neuen Testament nur zweimal und davon lediglich einmal in der Verbindung mit »sündigen«. Wenn wir bei der Bibelauslegung einen Lehrsatz aufstellen wollen, ist das mehrmalige Vorkommen einer Aussage eine wesentliche Bedingung. Man kann eine Doktrin nicht auf einer einzigen Bibelstelle aufbauen. Der Ausdruck »mutwillig sündigen« kommt im Neuen Testament schlicht und einfach nur einmal vor, weil er sich auf die Situation unter dem Gesetz bezieht. Das bedeutet, diese Aussage richtete sich an Juden, also Menschen, die kurz vor der Errettung durch Jesus Christus standen, allerdings das Opfer Jesu bislang noch ablehnten.

Die interessante Kernaussage hier ist also: Jemand hat die Erkenntnis der Wahrheit empfangen. Er hat erkannt, dass Jesus Christus der Erlöser ist, dass er sein Blut zur Vergebung der Sünden auch für ihn persönlich vergossen hat. Er steht an der Schwelle des rettenden Glaubens. Jetzt entscheidet diese Person bewusst, also mutwillig: »Diesen Erlöser brauche ich nicht« oder »Ich will mit diesem Blut Jesu nichts zu tun haben«. Auf diese Situation bezieht sich die Schriftstelle. Jeder gläubige Christ darf tief durchatmen – ihn betrifft sie nicht. Du kannst dir deiner Errettung gewiss sein. Du kannst sie nicht mehr verlieren. Im Moment, in dem du Jesus Christus in dein Leben eingeladen hast, ist die Wiedergeburt geschehen: aus Altem hinein in etwas Neues, ewig Gutes. Du wirst nicht wieder in den Geburtstunnel der Finsternis zurückgeschoben, nur weil du dich nicht so verhältst, wie es erwartet wird.

Viel Mühe bereitet einigen auch der 29. Vers. Dort wird dem eine schlimme Strafe angedroht, der den Sohn Gottes mit Füßen tritt und das Blut des Bundes für gemein erachtet.[264] Auch hier geht es im Kontext um die Juden – mit einem weiteren Aspekt: Wenn jemand zur Erkenntnis gekommen ist, dass das Blut Jesu ihn retten kann und gleichzeitig an Opferritualen festhält, hat er den Sohn Gottes und sein Blut mit Füßen getreten. Er hat sich um den Segen Gottes gebracht und damit das Blut Christi außer Kraft gesetzt. Denn das Blut von Opfertieren gilt nicht mehr, nachdem Jesus sein eigenes Blut vergossen hat – nicht zu vergessen: für *jeden* Menschen, der in diese Welt hineingeboren wird. Lass dich nicht verunsichern. Gib lieber der einzigen unveränderlichen Konstante, dem Geist Gottes, weiten Raum, dir die Augen für die Wahrheit und die Gnade zu öffnen. Denn das ist Sicherheit für jeden Tag.

Mein Vater, nicht mein Richter

Beschäftigst du dich manchmal mit der Androhung des göttlichen Gerichts – besser bekannt unter dem Begriff »Jüngstes Gericht« – und rechnest mit dem Zorn Gottes? Dann höre einmal, was dir Alpha und Omega – der Anfang und das Ende – dazu zu sagen hat. Es ist eine Zusage und Garantie von Jesus Christus persönlich: »Ich versichere euch: Wer auf mein Wort hört und dem glaubt, der mich gesandt hat, der hat das ewige Leben. Auf ihn kommt keine Verurteilung mehr zu *[er kommt nicht ins Gericht]*; er hat den Schritt vom Tod ins Leben getan.«[265] Wieder geht es um den Glauben an den einzigen Sohn Gottes. Kommen wir zu diesem Glauben, werden wir wiedergeboren, heraus aus dem Tod, hinein in das ewige Leben. Wir kommen nicht ins Gericht.

Das alles ist möglich, weil das ganze Gericht auf dem Körper und in der Seele Jesu am Kreuz lag. Die ganze Strafe für menschliche Gier, zickiges Gehabe, mieses und fieses Verhalten, alle Eifersüchteleien und Ellbogentaktik, alles Versagen hing an diesem Kreuz. Und warum trug Jesus all diese Strafe? Damit wir Frieden haben können.[266] Frieden in der Ehe, der Familie, aber auch Frieden mit den Nachbarn und an der Arbeit oder in der Schule. Frieden unter den Völkern auf der ganzen Welt. Stell dir vor, alle haben denselben Fokus, dieselbe Richtlinie, schauen auf das gleiche Ziel und gehen miteinander einen identischen Weg – Jesus Christus. Wie einfach und friedlich kann das sein. Kämpfen rentiert sich nicht mehr, weil ja auch der Letzte genauso viel bekommt wie der Erste. Das ist *Grace*, die Gunst Gottes. Durch den Gerechten Jesus ist sie mit dir und mir und all den Anderen.

Doppelt rückversichert mit »Heaven's Re«[267]

Inzwischen kennst du deinen himmlischen Vater schon etwas besser. Er lässt uns nicht zweifelnd zurück, sondern gibt uns Sicherheit und diese sogar doppelt: »Ich will dich **nicht** aufgeben und dich **niemals** verlassen!«[268] Das ist im Griechischen *ou me*, die stärkste mögliche Form der Negation, eine doppelte Verneinung. Es bedeutet: »*Auf gar keinen Fall und unter keinen Umständen* will ich dich aufgeben noch verlassen.« Und damit es für uns ganz klar wird, finden wir *ou me* noch an einer anderen Stelle: Denn wir werden ewiges Leben haben und in Ewigkeit nicht (*ou me*) verloren gehen, und niemand wird uns aus der Hand von Jesus Christus reißen.[269] Du kannst unter keinen Umständen und ganz bestimmt nicht verloren gehen. Dein royaler Status als Sohn oder Tochter ist unantastbar. Nicht einmal du selbst kannst dich aufgeben und dich aus der königlichen Gottesfamilie hinauswerfen. Du bist bei deiner Wiedergeburt dort hineingeboren und bleibst in der Ahnentafel auf ewig verzeichnet. Denn dein himmlischer Vater ist größer als alles und niemand kann dich mehr aus seiner Hand reißen.[270]

Bist du nicht auch froh, dass es nicht von dir abhängig ist, sondern dass er dich auf jeden Fall festhält? Niemals wird er sich von uns abwenden oder uns verlassen. Viele gläubige Christen denken jedoch: »Wenn wir nicht so leben, wie es der Herr will, dann verlieren wir unsere Rettung.« Aber unser Vater sieht sich selbst in uns und das, was er da sieht, gefällt ihm. Ein Bewusstsein über Verdammnis und Verurteilung ist ein Ballast, den wir uns gegenseitig oder selbst aufladen. Das ist überhaupt nicht notwendig, denn es ist völlig ausgeschlossen, dass der Vater seine Söhne und Töchter je wieder aus seiner Hand gibt. Deine ewige Errettung ist dir sicher. Du wirst sie nie mehr verlieren.

Gott der Vater findet nichts Schändliches an uns – weder an dir noch an mir. Wir sind erfüllt und umgeben vom Reinsten und Heiligsten: von Jesus. Er ist das Licht der Welt und wer ihm nachfolgt, wird nicht – auf gar keinen Fall, nie und nimmer und unter keinen Umständen (*ou me*) – in der Finsternis wandeln, sondern das Licht des Lebens haben.[271] Das heißt, du und ich, wir sind aufgrund unseres Status in Jesus permanent im Scheinwerferlicht des ewigen Lebens. Wo auch immer wir unseren Fuß hinsetzen, gibt es keine Finsternis mehr. Egal wohin du trittst, und egal was du tust. Selbstvorwürfe, Schuldgefühle, Verurteilung und Verdammnis sind im Dunkeln, im Verborgenen. Sie weichen automatisch zurück und lösen sich auf, wenn Licht auf diese Stelle fällt. In diesem Augenblick breitet sich Heilung in uns aus wie die Morgenröte, wenn das Licht hervorbricht.[272] Oder wie ein Sprichwort aus Südafrika es ausdrückt: »Wende dein Gesicht der Sonne zu, dann fallen die Schatten hinter dich.«

Hochgehoben und aufgerichtet

In unserer Gesellschaft sind wir bestrebt, nützlich zu sein. Es soll etwas bringen, wenn wir arbeiten, trainieren oder irgendwo helfen. Wir wollen einen Sinn in dem Ganzen sehen und bewerten uns dementsprechend. Wer viel leistet, ist aber noch lange nicht viel wert oder hat ein hohes Guthaben auf dem Bankkonto. Die Waage von Leistung und Ertrag ist nicht bei jedem in der Balance. Zugleich bringt das Leben Herausforderungen mit sich, die so manchen auf den Boden werfen. Wie gelähmt bleiben wir liegen, unfähig uns selbst wieder aufzurichten. Das führt manchmal so weit, dass man uns »Fußtritte« verpasst und auf uns »herumgetrampelt« wird. Doch Jesus Christus hat eine Antwort auf diese Umstände.

Er sagt von sich, dass er der wahre Weinstock und Gott, der Vater, der Weingärtner ist. Dann kündigt er an, dass der Vater jede Rebe an ihm, die keine Frucht bringt, wegnimmt.[273] Wir gehen wieder zurück zum Ursprung. Im Griechischen steht hier *»pas klēma en egō pherō mē karpos **airō**«*. Unglücklicherweise wurde ***airō*** dabei mit »wegnehmen« übersetzt. Viele interpretierten die Bibel deshalb so, dass Reben, die keine Frucht bringen, vom Vater abgeschnitten und weggeworfen werden. Daher blieb in der Kirchengeschichte die große Chance ungenutzt, der Gesellschaft etwas Lebensbereicherndes mit auf den Weg zu geben. Denn der Vers in Johannes 15 ist einer der schönsten Verse des Neuen Testaments. Er demonstriert uns die göttliche Vaterliebe auf einem neuen Level. Was ist eine der wichtigsten Aufgaben des Weingärtners, also Winzers, an den Reben? Er geht durch den Weinberg und sucht die Reben, die zwischen den Blättern am Boden und im Dreck liegen. Das sind die, die Gefahr laufen, erdrückt zu werden, und daher nicht richtig gedeihen und wachsen können. Er möchte, dass auch sie Frucht bringen. Deshalb hebt er sie hoch. Er nimmt sie vom Boden weg, aber er schneidet sie nicht ab. Ganz im Gegenteil. Damit das so wichtige Sonnenlicht die Reben erreicht, zieht er sie ganz nach oben und heftet sie dort an den Drähten fest. Jetzt erhalten sie alles, was sie brauchen, und wunderbare Frucht beginnt zu wachsen. Plötzlich verstehen wir den wahren Sinngehalt von ***airō***. Denn es bedeutet »**hochheben**«, etwas hochziehen.

Dasselbe Kapitel erwähnt jemanden, der weggeworfen wird. Was bedeutet nun: »wenn *jemand* nicht in mir bleibt«?[274] Einmal mehr ist das Griechische für uns wichtig. Das Wort für »jemand« ist das Wort *tis* und wird nur dann gebraucht, wenn der Verfasser etwas oder jemanden nicht genauer beschreiben möchte, weil es nicht erforderlich ist, darauf näher einzugehen. Deshalb wählte der Verfasser diesen unpersönlichen Ausdruck »jemand«. Ist dir auch aufgefallen, wie zärtlich der Vater uns das große Kapitel über den Weinstock weitergegeben hat? Johannes ist ja der Autor dieser Zeilen und seine Worte sind persönlich und mit viel Liebe durchtränkt. Das drückt sich vor allem durch die lieblichen Personalpronomen aus. Höre es dir selbst an: »Ich bin der Weinstock, **ihr** seid die Reben …, **ihr** seid schon rein um des Wortes willen …, so werdet **ihr** bitten, was **ihr** wollt, und es wird **euch** zuteil werden …, dadurch werdet **ihr** viel Frucht bringen …«[275]

Was hat also dieser unpersönliche und unbarmherzige Satz »Wenn jemand nicht in mir bleibt …« hier zu suchen? Die Antwort liegt auf der Hand. Johannes richtet diesen Vers nicht an geliebte Jünger, sondern an Menschen, die noch gar nicht in ihm sind. *Gill's Exposition of the Entire Bible* (Gill's Auslegung der vollständigen Bibel)[276] sagt dazu: »von wahren Jüngern würde man das sicherlich nicht behaupten«. Die englische Bibelausgabe *GOD'S WORD Translation* liest sich wie folgt: »Wer auch immer nicht in mir lebt, wird weggeworfen (*Whoever doesn't live in me is thrown away*).«

Gott, der Vater, schneidet niemanden ab und verwirft ihn, sondern er hebt jeden hoch, der mit dem Weinstock Jesus verbunden ist. Er sorgt dafür, dass wir alles erhalten, was wir zu unserem Wachstum brauchen, damit köstliche Frucht entsteht.

GSI Folge 12 – Verwandeltes Leben

Ich habe auch eine sehr gute Nachricht. Einer Schulkollegin von mir (derzeit besuche ich einen Intensiv-Englischkurs) ging es in jeder Lebenssituation schlecht.

Ich habe ihr von Jesus erzählt und ihr Bücher besorgt und natürlich eure Internetseite gezeigt. Ihr Leben ist jetzt wie verwandelt. Viele ihrer unlösbaren Probleme haben sich in Luft aufgelöst.

Als auch ihr Vater plötzlich lebensgefährlich erkrankte, haben wir für ihn gebetet und ihm geht's wieder um vieles besser.

Sie ist ein neuer Mensch in Christus und strahlt von innen eine neue Lebenskraft aus. Halleluja.

Aus Österreich

David hat es erkannt und besungen. Es mangelt uns an nichts. In unserem Leben herrscht Überfluss. Die Güte und Gnade Gottes jagen uns nach.

Dass diese Gnade überströmend und konstant wirkt, ist ein Wesensmerkmal von *Grace*. Sie ist nie gerade genug, sondern immer mehr als genug. Die Gnade die wir erfahren, wird immer »mehr als genug« sein. Gnade ist also viel mehr als eine bloße Überlebenshilfe. Gnade ist das Evangelium.

Grace ist immer mehr als genug.

Grace kommt durch Offenbarung. Sie multipliziert sich gerade in diesem Augenblick, weil wir tiefere Erkenntnis von Gott und Jesus Christus gewinnen. Jeder Segen liegt in der Person Jesu und fließt unaufhörlich zu uns, unabhängig davon, was wir gerade tun. Es ist vor allem ein Segen, der nicht nur im Hier und Jetzt sichtbar ist. Im Gegensatz zu Menschen, die ihren Glauben auf sich oder abstrakte Dinge setzen und tun, wonach ihnen der Sinn steht, wird *Grace* denjenigen, dessen Leben durch Jesus Christus geprägt wird, auch in der Ewigkeit umgeben.

Wer sich die Frage stellt, warum er diese Dimension von *Grace* noch nicht praktisch erfährt, darf beruhigt sein. Gnade wirkt, selbst wenn du es nicht wahrnimmst. Rückblickend habe ich feststellen dürfen, wie das Wirken Gottes mein Leben vielfach geschützt und bereichert hat. So manche schwierige Situation hätte im absoluten Desaster enden können … Außer mir profitierten auch viele andere von seiner Gunst – vielleicht sogar ohne sie als solche erkannt zu haben. Doch das ist nur *eine* Dimension von *Grace*. Letztere wirkt aber nicht nur eindimensional, sondern in der maximalen Dimension Gottes und all ihren Facetten.

Das ist *Amazing Grace*! Wir sind für Gott ein süßer, lieblicher Wohlgeruch Jesu Christi[277]. Das heißt, wenn Gott uns ansieht, steigt der reine, liebliche Duft von Jesus Christus zu ihm auf. Und zwar immer! Das ist das beste Eau de Toilette, das auf ewig gut riecht.

Mühelos glauben!

Kannst du dir vorstellen, dass es für Gläubige schwierig ist, großen Glauben zu haben? Offenbar ist es so, obwohl es im Wort Gottes viele Beispiele gibt, in denen Jesus den Glauben der Menschen würdigte. So sprach er nur bei zwei Personen von »großem Glauben«. Dabei handelte es sich keineswegs um seine Jünger, die er öfters wegen ihres Unglaubens tadelte.[278] Ganz im Gegenteil. Er begegnete dem Hauptmann von Kapernaum, der Jesus lediglich von seinem kranken Knecht erzählte. Als Jesus bereits auf dem Weg war um ihn zu heilen, wusste der Hauptmann, dass ein von Jesus gesprochenes Wort wie ein Befehl wirken würde, dem die Krankheit auf der Stelle gehorchen und weichen müsste. Sein Knecht würde gesund werden. Da konnte Jesus nicht anders als verwundert festzustellen: »Wow, so großen Glauben habe ich in ganz Israel nicht gefunden!« Und es trat ein, was der Hauptmann geglaubt hatte, denn sein Knecht wurde in derselben Stunde gesund.[279]

Genauso war es bei der kananäischen Frau, die ihn um Hilfe für ihre besessene Tochter bat. Obwohl Jesus sie zunächst als Ungläubige nicht weiter beachtete, blieb sie beharrlich. Sie wusste, dass selbst ein paar Brotkrümel – Jesus ist in diesem Bild das Brot –, die die Heiden aufsammeln würden, etwas bewirken können. Wieder konnte Jesus nicht anders als ihren großen Glauben festzustellen – und ihre Tochter war von dem Moment an geheilt.[280]

Wenn ich ihn in seiner Gnade sehe, sieht er meinen Glauben!

Großen Glauben hatten zwei Menschen mit einem gemeinsamen Nenner: Beide waren keine Juden, die unter dem Gesetz lebten, sondern Heiden. Das Besondere daran ist: Sie konnten frei glauben, ohne irgendwelche Grenzen. Ihnen war klar, was Jesus Christus bewirken konnte. Für sie gab es keine Regeln oder jüdische Vorschriften. Keiner der beiden wurde geknechtet vom Gesetz Moses und der folgenden Verdammnis und Verurteilung, wenn sie es nicht einhalten konnten.

Diese beiden Menschen hatten keinen Glaubenskampf zu bestreiten. Eine Winzigkeit von Jesus reichte ihnen – ein Wort, ein paar Krümel – und alles würde gut werden. Das ist **mühelos glauben**.

Gott versorgt uns mit Glauben

Mühelos glauben – das ist die Kraft richtigen Glaubens. Sie kommt aus der richtigen Perspektive des Vertrauens. Diese richtige Perspektive besteht ganz einfach darin: »Wenn ich ihn in seiner Gnade sehe, dann sieht er meinen Glauben.«

Das ist es, was wir brauchen. Glaube, der keine Mühe bereitet, sondern selbstständig wirkt. Warum? Ganz einfach, weil es dabei nicht um deine oder meine Leistung geht oder um unseren tollen Lebenswandel, sondern einzig und allein um Gnade. Wenn wir seine Gnade sehen, sehen wir augenblicklich Jesus. Gleichzeitig sieht er unseren Glauben. So kommt müheloser Glaube zustande und das macht Gott zum »Zulieferer«, der uns Glauben zukommen lässt.

Du bist richtig verkabelt

Gott hat den Menschen von Anfang an mit dem Glauben verdrahtet und verbunden. Deswegen erinnert er uns konstant an seine Gnade. In dem Moment, wo wir *Grace* sehen, wird Glaube in uns aktiv. Dann gibt es kein Ringen um mehr Glauben, es müssen keine Prinzipien mehr gelehrt werden, wie man zu größerem Glauben kommt – Glaube ist einfach aktiv, wenn wir Gottes *Grace* schauen. Unser Glaube wächst stetig, mit der Offenbarung von Gnade.

Erkennst du einmal mehr die Vorgehensweise? Sie zeigt uns: »Lass dir an meiner Gnade genügen.«[281] Unter dem neuen Bund versorgt uns Gott konstant mit Glauben. Jesus flüstert dir ins Ohr: »Ich aber habe für dich gebetet, dass dein Glaube nicht aufhöre.«[282] Damit ist alles für uns Wichtige gesagt. Wir haben ein permanentes Bewusstsein von dem Glauben, der Berge versetzt und uns Hoffnung und Zuversicht gibt. Unter dem Gesetz wurde nach Glauben verlangt. Der Schwache sollte sprechen, dass er stark wäre.[283] Doch unter Gnade ist Christus stark, vor allem dann, wenn wir schwach sind.

GSI Folge 13 – Nach fünf Jahren wieder Glanz in den Augen

Lieber Erich,

es gibt so viel, was ich schreiben möchte, doch wo soll ich nur anfangen? Der gestrige Abend hat mich total verändert und meine größte Sorge wurde während der Predigt in Luft aufgelöst. Als Du gestern über Trauer sprachst, sagtest Du, es darf nicht sein, dass man fünf Jahre trauert, auch wenn man eine liebste Person verloren hat. Was Du nicht wusstest, ist, dass meine Frau vor exakt fünf Jahren eine Fehlgeburt im 5. Monat hatte. Dieses Ereignis hat meinen Glauben einfrieren und das Feuer in mir erlöschen lassen. Es kam sogar noch eine 2. Fehlgeburt dazu, was mir noch den Rest gab. Seit diesem Zeitpunkt konnte ich nicht mehr mit meiner Frau beten, las so gut wie nie in der Bibel. So verstrich ein Jahr um das andere, so sinnlos und so kalt.

Vor ca. zwei Jahren ging es dann los mit Krankheit, Schmerzen und der Angst, nicht mehr lange zu leben, obwohl keine schlimme Krankheit gefunden wurde. In diesen zwei Jahren hatte ich mehr Arztbesuche als je zuvor. Zweimal Magenspiegelung, CT, Röntgen, Ultraschall, Schilddrüsenszintigrafie und in zwei Tagen habe ich einen Termin, um einen Knoten entfernen zu lassen. Vor einiger Zeit fing ich an, wieder zu beten, und bat Gott, mir wieder zu begegnen. Dieses Gebet ging gestern in Erfüllung. Gott öffnete mir für manche Dinge die Augen. Das Erste war die Erkenntnis mit der Fünf-Jahres-

Trauer um unser Kind. Das Zweite war, als Du darüber sprachst, was Hiob alles verloren hatte; ich wartete immer darauf, dass Du die Kinder aufzählst, aber sie fehlten bei Deinen zehn Punkten, bis dann der Elfte dazukam. In diesem Moment erkannte ich, dass der Teufel versuchte, mich mit den Fehlgeburten vom Glauben abzubringen und dies fast geschafft hatte.

Aber Gott sei Dank kam dann der gestrige Gottesdienst.

Als Du für mich gebetet hast, hast Du zum Schluss Deine Hand auf meine Brust gelegt; genau auf die Stelle, wo ich seit ca. acht Monaten immer stärker werdende Schmerzen hatte, weshalb ich oft nachts aufwachte und nicht wusste, wie ich mich hinlegen sollte. Ich spürte ein starkes Pochen an dieser Stelle und mir liefen einfach nur Tränen ins Gesicht, weil ich Gottes Nähe und Barmherzigkeit spüren durfte. In diesem Moment kam das Feuer und Licht wieder zurück. Meine Frau sagte mir heute Morgen, dass sie gestern Nacht, als ich zur Tür rein kam, spürte, dass ich anders war; dabei hatte sie schon im Bett gelegen und mich nicht gesehen. Als ich heute früh in den Spiegel schaute, entdeckte ich wieder den Glanz in meinen Augen, der fünf Jahre gefehlt hatte. Gott alle Ehre!!!! Letzte Nacht habe ich ohne Schmerzen geschlafen und auch tagsüber waren sie besser als in den letzten Tagen.

Ich preise Gott für den gestrigen Abend und danke IHM.

Stephan B., Deutschland

Was tun, wenn dein Glaube schwach ist?

Gott hat den Menschen von Anfang an mit dem Glauben verkabelt. Er hat uns nicht einfach willkürlich in eine Steckdose eingesteckt, nein, an Christus selbst sind wir angeschlossen. Wir sind vernetzt und fest verbunden mit ihm.

Der Herr offenbarte mir vor einigen Jahren etwas vom Wunderbarsten überhaupt. Was tue ich, wenn mein Glaube zum Fenster rausgeflogen ist? Damit meine ich Situationen, die dein Vermögen übersteigen und in denen du in deinem Glauben wie gelähmt bist. Kennst du dieses Gefühl?

Was tun, wenn der Glaube schwach ist und der Sieg verloren scheint? Gott selbst hat ja einen Glauben, der nicht wankt oder schwächelt. Schau mit mir das Wunderbare an, das uns von Gott sozusagen in die Wiege gelegt wurde.

Habe Glauben an seinen Glauben

Als Jesus dem Vater des mondsüchtigen Knaben zur Antwort gab, dass alles möglich ist, dem der da glaubt, redete Jesus nicht vom Glauben des Vaters, sondern von seinem eigenen Glauben. Leider legen die meisten Bibelausleger das Gewicht auf den Glauben des Vaters des Jungen. Einmal mehr gehen wir in den Grundtext und dieser liest sich aus der *Neuen Genfer Übersetzung* wie folgt:

> *»Oft hat der Geist ihn sogar ins Feuer oder ins Wasser geworfen, um ihn umzubringen. Doch wenn es* ***dir*** *möglich ist, etwas zu tun, dann hab Erbarmen mit uns und hilf uns!« – »Wenn es* ***dir*** *möglich ist, sagst du?«*

entgegnete Jesus. »Für den, der glaubt, ist alles möglich.« – Markus 9,22-23 NGÜ

Das Wort »glaubt« ist im Partizip Präsens Aktiv geschrieben und bedeutet, dass es gerade jetzt geschieht. Wer glaubt in dieser Situation gerade jetzt? Sind es die Jünger? Nein. Ist es der Vater des mondsüchtigen Knaben? Sicher nicht, denn dieser sagt ja »Hilf meinem Unglauben«[284]. Der Einzige, der glaubt – und zwar immer –, ist Jesus selbst. Jesus hat Glauben für die Heilung des mondsüchtigen Jungen. Der Vater schreit in dieser Begebenheit: »Ich glaube [an deinen Glauben, Jesus], hilf meinem Unglauben.« Wenn wir beginnen, Glauben an seinen Glauben zu haben, wird uns das eine völlig neue Sichtweise auf Herausforderungen und Anfechtungen geben. Dementsprechend anders gehen wir damit um.

Bingo. Das ist ein Quantensprung im Glauben. Eine einschneidende und grundlegende Veränderung, die wie ein Brillantfeuerwerk vor deinen Augen aufleuchtet und dich völlig mitreißt. Warst du schon einmal dabei, wenn Menschen der faszinierenden Aufführung eines Feuerwerks auf einem See zuschauen? Unwillkürlich erklingt ein Chor aus »wow«, »ah« und »oh«. Genauso erstaunlich ist auch der Glaube an seinen Glauben.

Have faith in his faith!
Habe Glauben an seinen Glauben!

Das Neue Testament stellt immer den Glauben Jesu in den Vordergrund, nicht unseren eigenen. Deshalb spricht die Bibel an vielen Stellen, insbesondere in Markus 11,22, davon, »göttlichen Glauben« zu haben. Hier ist wieder die korrekte Übersetzung wichtig, denn häufig wird »an Gott glauben« gewählt. Dieses »an« kommt im griechischen Grundtext so aber nicht vor. »Und Jesus antwortete und sprach zu ihnen: Habt Gottes Glauben«, oder wie Paulus es beschreibt: »Ich lebe im Glauben des Sohnes Gottes«[285]. In der englischen *King James Bible* heißt es deshalb auch: *»I live by the faith of the Son of God ...«* Nicht Glauben »an« den Sohn Gottes ist gemeint, sondern durch den Glauben **des** Sohnes Gottes, oder durch den Glauben, der **vom** Sohn Gottes kommt, zu leben. Durch Glauben haben wir Zugang zu Gottes Gnade. Daher ist es doch an der Zeit, diesen Aspekt so zu vereinfachen, dass es für alle verständlich wird, oder? Ich glaube also nun mit meinem Glauben an seinen Glauben, den er für mich hat und mir gibt.

Sein Glaube ist ...

Im Alltag bedeutet dies, dass Jesus an mich und mit mir glaubt. Und zwar ohne zu wanken oder zu zaudern, ohne Bedingungen an uns und ohne Vorurteile uns gegenüber. Praktisch sieht das so aus:

Desaster, Chaos oder Herausforderung sind im Anmarsch – egal ob im Privat- oder Berufsleben. Wir kennen das alle. Jetzt fängst du an, alles dir Mögliche zu versuchen, und ... das Ganze verheddert sich noch mehr. Plötzlich scheint der Berg riesig und unüberwindbar. Selbst jemand wie Reinhold Messner, der als Erster alle vierzehn Achttausender ohne Flaschensauerstoff erreicht hat, würde jetzt kapitulieren. Wenn er weise ist, nimmt er den Sauerstoff in Anspruch, um das Ziel (diesen gefühlten Zehntausender) zu erreichen. So ist es mit dir und mir. Wir greifen zum Sauerstoff göttlichen Glaubens und können wieder befreit durchatmen und weitergehen. Der nächste Schritt liegt nun wieder klar sichtbar vor uns, während wir vorher wegen des Sauerstoffmangels alles verschwommen gesehen haben oder falsche Wahrnehmungen unsere Entscheidungen prägten. Dabei ist es völlig unwichtig, wie hoch der Berg ist, denn dieser Sauerstoffmangel kann schon bei der relativ geringen Höhe von 2000 Metern beginnen.

Selbst kleine Herausforderungen können uns das Leben sehr schwer machen. Jetzt aber mache ich mir diesen Glauben zu eigen. Sein Glaube wird mein Glaube und ich habe göttlichen Glauben, weil ich nicht mehr versuche, aus meiner eigenen Kraft etwas zu schaffen. Ich muss nicht mit allen möglichen Mitteln Glauben produzieren – Sauerstoff kann ich nicht so einfach selbst herstellen –, aber ich glaube ja an seinen Glauben, den er für mich bereithält. Damit steht mir genügend Sauerstoff zur Verfügung. Sein Glaube bewirkt großen Glauben in uns[286], er rettet uns[287] und lässt uns voller Glauben bitten und dementsprechend empfangen.[288] Ebenso können wir durch den Glauben von Jesus gleichfalls daran glauben, dass dem, der glaubt (Jesus), alles möglich ist[289] – Jesus Christus wird für uns alles in Bewegung setzen, denn er glaubt an dich und mich.

Wenn das nächste Mal die Frage auftaucht, ob du den »richtigen« Glauben hast oder »genügend« glaubst, kannst du sie auf einen Schlag beantworten und dich zurücklehnen. Denn **wenn du Glaube an seinen Glauben hast**, ist das vor allem göttlicher Glaube. Logischerweise ist das ein Glaube, der Gott wohlgefällig ist. Es zeigt Gottes Maß des Glaubens für dich und hilft dir, großen Glauben zu haben. Und so ganz nebenbei ist es die einfachste Art zu glauben und zu empfangen.

Glaube an SEINEN Glauben macht den Glauben zur festen Zuversicht, er erkennt Jesus als Anfänger und Vollender unseres Glaubens und bringt uns in die Ruhe des Glaubens. Es wird somit ein Glaube werden, der frei von Zweifeln ist, denn SEIN Glaube zweifelt nie.

Rabbi Lord Jonathan Sacks (bis September 2013 der höchste jüdische Geistliche im Britischen Commonwealth, Autor und Professor an verschiedenen Universitäten) sagte einmal: »*The greatest source of grit I know, the force that allows us to overcome every failure, every setback, every defeat, and keep going and growing, is faith in God's faith in us.*« Übersetzt: *Die größte Quelle des Muts, die ich kenne, die Kraft, die es uns erlaubt, jedes Versagen, jeden Rückschlag, jede Niederlage zu überwinden, weiterzugehen und weiter zu wachsen, ist der Glaube an Gottes Glauben in uns.*

Im jüdischen Verständnis war es schon immer so: Unser Gott glaubt viel mehr an uns, als wir an ihn glauben könnten. Deshalb hat er uns als sein Volk auserwählt – weil er an uns glaubt.

GSI Folge 14 – Eins mit seinem Glauben

Hallo Pastor Erich Engler,

war doch mein Gebet bereits seit längerer Zeit: ABBA VATER, lass mich bitte DEINE HERRLICHKEIT »sehen« und weiter: Verändere »meinen« Glauben und mache mich »eins« mit dem Glauben JESCHUAH in mir!

So führte mich der Heilige Geist (nach längerer Zeit wieder mal) zu Ihrer Webseite und ich bekam auf mein Gebet Ihre grandiosen Antworten aus der Schrift: »An den Glauben JESU zu glauben!« Das hatte ich so nie verstanden. Das ist einfach genial. Es fiel mir wie Schuppen von den Augen! GOTT ist soooo gut und gewiss überwältigend!!!

Ich vertraue IHM, dass diese Offenbarung noch sehr viele erkennen werden!

Herzlichen Dank. Sie und alle Glaubensgeschwister sind mächtig gesegnet durch und mit SEINEM GLAUBEN …

Hannelore N., Deutschland

Kapitel 5

Du bist tief geliebt

Ich stand gerade für Aufzeichnungen meiner Lehre zu 1. Johannes 4 im Studio in Singapur, als es mir schier die Sprache verschlug. Plötzlich stand es mir klar vor Augen. Bist du bereit für einige wunderbare Offenbarungen direkt aus dem Thronraum Gottes?

Wie liebt der Stein?

In der Bibel steht »Petrus« für Fels oder Stein. Wir wissen, wann immer wir »Stein« in der Bibel sehen, erblicken wir das »Gesetz«, denn die Zehn Gebote waren auf Stein geschrieben. Unter Berücksichtigung dieses Punktes wundert es uns nicht mehr, dass das Gebot »Liebe den Herrn mit allem, was du hast!« in unseren Ohren wie ein Befehl klingt. Wenn du ehrlich bist, ist es ermüdend und es kostet dich sehr viel Kraft, diesem Befehl nachzukommen. Dein Verstand hält zwar das Banner hoch: »Ich liebe Gott!«, und trotzdem musst du vielleicht bereits die erste Hürde mit »Aber ich …« umgehen. Im neuen Bund sind solche Umwege nicht mehr notwendig.

Viele kennen die Geschichte, als Jesus nach seiner Auferstehung mit Petrus zusammentraf. Zusammengefasst fragte er Petrus (den »Stein«) dreimal: »Liebst du mich?«[290] Das zeigt uns, wie sehr Menschen unter dem Gesetz gefordert waren, Gott zu lieben. Das ist verständlich, wenn wir uns überlegen, wie schwierig es sein kann zu sagen »Ich liebe Gott«, wenn schwerstes Leid die eigene Familie erschüttert. So mancher hört diese so fordernde Frage »Liebst du mich?« auch in der Partnerschaft und fühlt die Last der niemals genügenden Eigenleistung, die damit verbunden ist.

Aber Jesus sagte im Zusammenhang mit Lazarus' Auferweckung vom Tod: »Rollt den Stein weg!« Damit forderte er alle auf, die über Gnade sprechen, lehren oder schreiben: »Rollt den Stein des Gesetzes von den Menschen weg, löst ihre Binden der Verurteilung und der Verdammnis und der Minderwertigkeit, damit sie leben können.«

Direkt nach diesem so speziellen Gespräch zwischen Jesus und Petrus über die Frage »Liebst du mich?« drehte sich Petrus um. Der »Stein«, dessen Liebe so schwer wahrzunehmen und völlig auf seine eigene Person bezogen war, erblickte Johannes. In diesem Augenblick sah er »Gnade«. Denn Johannes hatte ein klares Bewusstsein darüber, wie tief geliebt vom Herrn und wie begünstigt er war. Deshalb konnte er sich stets voller Vertrauen und mit einem mutigen Selbstverständnis an die Seite des Herrn setzen.[291] Keine Zweifel plagten ihn: »Liebe ich Gott genug, um bei ihm zu sein?« Nur das Gesetz bringt solche Abstufungen hervor. Für Jesus gibt es keine Unterschiede, denn er liebte die Seinen – also alle seine Jünger – bis ans Ende.[292] Johannes war sich im Klaren darüber und zögerte in seinem Brief nicht, sich selbst als den »Jünger, den Jesus lieb hatte«[293] zu beschreiben.

In den gesetzlichen Augen von Petrus musste dieser Sonderstatus auch eine Sonderbehandlung zur Folge haben. Aber Jesus ließ sich darauf nicht ein.[294] Johannes dagegen verlor keine Zeit mit solchen Überlegungen. Er wusste, wie sehr Jesus ihn lieb hatte, und konnte ihm deshalb sehr nahe stehen und seinen Kopf voller Vertrauen an Jesu Brust legen.[295] Von Johannes können wir noch viel lernen. Ihn brachte nichts aus der Ruhe. Er ist definitiv einer meiner Helden.

Seine erste Liebe zählt

Häufig begleitet eine eindeutige Drohung das christliche Leben: Nehmt euch sehr in Acht und haltet das Gebot und das Gesetz Moses ein, das heißt, liebt Gott von ganzem Herzen und von ganzer Seele. Das ist Gesetz pur. Wenn Jesus mit den Schriftgelehrten sprach, betonte er ihnen gegenüber noch einmal dieses größte aller Gebote.[296] Wie so häufig zeigte er ihnen die menschliche Perspektive und die Unmöglichkeit auf, die Gebote aus eigener Kraft einzuhalten. Diese Grenze unserer menschlichen Liebe sehen wir in allen Lebensbereichen. Unsere Toleranz für falsches Verhalten ist klar begrenzt. Von Liebe ist nicht mehr viel zu spüren, wenn es zu einer Scheidung kommt oder die persönlichen Rechte unbekümmert mit Füßen getreten werden. Streit zwischen Nachbarn oder Mobbing sind hier nur ein paar Beispiele. Jesus Christus hat aber nicht alleine den vollkommenen Status des Gesetzes aufgezeigt, sondern gleichzeitig auf die positiven Auswirkungen des neuen Bundes hingewiesen, die durch ihn in unser Leben treten.

Jesus gab uns die Verheißung, dass wir lieben können, weil er uns zuerst geliebt hat.[297] Hier hat sich in manchen deutschen Übersetzungen ein Wörtchen eingeschlichen, das im griechischen Urtext nicht zu finden ist – wir lieben »ihn«. Dieses »lieben« bezieht sich aber nicht nur auf Gott (»ihn«), sondern es bezieht sich auf alles: »Wir lieben«, das heißt, wir sind in der Lage, alles und jeden zu »lieben«, weil Gott uns zuerst geliebt hat.

Es heißt nicht mehr wie im alten Bund: »Du sollst den Herrn, deinen Gott, lieben ...«, und der Mensch musste tun und gehorchen. Nach der Auferstehung Jesu und damit dem Beginn des Bundes der Gnade dreht sich diese Aussage um. Unter dem neuen Bund ändert sich die Perspektive und jetzt tut Gott es: Gott liebt uns jetzt mit seinem ganzen Herzen, seiner ganzen Seele, seinem ganzen Denken und seiner ganzen Kraft. Warum? Weil er Jesus liebt. Und er liebt uns exakt wie Jesus. Denn Jesus hat uns seine Herrlichkeit gegeben, damit durch die Liebe jeder erkennt, dass Gott uns so liebt wie er Jesus liebt.[298] Der Herr liebt uns zuerst, weil er der Einzige ist, der das geforderte Gesetz erfüllen kann. Er liebt dich und mich mit all der Kraft, die er hat. An meinem persönlichen Helden Johannes können wir alle erkennen, wie tief geliebt er ist, ohne irgendeine Erstleistung zu erbringen. Das dürfen wir auch für uns in Anspruch nehmen.

Gott liebt mich – immer.
Deshalb kann ich lieben – immer mehr.

Wenn wir uns zuerst lieben lassen, führt das dazu, dass wir Gott lieben können. Aber nicht nur das. Aus seiner Liebe heraus fällt es uns leicht, auch Liebe für uns selbst zu empfinden. Selbstzweifel fallen weg, denn ich weiß, dass ich tief geliebt bin. Durch diese göttliche Liebe, die mir gilt, liebe ich auch andere Menschen, egal wie sie sind oder sich verhalten. Je mehr ich die göttliche Vaterliebe erfahre, umso leichter fällt es mir zu lieben, Verständnis zu haben und den Anderen zu respektieren.

Erkennen und glauben

»Weißt du, dass Gott ein liebender Gott ist?«, könnte eine Umfrage unter Christen lauten. Die meisten würden darauf antworten: »Oh ja, selbstverständlich weiß ich das, denn die Bibel sagt, Gott ist Liebe. Natürlich liebt er mich und ich liebe ihn.« Diese Menschen haben die Liebe Gottes *erkannt.*

> *Und wir haben die Liebe erkannt und geglaubt, die Gott zu uns hat. Gott ist Liebe, und wer in der Liebe bleibt, der bleibt in Gott und Gott in ihm. – 1. Johannes 4,16*

Aber *glauben* sie auch an die Liebe, die Gott zu uns hat? Sie haben etwas wahrgenommen und beginnen es nun zu entdecken. Wie ein Archäologe halten sie den Fund in der Hand, versuchen ihn zu erforschen und zu beurteilen, während sie vorsichtig die alten Staubschichten entfernen. Dabei betrachten sie diese Liebe von allen Seiten und möchten die damit verbundenen Rätsel entschlüsseln. Die Liebe zu erkennen ist für uns oft nichts anderes als der Versuch, sie zu beurteilen, ein Gutachten über sie zu erstellen, wie sie wann wirkt, oder vielleicht auch nicht wirkt und sie dann als registriert im Archiv abzulegen. So bleibt sie weit von uns entfernt.

Etwas Entscheidendes aber fehlt. Es ist ziemlich simpel. Wir sollen die Liebe nicht nur erkennen, sondern wir sollen an die Liebe Gottes **glauben**![299] Denn wenn du der Liebe Gottes glaubst, die er für dich hat, dann glaubst du das Richtige. Dabei ist es egal, ob du sie wahrnimmst oder nicht, ob du noch dabei bist, sie zu beurteilen, oder sie gerade erst erspäht hast. Die Liebe Gottes wankt nicht und verändert sich nicht. Menschliche Liebe verändert sich wie das Tageslicht. Aber auch wenn alles andere irgendwann einmal zu Ende geht, dies Eine bleibt: Gott liebt dich! Darauf kannst du dich verlassen; seine Liebe ist ewig, sie hört niemals auf.[300] Glauben an diese Liebe zu haben, wird dich spürbar stärken: Vertrauen wächst und Mut entsteht.

Im Glauben an die Liebe Gottes liegt die Kraft.

Jetzt möchte ich etwas mit dir teilen, das mich persönlich völlig überwältigt hat, als ich es das erste Mal in der Gesamtheit erkannte: **Erst durch die Liebe wird mein Glaube wirksam**[301] und in diesem Glauben liegt Gottes Kraft. Es ist eine Kraft, die Berge versetzen kann, wenn ich mir dessen bewusst bin, wie sehr er mich liebt.

Es ist die Liebe von Gott zu uns, die uns befähigt zu glauben und über uns selbst hinauszuwachsen. Wieder hat es nichts mit unserer eigenen Kraft oder unseren Möglichkeiten zu tun, sondern alles geht von ihm aus. Es ist seine Liebe, die uns befähigt. Er hat gute Pläne für unser Leben, die gute Versorgung mit sich bringen. Seine Absicht ist, dass wir *Shalom* haben. Dieser Friede umfasst mehr, als wir im Allgemeinen darunter verstehen. *Shalom* ist Wohlergehen im Gesamten und beinhaltet Gesundheit, Wohlstand und eben auch Frieden; seelisch und praktisch. Nicht ein Funke seiner Gedanken und Pläne soll uns schaden oder verletzen, sondern uns ein Leben mit Zukunft und Hoffnung geben.[302] In seinem Blick sehen wir diese guten Absichten, deshalb ist es so wichtig, immer sein Angesicht zu suchen. Dabei erleben wir, wie seine Gedanken uns in unendlicher Liebe umarmen.

Glaube an die Liebe

Wir erkennen die Liebe. Das Einzige, was es jetzt noch zu tun gibt, ist: Glaube an die Liebe. Gott ist Liebe – pure, reine, bedingungslose Liebe. Liebe ist vollkommen frei von Furcht, sie treibt sie sogar aus.[303] Damit sind wir in der Lage, dieses erste Gebot zu erfüllen. Wir können Gott lieben, denn er hat uns zuerst geliebt. Aus dieser Liebe entsteht Glaube an ihn und wir dürfen frei von Angst durch das Leben gehen.

Es gibt keine Angst mehr davor, aus der Gnade zu fallen. Es ist überhaupt nicht möglich, solange du dich nicht in eigene Werke stürzt.[304] Denn Gnade umgibt dich wie die Luft zum Atmen. Und solange du nicht anfängst, dich selber zu beatmen, weil du denkst, du könntest dir selbst etwas erarbeiten, atmest und lebst du Gnade. Atmen ist für uns das Selbstverständlichste auf der Welt. Darüber denken wir höchstens nach, wenn wir zu einem speziellen Atemtraining gehen, um unsere Stimme zu verbessern. Ansonsten ist es ein automatischer Vorgang.

So ist es auch mit *Grace*. Egal ob wir es gerade fühlen oder bemerken – *Grace* ist da. Gottes Liebe gilt für jeden. So Vielen ist überhaupt nicht bewusst, wie tief geliebt sie von Gott sind. Er ist Liebe und kann gar nicht anders als uns zu lieben. Gott ist auch Licht, und dieses Licht geht genauso wenig aus wie die Sonne. Wir brauchen das Licht; jeder, der schon einmal lange Zeit in Dunkelheit verbringen musste, weiß das. Ohne Licht sterben wir. Genauso ist es mit der Liebe – wir sterben ohne sie.

Es ist in uns hineingepflanzt, dass wir Liebe zum Leben brauchen wie die Luft zum Atmen. Das ist die Beziehungsebene mit unserem himmlischen Vater: Er liebt uns, schenkt uns seine tiefe Liebe, damit wir Glauben daran haben, wie sehr er uns wiederherstellt, beschützt, bewahrt und versorgt. In dem Moment vertrauen wir ihm und nicht mehr uns selbst. Nicht unser Ego wird ins Zentrum gestellt, sondern Gott erhält Dank und Ehre. Darum geht es in der Liebe und im Glauben. Er ist Gnade, und Gnade bewirkt Ehre für ihn.

Liebe gibt Sicherheit, die Mut macht

Ich kenne Frauen und Männer, die mir erzählten, wie schwer es anfangs war, an diese Liebe Gottes für sie zu glauben. Viele Menschen haben Mühe, sich selbst anzunehmen und zu lieben. Das Unterfangen bleibt zum Scheitern verurteilt, weil sie es aus eigener Kraft versuchen und ohne das Bewusstsein, wie tief geliebt sie sind. Als sie aber auf die Liebe Gottes eingingen – sich sozusagen in die Arme des himmlischen Vaters fallen ließen –, entwickelte sich in ihnen endlich ein nie gekanntes Vertrauen. Gleichzeitig bekam ihr Glaube eine Stärke, die sie über die Umstände erhob. Plötzlich war der Kollege nicht mehr der böswillige Konkurrent. Eine Aussprache, zu der es sehr viel Mut brauchte, führte zu einem unterstützenden Miteinander im gemeinsamen Projekt. Die gesamte Arbeitsatmosphäre besserte sich und von dem drohenden Burn-out-Syndrom war nach einer Weile nichts mehr zu spüren.

Oder nehmen wir das Ehepaar, das kurz vor der Scheidung stand. »Es hat keinen Sinn mehr. Unsere Gemeinsamkeiten haben sich erschöpft, jeder geht seine eigenen Wege.« Was war geschehen? Falsch verstandene Worte und Gesten, nicht erfüllte Erwartungen, wie so oft. Aber den größten Schaden hatten die nicht ausgesprochenen, tief in ihrem Inneren verankerten, aber nicht verwirklichten Träume ausgelöst. In beiden war der göttliche Funke der Liebe unbemerkt erloschen und nicht genutzt worden, um ein

Feuer zu entfachen, das etwas Neues hätte hervorbringen können. Kein Funke, der übersprang und ihre menschliche Liebe zum Leuchten und Knistern gebracht hätte. Ohne Liebe gibt es keinen Glauben, ohne Glauben kein Vertrauen und ohne Vertrauen keinen Mut, Sinn bringende Visionen zu verwirklichen – und schuld sind andere, die Umstände oder gar das Leben selbst.

Als letzten Versuch, ihre Ehe zu retten, begannen sie, durch das Hören vieler Predigten über die Gnade, auf Jesus zu schauen und seine Verheißung, dass Gott sie zuerst geliebt hat, auf ihr Leben zu beziehen. »Ich habe es anfangs überhaupt nicht gemerkt, aber Dinge, über die ich mich früher maßlos aufgeregt hatte und die stets Streit oder langes Schweigen nach sich zogen, konnte ich mit einem Lächeln übergehen. Irgendwann stellte ich fest, dass die üblichen Streitpunkte nicht mehr vorhanden waren«, führte die Frau aus, und ihr Mann ergänzte: »Auf meine Ehe hätte ich keinen Pfifferling mehr gewettet, aber ich liebe meine Frau auf einmal so, wie ich sie noch nie geliebt habe. Ich bin nicht mehr genervt oder versuche mein eigenes Ding zu machen. Ganz im Gegenteil, plötzlich haben wir die gleichen Ideen und setzen sie gemeinsam um.« Man höre und staune! Und das alles begann, als sie erfassten, nichts hängt von ihnen ab oder muss aus eigener Kraft bewerkstelligt werden. Göttliche Liebe hob sie über Unsicherheit, Ängste oder Egoismus empor und gab ihnen kraftvollen Glauben. Sie fanden daraufhin den Mut, das Anderssein wertzuschätzen, in der Sicherheit, von Gott immer geliebt und akzeptiert zu sein – trotz der eigenen Art.

Wenn Gott für dich ist, wer kann gegen dich sein?

Was kann man dazu sagen? Gott ist für dich und er ist unter dem neuen Bund der Gnade niemals gegen dich. Und wenn er nicht gegen dich ist, nichts gegen dich hat, wer sonst kann gegen dich sein?[305] Na ja, es gibt natürlich auch noch die Menschen, die denken, sie müssten dir die Meinung sagen, dich anlügen oder einen Sündenbock für ihre eigenen Unzulänglichkeiten suchen. Das kann sehr unangenehm und aufwühlend sein. Tagelang ist man mit dieser Ungerechtigkeit beschäftigt. So mancher plagt sich auch wochenlang damit. Wellen von Zorn und Wut wollen nicht mehr enden und Hilflosigkeit gibt den Rest. Genau in diesem Moment ist es an der Zeit, sich wieder daran zu erinnern, wie die göttlich-väterliche Stimme im Innern zu dir sagt: »Du bist mein geliebtes Kind, an DIR habe ich Wohlgefallen.« Ja, genau!

Eine Frau in ihren besten Jahren erzählte mir einmal:

»Wie oft wurde ich von meiner Tante bevormundet, ungerecht behandelt oder um Hilfe gebeten, um dann beschimpft zu werden. Zähneknirschend musste ich nachgeben, um des lieben Familienfriedens willen. Recht hat sie mir nie gegeben, ich war stets die Dumme, Böse, Schlimme.« Ihre Ausführungen hatten sich wirklich sehr belastend angehört, deswegen wunderte ich mich über ihr strahlendes Gesicht dabei. Sie fuhr fort: »Je mehr ich *Grace* verstanden habe, um so weniger stand mein beklagenswertes, malträtiertes Ich im Zentrum. Irgendwann hörte ich auf, über all das Ungerechte um mich herum nachzudenken. Stattdessen machte ich mir bewusst: ›Mein himmlischer Vater liebt mich. Ich habe nichts falsch gemacht, egal, was andere denken oder sagen. Gott findet mich gut, so wie ich bin. Er ist meine Gerechtigkeit und mein Schutz.‹ Ohne mein Zutun oder irgendeine

Kraftanstrengung meinerseits veränderte sich die Atmosphäre bei den Begegnungen mit meiner Tante merklich. Auch mit anderen ›schwierigen‹ Menschen wurde der Umgang immer leichter. In mir kam so etwas wie Verständnis auf und manchmal spüre ich tatsächlich Liebe für sie. Seitdem schlafe ich wieder gut und wenn wieder plagende Gedanken auftauchen, erinnere ich mich an die Zusicherung Gottes und sofort komme ich in diese Ruhe hinein, die geduldig und friedlich mit anderen ist.«

Gott liebt mich – ich bin sein Typ!

Viel später berichtete sie, dass ihr viel mehr Gerechtigkeit widerfährt, seitdem sie nicht mehr selber für ihr Recht kämpft, sondern die ganze Angelegenheit in die Hände ihres göttlichen Vaters legt und auf Jesus schaut. Sie sucht das Gesicht Jesu und sieht Gnade. In dem Moment schaut sie auf den Herrn und seine Stärke und nicht mehr auf ihre eigenen Möglichkeiten.[306] Das ist, was zählt.

GSI Folge 15 – Heraus aus der Dunkelheit der Unkenntnis

Liebe Geschwister der Iglesia del Internet:

Vor einigen Monaten habe ich fünf MP3-CDs mit tiefgründiger Lehre von euch erhalten. Sie haben mein Leben bereichert. Ich konnte dadurch endlich einiges verstehen und das hat mich sehr gesegnet. Leider war mir in der Vergangenheit vieles falsch gelehrt worden.

Ich bin Pastor Erich Engler und seinem Team sehr dankbar. Ihr seid wunderbare Werkzeuge des Herrn, um viele im Leib Christi aus der Dunkelheit der Unkenntnis herauszuführen. Der Herr wird euch weiterhin übernatürlich segnen.

Herzlichen Dank! Ich werde Eure Webseite anderen empfehlen.

Ich liebe euch!

Gloria, Kolumbien

Das Wichtigste: Glaube, dass Gott dir alle Sünden vergeben hat

Unser Wissen über die Liebe Gottes zu uns lässt unseren Glauben wirksam werden. Für den gläubigen Christen ist das Allerwichtigste, woran er glauben darf, dass ihm im neuen Bund alle Sünden weggenommen sind.[307] Ein für alle Mal, sowohl vergangene, gegenwärtige und zukünftige Fehler sind entfernt worden. Wir sind unter dem konstanten Wasserfall, der uns von jeder Schuld reinigt.[308] Ohne jeglichen Makel, vollkommen rein und heilig stehen wir in dieser Welt. Jesus hat sich für uns geheiligt, damit auch wir geheiligt sind in der einzigen Wahrheit, die zählt.[309] Das heißt, wir sind heilig gemacht, dazu auserwählt, geliebt zu werden und zu lieben. Deshalb ist es so wichtig, das zu glauben. Wir gehen völlig anders durch das Leben, wenn wir wissen, wer wir durch Jesus Christus sind.

Desgleichen haben wir als Christen das Recht zu glauben, dass Gott in seiner Gnade an unsere Sünden und unsere Gesetzlosigkeiten nicht mehr denken wird.[310] Das Resultat ist glücklich sein. Denn glücklich darf jeder sein, der glaubt, dass der Herr ihm seine Fehler nie mehr anrechnet. Das ist Liebe und Gnade in Realität, die jeder erfahren darf.

Gott rechtfertigt den Gottlosen

Abraham glaubte Gott und das wurde ihm zur Gerechtigkeit angerechnet. So steht es im Römerbrief. Jetzt stellt sich die Frage: »Was glaubte Abraham?« Aus Erfahrung weiß ich, dass in vielen Predigten nicht darauf eingegangen und dementsprechend keine Erklärung dazu gegeben wird. In der Antwort liegt ein Schlüssel zum inneren Frieden.

Denn was sagt die Schrift?

> *... Abraham aber glaubte Gott, und das wurde ihm als Gerechtigkeit angerechnet. ... Wer dagegen keine Werke verrichtet,* ***sondern an den glaubt, der den Gottlosen rechtfertigt****, dem wird sein Glaube als Gerechtigkeit angerechnet. – Römer 4,3+5*

Ich möchte mit dir Vers 5 noch in einer anderen Übersetzung lesen. Dort ist es noch treffender formuliert:

> *Wenn hingegen jemand, ohne irgendwelche Leistungen vorweisen zu können, sein Vertrauen auf Gott setzt, wird sein Glaube ihm als Gerechtigkeit angerechnet, denn er vertraut auf den,* ***der uns trotz all unserer Gottlosigkeit für gerecht erklärt****.–Römer 4,5 NGÜ*

Gott rechtfertigte Abraham, obwohl dieser sündigte und Fehler machte. Wir Menschen meinen jedoch: Wenn wir gottesfürchtig durch das Leben gehen, *dann* werden wir von Gott gerechtfertigt. Dabei ist es genau umgekehrt. Lass es tief in dein Herz sinken, denn Abraham hat hier etwas für sein Leben gefunden, das ihm tiefen Frieden auf seinem Lebensweg gab und ihn bewahrte. *Trotz all unserer Gottlosigkeit, Fehler- und Sündhaftigkeit, erklärt Gott uns für gerecht: das sollen wir glauben!* Dieser Abraham der sündigte und log, glaubte an einen Gott, der ihn trotz aller Macken rechtfertigte.

Wie kann ein gerechter Gott, der die Sünde hasst und der selbst vollkommen heilig ist, uns gottlose Menschen rechtfertigen? Dafür muss es einen offiziellen Grund geben. Der Grund ist Jesus, denn Gott erklärt den für gerecht, der sein ganzes Vertrauen (seinen Glauben) auf Jesus setzt.[311] Siehst du es? Zu Glauben bedeutet, auch dann zu glauben, wenn wir uns gottlos verhalten haben, denn unser Gott rechtfertigt uns immer.

Du bist die geliebte Tochter, der geliebte Sohn –
der Vater liebt dich!

Das Verb »rechtfertigen« in Römer 4,5 steht im griechischen Partizip Präsens. Diese Zeitangabe beschreibt eine andauernde, lineare oder wiederholte Handlung. In der Beziehung zum Hauptverb, in unserem Fall ist das »glauben«, geschieht die Handlung gleichzeitig. Wir sollen also konstant glauben, dass Gott uns andauernd rechtfertigt, unabhängig davon, ob wir jetzt gottesfürchtig oder gottlos gehandelt haben. Das ist das Geheimnis von Abrahams Glauben und zugleich Ausdruck von Gottes tiefer Liebe zu uns.

Das Zweitwichtigste: Glaube, dass Gott dich liebt – völlig bedingungslos

Das Zweite, was wir glauben dürfen, ist: Gott liebt mich und er liebt mich völlig bedingungslos. Seine Liebe stärkt mich, sie setzt mich frei und ermutigt mich. Seine Liebe bewirkt Glauben in mir.

Vom Verstand her wissen wir oft, dass Gott uns liebt. Aber wissen wir es auch in unserem Herzen, wenn alles gerade drunter und drüber geht? Unsere Identität liegt in Christus, deshalb dürfen wir uns immer an Christus orientieren und daraus Parallelen für unser eigenes Leben ziehen. In der Taufe Jesu sehen wir etwas, das uns Sicherheit gibt und das wir ebenso erleben können. Während Johannes das Volk und auch Jesus tauft, öffnet sich der Himmel. Jetzt erhält Jesus die Bestätigung des Vaters auf sein Leben und alle hören diese große Anerkennung: »Du bist mein **geliebter** Sohn; an dir habe ich Wohlgefallen!«[312] Und jetzt höre die Stimme in dir, die zu dir sagt: »Du bist meine geliebte Tochter, mein geliebter Sohn, du bist recht, so wie du bist, ich habe große Freude an dir!« In mir löst das eine tiefe Geborgenheit aus, durch die ich mit Zuversicht in den Tag gehen kann. Das Besondere daran ist: Gottes Liebe ist bedingungslos. Jesus hat seinen Dienst noch nicht begonnen, er hat noch überhaupt nichts für Gott getan und trotzdem – der Vater bestätigt ihm seine Liebe, zeigt ihm Anerkennung. Erst jetzt geht Jesus hinaus ins Leben, beginnt mit seinem Wirken[313] und gewinnt, weil er weiß, dass er durch den Vater bestätigt ist. Wenn es etwas gibt, was sich Söhne von ihren Vätern wünschen, dann ist es diese Bestätigung: »Daddy liebt mich, er findet mich toll, so wie ich bin«.

Der Vater bestätigt dich wie Jesus, weil du in Christus hinein getauft bist und in Christus existierst.[314] Wenn du dann weißt, dass du geliebt bist und recht, so wie du bist durch Christus, dann siehst du mehr und mehr auch den Anderen als recht und geliebt an. Ohne großes Zutun deinerseits ist er nicht mehr dein Feind oder Widersacher, sondern wird dein Bruder, deine Schwester. Diese Wertschätzung führt zu einem respektvollen Miteinander, zu Verständnis und zu einem Perspektivenwechsel. Das Wertvolle und Gute im Anderen wird groß und seine Macken und Fehler werden winzig klein, bis man sie im Gesamtbild überhaupt nicht mehr wahrnehmen kann.

Du überwindest und gewinnst im Leben, wenn du weißt, dass Gott dich liebt – bedingungslos.

GSI Folge 16 – Familie wieder vereint

Ich schreibe euch aus El Salvador. Ich heiße Hugo und möchte euch Folgendes erzählen. Vor einigen Monaten befand ich mich in großen finanziellen Schwierigkeiten. Ich war nicht mehr in der Lage, die Raten bei der Bank zu zahlen. Es kam der Moment, wo die Bank mein Haus pfändete. Mein Haus wurde mir genommen. In dieser bedrückenden Situation verließ mich außerdem meine Frau und ging zu einer unserer Töchter.

Vor fünf Monaten ging ich zu einer evangelistischen Veranstaltung hier in Santa Ana. Nach der Veranstaltung kam ein Mann auf mich zu und gab mir eine MP3-DVD. Ich ging nach Hause und voller Neugier begann ich die Predigten von Pastor Erich zu hö-

ren. Während ich einer Predigt aufmerksam zuhörte, sprach Gott zu mir. Am nächsten Morgen ging ich zu meiner Frau, um sie zu bitten zurückzukommen. Das Schöne war, als sie mich sah, rannte sie zu mir, umarmte mich und bat mich um Vergebung. Die Familie ist wieder zusammen und die Finanzen haben sich erstaunlich verbessert.

All das, was der Feind, der Teufel, mir geraubt hatte, wurde mir von Gott zurückgegeben! Ich danke dem Herrn für die CDs und DVDs von der Iglesia del Internet. Ich danke dem Herrn, dass diese hier in unserer Nation aufgetaucht sind.

Hugo, El Salvador

Das Vaterherz Gottes

In der Geschichte von Joseph[315], der von seinen Brüdern als Sklave nach Ägypten verkauft worden war und dort zum zweitmächtigsten Mann neben dem Pharao wurde, sehen wir mitten in das Vaterherz Gottes hinein. Es ist so entscheidend, dass wir wissen, wer für uns ist, und dass wir Gottes Herz erkennen, weil es voller guter Gedanken für dich und mich ist. Aus diesem Herzen heraus entwickelt sich ein großartiger Plan für dein Leben, das eine Bereicherung für dich, deine Familie und dein Umfeld ist.

Eine skeptische Haltung dem Vater gegenüber ist völlig überflüssig. Sie käme einer Lebensverneinung gleich und würde den Fokus auf all das Negative setzen, das geschieht und Mutlosigkeit hervorbringen. Stattdessen erblicken wir im göttlichen Herzen des Vaters etwas, das uns trägt und fröhliche Zuversicht gibt: Egal was geschieht, da ist jemand, der es gut mit mir meint, zu mir steht und mich nie verlässt. Da ist jemand, der mich hoch hebt, wenn ich stolpere oder falle. Er trägt mich, wenn ich erschöpft bin. Ihm kann ich hundertprozentig vertrauen. Warum? Weil er aus Liebe überhaupt nicht anders kann.

Auch hier ist eines ganz wichtig: Joseph ist ein Typos, ein Abbild und Schatten von Jesus. Das heißt, wenn wir uns Joseph anschauen, sehen wir gleichzeitig etwas von Jesus und damit vom Vater. Der Typos Joseph zeigt uns von Gott, dass er niemandem etwas nachträgt, egal, was man ihm antut. In ihm ist nichts Verbittertes.

Hier sehen wir also Joseph, dem ziemlich übel mitgespielt worden war. Er kam in die mächtige Position im ägyptischen Palast dank der Gunst, die Gott auf ihn gelegt hatte.[316] Alles gelang ihm und brachte Segen, sowohl für das Land Ägypten, als auch darüber hinaus. So hatte seine weise Vorsorge für Nahrungsvorräte die Nation in eine gute Lage versetzt und sie konnten darüber hinaus den Hungernden anderer Länder helfen. So kamen auch seine Brüder nach Ägypten, um Nahrung zu erbitten.

Während Joseph mit seiner Familie zusammentrifft, beobachten wir etwas ganz Besonderes, das – dem Typos nach – dem Vaterherz Gottes entspricht. Wir sehen, dass er siebenmal weinte. Nicht einfach so, sondern weil er von Liebe, Mitgefühl und Barmherzigkeit überwältigt war. Zuerst bewegte es ihn, seine Brüder das allererste Mal wieder zu sehen, und das brachte ihn zum Weinen.[317] So ganz nebenbei: wahre Männer weinen, und auch nicht nur eine Träne hin und wieder. Sie weinen, weil sie wie dieser erfolgreiche, in der Öffentlichkeit stehende Mann namens Joseph zutiefst bewegt sind von Barmherzigkeit und Mitgefühl.

Das zweite Mal als Joseph weinte, war sein Innerstes aufgewühlt. Er sah endlich Benjamin, seinen geliebten jüngsten Bruder wieder.[318] Weil er Benjamin so sehr liebte, hatte er darauf bestanden, dass die Brüder ihn bei ihrer nächsten Reise nach Ägypten mitbrachten. Und als er die Geschichten von zu Hause hörte, sie aber immer noch nicht wussten, wer er war, hielt er es nicht mehr aus und gab sich zu erkennen: »Ich bin es, Joseph!«. Kaum kamen diese Worte über seine Lippen, brach aus ihm all das so lang Aufgestaute hervor und er weinte – das dritte Mal. Diesmal so laut, dass alle es hören konnten.[319]

Benjamin war hier und seine Brüder wussten jetzt, wer er war. Lediglich ein Wiedersehen mit seinem Vater Jakob fehlte noch, den er über Jahrzehnte nicht gesehen hatte. Von dem Gedanken an seinen Vater war Joseph so ergriffen, dass er Benjamin um den Hals fiel und weinte. Beide weinten.[320] Daraufhin spannte Joseph seinen Wagen an und fuhr zu seinem Vater. Nach all den Jahren sah er seinen Vater wieder. Er fiel ihm um den Hals und weinte lange, während er ihn umarmte.[321] Das sind Männer, die gelernt haben zu weinen – im richtigen Moment.

Wie Joseph können wir Gott um den Hals fallen und in seinen Armen liegen. Es ist das fünfte Weinen. *Grace* umarmt und überwältigt uns. Wir sind ganz nah beim Vater. Zum sechsten Mal weinte Joseph, als sein Vater gestorben war.[322] Er war bewegt von diesem Abschied.

Joseph weinte sechsmal, weil sein Innerstes so bewegt war von der Liebe zu seinen Brüdern und zu seinem Vater. Christus liebt die Menschen und er weint um die Menschen, die durch ihr Leben gehen, ohne ihn zu kennen – aus tiefstem Mitgefühl und Barmherzigkeit heraus. Das Vaterherz ist bewegt, wenn wir in seine Arme fallen und weinen. Das siebte Weinen jedoch geschieht in einer sehr speziellen Situation …

Keine Tränen der Enttäuschung mehr notwendig … oder doch?

Die ganze Zeit über sahen die Brüder das liebevolle Herz von Joseph, voller Mitgefühl und Erbarmen. Er gab ihnen Gunst und versorgte sie mit allem, was sie brauchten. Trotzdem dachten sie, dass Joseph gegen sie feindselig werden und sich für ihr lange zurückliegendes hinterhältiges Verhalten rächen könnte.[323] Geht es Christen, wenn sie gesündigt haben, im Allgemeinen nicht auch so, dass sie denken: »Der Herr wird mich dafür bestrafen. Vielleicht holen mich meine Fehler ein?« Große Angst griff in den Herzen der Brüder um sich und das, obwohl sie bisher nur Liebe von ihrem Bruder und keine Rache erlebt hatten. Sie beschlossen, sich zu schützen und behaupteten, der Vater hätte um ihren Schutz und Vergebung ihrer Sünde gebeten. Als Joseph das hörte, weinte er.[324]

Das ist wie ein Schlag ins Gesicht des Vaters. Wir bitten Gott immer wieder um Vergebung unserer Schuld. Und das, obwohl er uns doch schon seit Anbeginn unseres neuen Lebens – seit dem vollkommenen Werk von Jesus – alles vergeben hat. Das verletzt ihn und er weint vor Enttäuschung. Es ist wie ein Stich in das Vaterherz Gottes, wenn wir nicht das Wichtigste glauben, das wir glauben sollen: dass uns alle Sünden bereits vergeben sind und dass er uns liebt!

Gott ist Leben in seiner ganzen Fülle und sein Denken umfasst Dimensionen, die wir manchmal erst später verstehen. Er denkt dabei nicht an das Böse, sondern ständig an das, was er gut macht und richtigstellen wird. Wie auch Joseph sagt er uns: »Fürchtet euch nicht!« Unser himmlischer Vater versorgt uns und unsere

Kinder.[325] Diese Versorgung können wir uns nicht verdienen, sie entspringt einzig und allein Gottes Gnade.

Kapitel 6

Der Grace Lifestyle (der Lebensstil der Gnade)

In unserer Gemeinde, der *Grace Family Church*, leben wir zunehmend diesen wunderbaren Lebensstil der Gnade. Und immer mehr Gemeinden aus der Schweiz, Deutschland und Österreich gesellen sich dazu. Unsere pastorale Leiterschaft identifiziert sich voll und ganz mit *Grace* und der Benjamin-Generation. Sie erlebt Gottes Gunst ganz praktisch in ihrem Alltag. Du bist jetzt sicher gespannt, was und wer die Benjamin-Generation ist …

Der Scheinwerfer ist auf ihn gerichtet

Wie oft dreht sich bei uns Menschen alles um unser persönliches Universum, um *mich, ich, mir und mein?* Das bringt uns schnell an die Grenzen des Menschenmöglichen und des Zusammenlebens in der Gesellschaft. Die gute Nachricht ist: Genau deshalb kam Jesus zu uns! Denn der neue Bund der Gnade lenkt den Fokus von uns weg und hin zu Jesus – weg von unserer Begrenztheit, hin zu grenzenlosem und überfließendem Leben. Das ist das Hauptziel von Gnade. Weg von den Fragen, die uns selbst ins Zentrum setzen: »Mache *ich* alles richtig und tue *ich* genug, liebe *ich* genug, akzeptiert Gott *mich*, ist *mir* alles vergeben, ist *mein* Glaube groß genug?« Stattdessen hin zum Bewusstsein der Gnade, dem Geschenk aller Geschenke, das so großartig, fabelhaft und herrlich ist. Es verwandelt uns in unserem Denken, Fühlen, Handeln. Vorwürfe sich selbst oder anderen gegenüber lösen sich durch dieses Geschenk in Luft auf. Frieden kehrt ein in unsere selbstgezimmerte Gedankenwelt von Vorstellungen, wie etwas ist oder sein sollte. Wir sehen das Einzigartige des Augenblicks im Hier und Jetzt. Unser Leben ist mit *Grace* nicht mehr dasselbe und vor allem ist es nicht mehr so begrenzt.

Wir bleiben in Gottes Liebe, weil Jesus uns liebt, wie er vom Vater geliebt ist. Wenn seine Worte in uns bleiben und durch unser Leben sichtbar werden, wird der Vater dadurch verherrlicht.[326] So viel Liebe und wir mittendrin. Du lässt dich einfach lieben – unendlich – und aus diesem Überfluss seiner Liebe in dir, ergießt sich aus deinem Inneren heraus Liebe zu anderen. Das führt zu einem Leben, in dem es dir und allen um dich herum gut geht, weil du alles hast, was du dir wünschst. Auf wen fällt der Scheinwerfer? Auf Jesus, denn ohne ihn wäre das alles nicht möglich. Das ist die göttliche Ordnung in dir und die Basis für den Grace-Lifestyle.

GSI Folge 17 – Schneller als Roger Federers Tennisball

Pastor Erich,

ich kann nicht aufhören zu staunen, was Gottes Gnade bewirkt! Gottes Gnade ist so präsent und real! Die Gespräche von meiner Freundin und mir bestehen nur noch aus Zeugnissen: sofortige Heilungen, grundlos ums 3-fache erhöhte Babysitterlöhne, unerklärlich gute Noten in der Schule; Freundschaften werden wieder hergestellt … Und Gebetserhörungen, die so schnell zurückkommen wie Roger Federers Tennisball im Wimbledon Turnier. Und von Gott hört man auch immer mehr!

Have a great blessed week.

Aus der Schweiz.

Die Grace-Family

Durch die Typologien im Alten Testament erfahren wir mehr darüber, wie es ist, in einer Familie voller Gunst und Gnade zu leben. Diese Bilder zeigen auf das Wahre, Reale in Jesus Christus. Was sich damals abspielte, deutet auf das Himmlische hin. Der alte Bund zeigt immer auf den neuen Bund und auf die vollkommene, komplette Erlösung für uns durch Jesus Christus.

Das Bild, das auf die erwähnte *Grace-Generation* hinweist, ist in sich so stimmig und hat eine beachtliche Reichweite. Jedes Mal aufs Neue überrascht und begeistert es mich. Es geht um Benjamin, Josephs jüngsten Bruder. Warum ausgerechnet Benjamin? Alles fügte sich in seiner Familie zusammen, damit wir das Himmlische erkennen können. Joseph, Benjamins älterer Bruder, ist hier ein Bild auf Jesus Christus; das wohl stärkste und intensivste Bild im Alten Testament. Es wird noch intensiver, wenn wir uns den Namen anschauen, den der Pharao Joseph gab: Zaphenat-Paneach.[327] Das bedeutet »Retter der Welt«. Joseph hatte durch sein kluges Handeln nicht nur den Ägyptern geholfen, die Jahre der Hungersnot zu überleben, sondern auch den umliegenden Ländern. Dadurch wurde er zum Retter der Welt. Joseph (als Abbild von Jesus) rettete die Welt vor dem Tod und weist damit bereits darauf hin, was der eigentliche große »Retter der Welt« einmal tun würde.

Ist das nicht genial? Gott überlässt nichts dem Zufall, alles hat eine Bedeutung und fügt sich zu einem wundervollen Ganzen zusammen, in dessen Mittelpunkt Jesus steht. Im Leben von Joseph gibt es viel Typologisches zu entdecken. Je nachdem, mit wem er zu tun hat, können wir einen anderen Typos sehen. Das ist das Spannende, wenn man Typologie entdeckt und versteht: Sie zeigt uns nicht nur eine Dimension, sondern verschiedene Perspektiven auf eine Person hin, je nach Zusammenhang.

Wenn wir auf Joseph schauen, sehen wir zum einen Parallelen zum Leben von Jesus Christus. Oder, wie im vorherigen Abschnitt beschrieben, sehen wir in Josephs Verhalten seinen Brüdern gegenüber das Erbarmen und die Barmherzigkeit des himmlischen Vaters. Joseph bedeutet in der hebräischen Grundform auch »Zunahme« oder »Gott hat dazugetan«. Das zeigt uns: Gott ist ein Gott der Vermehrung. Er gibt uns großzügig und vermehrt, was wir haben. Das ist Wachstum und Zufluss. Unser himmlischer Vater verbessert und erweitert dadurch unsere Entfaltungsmöglichkeiten. Er nimmt uns nichts weg, sondern er fügt hinzu.

Aber beginnen wir beim Vater Josephs, um ein vollständiges Familienbild zu erhalten. Jakob hatte sich in die sehr schöne Rahel verliebt. Allerdings gab es zwei Töchter, die völlig unterschiedlich waren. Lea, die ältere der beiden Schwestern, hatte matte, glanzlose Augen, während Rahel mit ihrer schönen Gestalt und ihrem schönen Gesicht auffiel.[328] In der Figur von Lea zeigt sich uns der Typos des Gesetzes, denn der Name Lea bedeutet im Hebräischen »ermüdend«. Wenn wir versuchen, das Gesetz einzuhalten, macht uns das müde und matt. Wie es Sitte war, musste die Ältere zuerst verheiratet werden.[329] Jakob war der Leidtragende dieses gesetzlichen Vorgehens.

Rahel hingegen war schön. Sie steht für den neuen Bund der Gnade. *Grace* ist etwas Wunderschönes. Wie mir einmal jemand sagte: »Wenn du nie die Schönheit von Gottes Gnade gesehen hast, fühlt es sich an, als wärst du im Leben betrogen worden.« Deshalb kann ich nur sagen: Lüfte den Schleier und du siehst, ob du noch mit Lea zusammen bist oder bereits mit Rahel. Jakob liebte Rahel so sehr. Jakob steht in diesem Zusammenhang für den himmlischen Vater. Und wen liebt Gott? Er liebt *Grace*, seinen Sohn, und sein Sohn brachte *Grace* ins Leben der Menschen. Auch in Benjamin, dem Sohn von Rahel, sehen wir die Gnade.

Der Sohn bringt Grace

Der Typos von Rahel macht es uns noch deutlicher. Rahel war die Mutter von Benjamin und Joseph. Bei der Geburt von Benjamin starb sie. Der Name »Rahel« bedeutet im genauen Wortsinn »junges Schaf«. Daher ist Rahel ein Typos vom Lamm Gottes. Dieses »junge Schaf« stirbt und ein neues Leben beginnt. Das Lamm – Jesus Christus – ist gestorben, damit aus seinem Tod neues Leben hervorgehen kann. Jesus ist *Grace* und *Grace* ist Jesus. Wir sehen hier ein großartiges Bild auf Jesus hin, sogar in dieser sehr traurigen Geschichte. Das ist das Bemerkenswerte bei den Typologien im Alten Testament. Sie weisen alle hin auf Jesus Christus, unseren Retter und auf unsere Stellung in Christus. Das Alte Testament wird so spannend und aufrüttelnd, wenn man die Brille aufsetzt, durch die man Jesus und sein Werk sieht.

Während Rahel im Sterben lag, gab sie ihrem jüngsten Sohn den Namen Benoni, Sohn des Schmerzes. Aber sein Vater Jakob nannte ihn Benjamin, Sohn zur Rechten.[330] Kein Wunder, dass der Vater aus seiner Perspektive einen anderen Namen im Sinn hatte. Denn Jakob ist in dieser Familiengeschichte die wichtigste Figur überhaupt. Jakob repräsentiert im Laufe seiner Lebensgeschichte verschiedene Bilder. Hier in diesem Zusammenhang und im Licht der *Grace-Generation* ist er, wie bereits erwähnt, ein wunderbarer Typos für den himmlischen Vater.

Wer sitzt zur Rechten des himmlischen Vaters? Der Sohn: Jesus! Er ging in den Hades, ins Totenreich, und schmeckte den Tod für uns, damit wir ihn nicht mehr schmecken müssen. Er ließ den Tod hinter sich und wurde auferweckt, damit wir gerechtfertigt werden.[331] Wir sind freigesprochen, entlastet von jeder Schuld – wir sind »recht«. Das ist unsere Stellung. »Sohn zur Rechten« bezieht sich auf unsere Stellung der Ge**recht**igkeit, der Gunst und der Gnade zur Rechten des himmlischen Vaters. Wir sehen hier den wunderschönen Tausch, der am Kreuz für uns geschah. Und Jesus Christus ist der Erstgeborene von uns allen. Wir haben durch ihn neues Leben erhalten. In der Geburt von Benjamin wird deutlich, wer wir sind und was unser besonderer Status als Brüder und Schwestern von Jesus ist. Benjamin ist ein Typos für die neutestamentliche Generation und somit ein Bild für den gläubigen Christen unter dem neuen Bund.

Dadurch sehen wir in der Figur *Benjamin* die Gerechtigkeit des Gläubigen und all die Gunst, die damit einhergeht. Darum ist dieser Typos so wichtig für denjenigen, der mit Jesus im neuen Bund lebt oder leben möchte. Die Benjamin-Generation hat das **Recht** auf alle Verheißungen Gottes, auf göttliche Bevorzugung und Gunst.

Mit Lea und den anderen Mägden zusammen hatte Jakob zehn Söhne und mit Rahel zwei. Auch dahinter findet sich eine Bedeutung. Die Zahl zehn steht im Hebräischen für das Gesetz, die Zehn Gebote. Diese zehn Brüder von Joseph und Benjamin sind ein Bild von den Stämmen Israels unter dem Gesetz, deren Weg voller Stolpersteine war. Die zwei Söhne von Rahel dagegen zeigen uns ein völlig anderes Bild: der himmlische Joseph und Retter der Welt, und Benjamin, der über alles Geliebte und Gesegnete.

GSI Folge 18 – Am tiefsten Punkt Gottes Gegenwart erlebt

Lieber Pastor Erich,

als Zeugnis und gleichzeitige Ermutigung, immer tiefer in die grenzenlose Gnade Gottes einzutauchen, möchte ich berichten, was der Herr in meinem Leben getan hat.

Gegen Ende meines Abiturs vor etwa drei Jahren verspürte ich seltsame Schmerzen. Relativ ahnungslos forschte ich nach, was es mit den Symptomen auf sich haben könnte. Als diese mitunter auf die Krankheit hinwiesen, an der meine Schwester einige Jahre zuvor gestorben war, bekam ich es mit Todesangst zu tun. Ich war zu dieser Zeit ein eher oberflächlicher Christ ohne eine wirklich tiefe Beziehung zu Jesus. Entsprechend glaubte ich zwar, dass Gott Menschen generell beschützen und heilen kann, war aber angesichts all meiner Unzulänglichkeiten unsicher, ob er das auch für mich tun würde. So kam es, dass ich mich in einer Spirale von Angst, Stress, Psychosymptomatik und Depression wiederfand. Ständig verspürte ich irgendwo Schmerzen oder fühlte mich ausgebrannt, obwohl keiner der Ärzte irgendetwas feststellen konnte. Ich dachte fälschlicherweise, dass Jesus die ganze Zeit nur danebenstehen und sagen würde, dass er erst helfen kann, wenn ich aufhörte, mir Sorgen zu machen.

Über zwei Jahre versuchte ich genau das, allerdings ohne bleibenden Erfolg. Mehr und mehr wurde ich jedoch durch Pastor Erichs Predigten – er war einmal als Gastsprecher hier in der Nähe gewesen – und dann auch durch Joseph Prince (Pastor der New Creation Church, Singapur) mit Botschaften über Gottes unverdiente Gnade versorgt. Auch stellte mir Gott eine einzigartige Person beiseite, die mir so viel tiefer in die Beziehung mit Jesus verhalf und dabei nie aufgab. Während ich mich zunehmend mit Gottes Gnade beschäftigte, wuchs mehr und mehr Sicherheit, dass unser himmlischer Vater auch für mich einen greifbaren Ausweg hatte. Noch immer nagte aber dieselbe Krankheitsangst an mir und inmitten von Anfechtungen und Symptomen erschien der Friede Jesu oft unerreichbar. Nachdem ich angesichts dieser Diskrepanz vor einem knappen Jahr völlig ins Straucheln kam und mein eigener Glaube, wie Pastor Erich sagen würde, komplett aus dem Fenster geflogen war, war es dann soweit. Ich warf mich einfach nur noch in die Arme Jesu und rief ihm aus meinem Herzen zu, dass ich es selbst durch meine Anstrengungen einfach nicht schaffte und er allein der einzige war, der mich herausziehen konnte. Und genau das hat er getan!

Genau an diesem Tiefpunkt kam Gottes Gegenwart in mein Leben hinein. Während ich abends zu Hause war, merkte ich auf einmal, wie er bei mir war. Er war einfach nur da, um mir eine Vorstellung davon zu geben, welche Liebe und welches Erbarmen Er für mich empfand. Worte können das nicht fassen. Es war so gewaltig, wie ich es mir niemals selbst hätte vorstellen können. Diese unfassbare Liebe musste es auch gewesen sein, aus der Jesus für mich ans Kreuz gegangen war. Ich spürte ein tiefes Bewusstsein von Gerechtigkeit, die völlig unabhängig von mir war. Was ich vorher vor allem eher vom Verstand her wusste, wurde auf einmal realer als die Luft, die ich atmete.

Während ich Psalm 91 las, sprang mir jedes einzelne Wort voller Leben gefüllt entgegen. Ich merkte, wie Gott mich persönlich meinte. Es war der Wendepunkt, von dem aus der Vater mein Leben komplett wiederherstellen wollte. Er festigt in mir so eine tiefe Sicherheit, dass er sich wirklich um mich sorgt und es bei Allem nur um Jesus geht. Seine Gerechtigkeit schützt mich, wenn ich versage. Sein Glaube trägt mich, wenn ich wanke. Er heilt mich, wenn ich krank bin. Wovor sollte ich mich da noch fürchten?! Abschließend möchte ich noch einmal so sehr betonen, dass für jeden in Christus dasselbe gilt. Religion sagt uns, dass wir uns erst selbst in Ordnung bringen müssen, um von Gott zu empfangen. Und das ist so falsch. Wir brauchen einfach nur zu ihm zu laufen, den Rest will er übernehmen und durch diese unverdiente Gnade verändert er uns. Und weil es somit von ihm abhängt, gehört auch nur ihm alle Ehre!

Gottes reichen Segen,
Helge (21 J.)

Die Benjamin-Generation (BenGen)

Diese Benjamin-Generation – wir kürzen sie mit *BenGen* ab – hat den Auftrag, Jesus durch ihren Lifestyle, der *Grace* geradezu verkörpert, sichtbar werden zu lassen; Jesus Christus real erfahrbar zu machen für alle, die ihnen begegnen, weil sie dann *Grace* sehen und erleben. Denn: *Grace has a face – Jesus.* Um ihn geht es. Ich wünsche mir wirklich, dass jeder diese Offenbarung mit seinem Herzen erfährt, sie aufnimmt und nährt, damit sie innerlich aufblüht wie eine Knospe im Sonnenlicht.

Schauen wir uns an, was diese *BenGen* so besonders macht, wie dieser Mensch ist, der unter dem neuen Bund den Grace-Lifestyle verkörpert. Bereits im ersten Satz, mit dem Joseph beim Wiedersehen mit seinen Brüdern seinen tief geliebten jüngsten Bruder anspricht, kommt der große Segen zum Ausdruck, der für ihn bereitliegt. »**Gott sei dir gnädig, mein Sohn**!«[332] Dieses »gnädig sein« bedeutet von Gott begünstigt sein. Damit sind auch wir gemeint. Wir dürfen all das, was Benjamin mit Joseph erlebt, ebenfalls auf uns beziehen. Es gibt einen himmlischen Joseph in deinem Leben und er wird dich ständig segnen und bevorzugen, wie wir später noch sehen werden. Jesus Christus ist unser himmlischer Joseph.

»Gnädig sein« bedeutet auch: Joseph ist gegenüber Benjamin immer positiv gesinnt und gewährt ihm seine Bitten. Benjamin steht es zu, etwas von seinem erstgeborenen Bruder zu erwarten und dieser lässt ihm jede Liebesgabe zuteilwerden. Benjamin bekommt dieselbe Gunst, die auf Joseph liegt. Und Benjamin liebt seinen Bruder, er liebt *Grace*. Es entsteht eine ganz besondere Atmosphäre, wenn *Grace-Lovers* – Menschen, die Gnade lieben –

zusammentreffen. Barmherzigkeit, Güte, innige Liebe und tiefe Freude werden sichtbar in Wort und Tat.

Gunst – ich höre dich

Ich will es einmal so formulieren: Wir sind jeden Tag unter Gunst. Gottes Gnade, seine Bevorzugung für den geliebten jüngeren Bruder ändert sich nicht täglich wie der Aktienkurs, sondern bleibt gleich hoch, breit und weit, so wie Gott selbst. Deswegen hat Christus uns vom Gesetz befreit. Eines weiß ich sicher: Früher oder später wird jeder diese Auswirkungen von Gottes Gunst in seinem Leben erfahren. »Oh, aber ich erfahre Gottes Gunst noch nicht wirklich. Anderen geht es viel besser oder sie haben wesentlich weniger Schwierigkeiten als ich.« Achtet auf euch selbst und auf die Lehre Jesu, bleibt ständig dabei.[333] Fallt nicht wieder unter das Gesetz und vermischt nicht alles. Durch die Brille des Gesetzes vergleichen wir, aber durch die Brille von *Grace* sind wir dankbar und sehen klar. Wer weiß schon, wie unser Leben ausschauen würde ohne die Gunst Gottes. Darum umgib dich mit *Grace.* Setz dich ihr zu Füßen und höre ihr zu. Warum? Ganz einfach: Je mehr wir von Gottes Gnade hören und sie begreifen, umso mehr sehen und erleben wir sie.

Mehr Gnade zu hören,
bringt dich mehr unter Gottes Gunst.

Kapitel 7

Gottes DNA der BenGen

In der *BenGen* offenbaren sich sieben großartige und weitreichende Segnungen. Es sind Charakteristiken, die sie deutlich hervorstechen lassen – sozusagen ihre Markenzeichen. Gottes DNA ist ihre Besonderheit. Wo immer sie erscheinen, hinterlassen sie die Signatur von Jesus Christus und Spuren ihrer göttlichen DNA. Ihre Attribute haben Vorbildcharakter und sind in den Söhnen und Töchtern des neuen Bundes fest verankert. Sie lieben es, *Grace* zu hören und zu leben, von ihr umgeben zu sein, sie weiterzugeben – und das ohne Ende.

7 Offenbarungen

1. Tief geliebt vom Vater

Die erste Offenbarung, die sie haben, ist ein Wissen darüber, dass sie vom himmlischen Vater tief und konstant geliebt sind. Denn Gott liebt das Lamm, er liebt Rahel, er liebt *Grace*. Liebe hüllt die *BenGen* zärtlich ein. Der himmlische Vater kennt sie ganz genau und liebt die Natur jedes Einzelnen mit einer Intensität, die den Frieden und die Herrlichkeit der Ewigkeit ausdrückt.

Die *BenGen* öffnet sich für diese Liebe, weil sie spürt, dass sie die Grundlage allen Lebens ist. In ihrer Denkweise ist fest verankert: Gott ist Liebe. Daraus prägt sie ein einzigartiger Lebensstil. Sie sind *Grace-Lovers (Gnaden-Liebhaber)* und zeigen es auf eine geistvoll-brillante Art. Aus dieser Liebe heraus haben sie Esprit, der ansteckend ist und völlig neue Möglichkeiten eröffnet. Dieser Begriff *Grace-Lover* kam mir vor einiger Zeit in den Sinn, als ich über die besondere Beziehung der *Grace-Generation* zu ihrem himmlischen Vater nachdachte. Er ließ mich nicht mehr los. Wir sind *Grace-Lovers*!

BenGen – Offenbarung 1:
konstant tief geliebt vom himmlischen Vater

---

2. Konstant vom Vater bevorzugt

Die zweite Offenbarung, über die sich diese Generation im Klaren ist: Sie ist ununterbrochen auf dem Kurs der Zunahme, weil sie konstant bevorzugt wird von ihrem himmlischen Joseph. Denn der Name des großen Bruders Joseph bedeutet »Zunahme«. Das heißt, Jesus Christus möchte, dass wir in allen Bereichen Erweiterung und Vergrößerung erleben, Wachstum und Entwicklung, aber auch Zufluss und Steigerung. Egal ob es die seelische Stabilität und damit einhergehende Freude betrifft, die körperliche Vitalität und Gesundheit oder die zunehmende finanzielle Beständigkeit, die großzügige Geber hervorbringt. Gott gibt der

Benjamin-Generation Zunahme. Das ist Lebensqualität himmlischer Art.

Zunahme drückt sich auf verschiedene Arten aus. Der innere Frieden nimmt zu oder man spürt eine tiefe Geborgenheit im Herzen. Zunahme kann aber auch ganz praktisch in unserem Alltag sichtbar werden. In der U-Bahn erhält man den letzten freien Platz, auf längeren Reisen im Flugzeug wird einem ganz unverhofft der bessere Sitz zugewiesen. Oder man umgeht das lange Anstehen im Supermarkt, weil die Person mit ihrem samstäglichen Mega-Einkauf von mindestens 290 Artikeln einen an der Kasse ganz freundlich vorlässt. Geschäftsleute bemerken, dass ihre langjährigen Investitionen plötzlich Gewinn ausschütten und der kleine Tim bringt viel bessere Schulnoten nach Hause. So kann Bevorzugung aussehen.

BenGen – Offenbarung 2:
konstant bevorzugt vom himmlischen Joseph

3. Fünfmal mehr Nahrung

Als die zehn Brüder, wie von Joseph gefordert, mit Benjamin nach Ägypten zurückkehrten, lud Joseph sie zu einem großen Essen ein. Als Zeichen der besonderen Ehre ließ Joseph ihnen von den Gerichten auftragen, die auf seinem Tisch standen. **Benjamin aber bekam fünfmal so viel** wie seine Brüder.[334] Der große Bruder bevorzugte seinen blutsverwandten Bruder. Genauso werden wir bevorzugt, weil Jesus sein kostbares Blut für uns vergossen hat. Aber das ist noch nicht alles.

Hier ist die dritte Offenbarung. Diese Generation wird fünfmal mehr Nahrung haben. Das bedeutet, sie wird nicht nur mit leiblich guten und leckeren Speisen versorgt, sondern kann auch geistlich so richtig gut essen. Leckere Speisen und Brot kamen in dem Moment auf den Tisch, als Benjamin da war. Fünfmal mehr Nahrung teilt der himmlische Joseph aus, sobald *Grace-Lovers* bei ihm am Tisch sitzen. Diese Nahrung stillt reichlich den Hunger nach geistlichem Verständnis, nach Sinn und Zweck des Lebens, aber auch den natürlichen Hunger. Zusätzlich wird es durch die *BenGen* möglich, dass den Menschen um sie herum ebenfalls durch Gottes Wort reichlich Nahrung aufgetischt wird. Sie werden durch Gottes Wort Offenbarung vom neuen Bund zu den Menschen bringen.

Diese gute geistliche Nahrung ist deshalb so wichtig, weil sie reichhaltig ist. Jesu Speise war es, den Sinn seines Lebens zu erfüllen und sein Werk zu vollbringen.[335] Dadurch werden alle üppig genährt und erfahren Leben. So ist es auch für dich. Du erhältst fünfmal mehr Leckeres durch die Gnadenbotschaft – sie sättigt deinen geistlichen Hunger. Dann gibst du diese Speise von Gnade und Liebe weiter und bist damit am richtigen Platz deiner Berufung angelangt. Vergiss nicht, der Herr lehrt uns über Gnade, damit auch wir gnädig sein können.

BenGen – Offenbarung 3:
fünfmal mehr geistliche und physische Nahrung
durch den himmlischen Joseph

---

4. Fünfmal mehr Kleidung

Eigentlich würde das ja schon reichen, findet so mancher. Aber überfließende Gunst endet eben nicht an den Grenzen menschlichen Denkens. Beim Abschied schenkte Joseph jedem einzelnen seiner Brüder ein Festgewand. Nicht irgendein einfaches Gewand, nein, jeder erhielt ein elegantes Prachtkleid, eine ganz große Aufmachung. Das reicht aber jetzt, oder? Nein, es wird noch besser. Denn Joseph schenkte Benjamin 300 Silberlinge und **fünf Festgewänder**.[336] Auch hier wird wieder die natürliche und geistliche Dimension sichtbar.

Unser himmlischer Joseph beschenkt uns mit Top-Kleidung im Überfluss, ganz gemäß unserem VIP-Status und für unseren Galaauftritt vor der Öffentlichkeit dieser Welt. Aber diese Festgewänder – im Hebräischen *simlah* – bedeuten auch Mantel. Im übertragenen Sinne bedeutet es, für eine Aufgabe gesalbt zu sein. Wir sehen das ebenfalls, als Elia zu Elisa ging und ihm seinen Mantel überwarf. Von da an diente Elisa dem großen Propheten.[337] Die Salbung dafür war jetzt auf ihm. Benjamin erhielt fünfmal mehr Kleidung/Mäntel und damit fünfmal mehr Salbung oder Befähigung. Das ist die vierte Offenbarung in der DNA, die Gott in die *BenGen* gelegt hat: fünfmal mehr Kleidung.

Diese Generation hat mehr an als nur ein Outfit und das Umziehen ist leicht. Ihre Mäntel befähigen sie, alle Talente und Gaben mit der entsprechenden Salbung einzusetzen. Wenn du jetzt denkst: »Hier ist Burnout ja vorprogrammiert«, dann kann ich dich beruhigen. Die *BenGen* hat nicht nur die Salbung für all die verschiedenen Aufgaben, sondern durch *Grace* auch die Leichtigkeit einer Leistungsfähigkeit, die ihren Ausdruck in himmlischer Exzellenz findet. Das gilt für die Leiter, aber ebenso für alle anderen in der Gemeinde, weil sie nicht mehr aus eigener Leistung heraus agieren.

Die *BenGen* fließt zwischen den unterschiedlichsten Aufgaben hin und her. Es ist deshalb nicht anstrengend für sie, weil sie sich der fünfmal größeren Salbung bewusst ist. Die *BenGen* ist reichlich versorgt mit allem, was sie braucht, und hat Fähigkeiten im Überfluss. Aus diesem Überfluss gibt sie stets das Beste und erlebt dabei eine Exzellenz, die weit über Professionalität hinausgeht.

Viele in dieser Generation sind beruflich selbstständig, und weil sie durch Aufträge und Kunden gesegnet sind und ihre Zeit frei einteilen können, haben sie viel Raum für die *Church* (Gemeinde) und die Menschen. Mit ihren verschiedenen Fähigkeiten sind sie ein großer Gewinn für das Königreich Gottes. Sie sind fünfmal mehr gesegnet in all ihren Tätigkeiten, ihrem Beruf, ihrer Familie und ihren Berufungen. Sie wechseln einfach die verschiedenen Salbungsgewänder.

BenGen-Offenbarung 4:
Exzellenz in all ihren Fähigkeiten und Aufgaben

---

5. Durch das Abendmahl heil an Körper, Geist und Seele

Darüber hinaus darf die Benjamin-Generation etwas ganz ausgesprochen Bedeutungsvolles genießen. Sie hat eine großartige Offenbarung über das Abendmahl. Sie nimmt nicht einfach das Brot und den Wein, sondern sie erkennt und versteht, worum es beim Abendmahl wirklich geht.

Als Joseph im ägyptischen Palast auf seinen jüngeren Bruder Benjamin traf, sagte er: »Tragt das Essen auf!«[338] Das hebräische Wort für »Essen« ist *lechem*, was »Brot« bedeutet. Der himmlische Joseph ließ zu Ehren seines geliebten Bruders Brot auftragen. Es war das erste Essen, das auf den Tisch kam. Erst nachher folgten die besonderen Speisen.

Die Menschen der Benjamin-Generation verstehen, dass sie angenommen sind und immer am Abendmahl teilnehmen dürfen. Sie sind würdig, weil ihre Teilnahmeberechtigung nicht von ihren Werken oder Taten abhängt und auch nicht davon, ob sie christlich richtig gelebt haben. Die *BenGen* hat die Offenbarung darüber, dass sie deshalb das Abendmahl jederzeit zu sich nehmen kann, weil sie durch das Opfer Jesu für immer angenommen wurde. Dieses Geburtsrecht wird durch nichts zerstört. *BenGen*-Menschen werden sich selbst niemals mehr als unwürdig sehen.

Dadurch erleben sie den vollen Segen und die Kraft des Abendmahls. Das Abendmahl besteht aus zwei Elementen. Zum einen der Kelch und das Blut, das für den neuen Bund der Gnade und die darin enthaltene Vergebung der Sünden steht. Zum anderen das Brot, das den Leib Christi symbolisiert, den er für uns hingab. Durch die Wunden, die er erlitt, sind wir geheilt worden.[339]

Sie wissen, dass sie dort, wo Jesus in ihrer Mitte ist, das Abendmahl feiern können – ob im Gottesdienst oder zu Hause mit der Familie. Mit dieser Offenbarung gehen sie bevollmächtigt und befähigt zu den Menschen hinaus und helfen ihnen, physische und psychische Heilung zu erleben. Sie verstehen auch die Bedeutung des Blutes Jesu und lassen sich nicht mehr fälschlicherweise einreden, unwürdig zu sein, wenn sie einen Fehler gemacht haben. Zu wissen, dass man stets würdig ist, das Abendmahl einzunehmen, ist ein enormer Segen. Denn gleichzeitig festigt es die Erkenntnis der Wertschätzung für die eigene Person und die Gewissheit, tief geliebt zu sein.

Diese *Grace-Generation* entwickelt ein völlig neues Verständnis von Essen, das weit über die natürliche Nahrungsaufnahme und die traditionelle Auffassung vom Abendmahl hinausgeht. Sie erkennt zunehmend, dass, als Adam von der verbotenen Frucht aß, dies den Fluch von Krankheit und Verderben brachte. Aber wenn wir von Jesus als dem Brot des Lebens essen, bringt uns das Segen und körperliche Heilung. Einen Segen von Gesundheit, Wohlergehen und langem Leben.

BenGen-Offenbarung 5:
Das Abendmahl bringt Heilung

---

6. Große Beute verteilen

Kurz vor seinem Tod segnete Jakob alle seine Söhne. Schaut euch an, was für einen speziellen Segen Benjamin erhielt. Er ist wie ein reißender Wolf; am Morgen verzehrt er Raub, und bis zum Abend verteilt er Beute.[340]

Die Menschen der *BenGen* sind hungrig nach mehr von Gott und reißen sich darum, von Gott geführt zu werden. Durch diese Führung Gottes erfahren sie finanzielle Zunahme – sie machen reiche Beute. Davon können sie gut leben, haben alles, was sie brauchen. Aber sie sind gleichzeitig großzügige Geber, denn sie teilen ihre Beute aus und lassen andere teilhaben an dem, was sie durch Gottes Gunst erreicht haben. Der Segen auf ihrem Leben ist ein Segen für Viele – sie werden zu den Finanziers von Gottes Reich!

Mit diesem Segen ausgestattet, verändert die *BenGen* die Welt. Ihr Lebensstil hat Vorbildcharakter und weckt die Neugier von Christen und Nichtchristen. Sie ruht sich nicht auf dem aus, was sie bereits hat, sondern sie geht mit offenen Augen durchs Leben. Diese Menschen sind mit einem kreativen und innovativen Geist der Exzellenz gesegnet, durch den Visionen real werden.

Dies alles gibt mir Vertrauen für die Zukunft. Meine Kinder, die nächsten Generationen erleben ein neues Miteinander ohne Leistungsdruck, dafür aber mit Fröhlichkeit und Freiheit. Ist es nicht das, was jeder sich für seine Nachkommen wünscht? Wir möchten ihnen alles mitgeben, damit es ihnen besser geht. Der Segen der Benjamin-Generation trägt diese Sicherheit in sich.

BenGen-Offenbarung 6:
Finanzieller Gewinn ermöglicht großzügiges Verteilen

---

7. Immer getragen

Der Kreis für diese Generation schließt sich mit einem siebten Segen. Wieder spricht ein großer Mann Gottes vor seinem Tod Segensworte. Moses prophetischer Segen über den Stamm Benjamin beginnt mit der Offenbarung über den ersten Segen, den wir bereits angeschaut haben. Er sagt Benjamin, dass er der Liebling des Herrn ist. Mose: »Der Liebling des Herrn wird sicher bei Ihm wohnen.« Dann fährt er fort und verheißt Benjamin, dass er den ganzen Tag beschirmt sein und zwischen den Schultern des Herrn wohnen würde.[341]

Die *BenGen* wird die Liebe des Vaters nie mehr verlieren. Diese Generation weiß, sie ist der Liebling Gottes, weil Jesus der geliebte Sohn des Vaters ist. Es ist die Liebe des Vaters, die zählt, nicht ihre eigene. Zudem geht sie beschirmt durch den Tag, das bedeutet bewahrt und unter dem Schutz des Höchsten. Und das in meinen Augen schönste Bild: Sie lässt sich von Jesus tragen, am sichersten Ort dieser Welt – auf seinen Schultern.

Jesus trägt uns nicht nur, wenn er uns gefunden hat oder wenn es uns einmal schlecht geht. Er hat Freude daran, uns auf seine Schulter zu nehmen und dauerhaft zu tragen.[342] Er trägt uns nicht nur in schweren Zeiten, sondern immer. Dadurch kommen wir so viel leichter voran. Hindernisse lassen sich natürlich und gelassen überwinden. Die *BenGen* hat diese Offenbarung und bleibt deshalb auf den Schultern Jesu. Sie weiß, Menschen können sie vielleicht kurzfristig stützen, aber Jesus wird sie das ganze Leben hindurch tragen.

Diese Schultern sind nicht irgendein Platz. Es ist etwas ganz Besonderes, das der *BenGen* hier zuteilwird. Denn auf seiner Schulter ruht die Herrschaft und seine Namen sind »… Ratgeber, starker Gott, …, Friedefürst«.[343] Das alles färbt auf denjenigen ab, der sich auf den Schultern Jesu befindet. Obendrein ist die Aussicht und Perspektive von dieser Position aus bei Weitem besser. Man ruht auf der Gnade in Person und wird wie auf Adlersflügeln getragen.

BenGen-Offenbarung 7:
getragen von Gnade

Der Regenbogen des Segens

Die zehn Söhne Jakobs von Lea und den Mägden profitierten ebenfalls von der Gunst, die auf Benjamin lag. Die Liebe von Joseph zu Benjamin begrenzt sich nicht auf ihn allein. Seine Brüder erfahren auch eine bevorzugte Behandlung und erhalten die besondere Speise. Selbst die Ägypter, die mit dem himmlischen Joseph nicht verwandt waren, hatten einen Gewinn durch die Anwesenheit Benjamins, obwohl Hebräer ihnen ein Gräuel waren. Auch sie erhielten »besonderes« Essen.[344] Durch die Gunst und Güte, die die *BenGen* erfährt, erlebt automatisch auch das Umfeld ausgesprochen gelungene, gute Zeiten.

Diese *Grace-Generation* wird so viel in die Welt hinaustragen können, weil sie so viel begünstigter ist. Gottes Gnade ist da, um sie weiterzugeben. Es braucht dazu nicht unsere Vollkommenheit. Nicht alles, was ich sage oder schreibe, ist perfekt. Aber wenn wir das Beste geben, kann Gott das nehmen und es zu etwas Exzellentem machen. Das ist der Bund des Segens, an den uns der Regenbogen aus Noahs Zeit erinnert.

Wo Jesus im Zentrum ist, scheint der Regenbogen des Segens auf jeden Einzelnen. Das bedeutet, wir erfahren eine bevorzugte Behandlung. Einzig und allein Güte und Gnade jagen der *BenGen* nach und verfolgen sie ein Leben lang. Wir alle gehören dazu und sind von jetzt an für immer Teil des Königshauses Gottes.[345] Etwas ist bei uns, das wir vorher nicht hatten. Es ist der Segensstrahl Gottes, der mit uns geht.

Stell dir vor, wie sehr der Vater Jesus bevorzugte und favorisierte. Nichts geschah ihm, er wurde nicht krank und war immer bestens versorgt. Wo lag der Fokus von Jesus? Auf seinem Vater, ihm gab er alle Ehre. Wenn er von sich sprach, wies er stets auf den

Vater hin. Gott wird uns in dem Moment, wenn wir Jesus in unser Leben einladen, bevorzugt behandeln, weil wir dann die Gerechtigkeit von Christus in uns haben. So haben wir den gleichen Schutz, die gleiche Gunst, und wir dürfen in dieser Gunst des Vaters jeden Tag in der vollen Intensität erleben.

GSI Folge 19, Teil I (14.07.2014) direkt aus Kuba – Göttliche Heilungen an der Medizinischen Fakultät

Durch unseren Pastor Eduardo Taron, der zusammen mit seiner Frau alle unsere Predigten ins Spanische übersetzt, sind wir mit der spanisch sprechenden Welt verbunden. Die Pastoren dort erhalten CDs oder MP3-Dateien der Predigten, die sie verteilen können. Seit Jahren erreichen uns deshalb auch immer wieder die Berichte von Pastor Juan Carlos aus Kuba, die vor Leben nur so übersprudeln. Er wurde durch unsere Predigten so ergriffen, dass seine Worte, die übervoll von Gnade sind, jetzt wiederum andere auf erfrischende Art erreichen. Dabei erlebt er göttliche Führung und ein Wunder nach dem anderen.

Lieber Pastor Eduardo,

Gesegnet in Gnade!!!!!

Ich war gestern (13.07.2014) unterwegs und befand mich auf dem Weg nach Hause, nachdem ich mir einige Objekte angeschaut hatte. Ich hatte eine Abkürzung genommen. Deshalb lief ich bei einer der Medizinischen Fakultäten vorbei. Dort wurde ich überrascht. Im Hof der Fakultät fand ein Gottesdienst statt. Über 800 Anwesende. Die große Mehrheit waren Studenten aus dem Ausland. Viele Jugendliche kommen aus ganz

Lateinamerika, um in La Habana Medizin zu studieren. Diese jungen Menschen hatten nach fast sieben Jahren ihren Abschluss erreicht. Unter ihnen auch viele Christen, weshalb ihnen ein sogenannter »Dankgottesdienst« von den Behörden erlaubt worden war.

Ich kam dort »zufällig« vorbei und erlebte diesen Gottesdienst. Sofort spürte ich Gottes Gegenwart. Gleichzeitig beobachtete ich eine starke Mischung von Gesetz und Gnade.

Dann erlebte ich das völlig Unerwartete. Jemand kündigte von der Bühne aus meine Anwesenheit an und gab bekannt, dass ich das Wort Gottes verkündigen würde. Mein Fleisch war erst mal sehr erschrocken. Ich war auf so etwas gar nicht vorbereitet. Als ich dann auf die Bühne gebeten wurde, merkte ich, wie der Heilige Geist das Wort in mein Herz legte. So habe ich diesen lieben Menschen in 30 Minuten über Gottes Gnade erzählt. Ich sagte ihnen, dass sie ihren Abschluss nur aufgrund von Gottes Gnade geschafft haben. Ich ermutigte sie auch, mehr und mehr Gottes Gnade kennenzulernen, denn nur diese kann Garant für einen erfolgreichen und sehr gesegneten Arztberuf sein. Die Gnade des Herrn würde ihr ganzes Leben mit Gottes Segen überschütten. Unverdiente Gunst …

Der Herr hat das ausgesprochene Wort mit Heilungen und Wundern bestätigt. Eine Weile konnte ich nur beten. Die Versammlung verwandelte sich in ein Jubelfest. Viele begannen, über Heilungen zu berichten. Gottes Heilung wirkte an einer Medizinischen Fakultät!

Eine junge Dame berichtete von Brustzysten, die verschwunden waren …

Eine echte Gnadenüberraschung! Wir staunen immer noch über das Geschehene. Als ich nach Hause kam, begann ich sofort CDs mit Predigten von unserem lieben Pastor Erich Engler zu brennen. Diese habe ich dann zur Fakultät gebracht. Dort wurden sie noch an viele abreisende Studenten verteilt.

Immer mehr Gnade!!!

Liebe Grüße

Pastor Juan Carlos

GSI Folge 19, Teil II (17.07.2014) direkt aus Kuba – Göttliche Heilungen an der Medizinischen Fakultät

Von Montag bis Mittwoch habe ich mich mit mehreren der Studenten getroffen, die bei diesem außergewöhnlichen Dankgottesdienst anwesend gewesen waren. Unter ihnen auch einige, die aufgrund der erfahrenen Heilungen ihr Herz geöffnet haben. Sie haben jetzt Jesus als ihren Erlöser angenommen. Ich habe sie mit CDs und Visitenkarten der Iglesia-del-internet.com versorgt.

Die Heilungen und Wunder, von denen ich in meiner letzten Mail berichtet hatte, wurden bestätigt. Preis dem Herrn! Die meisten dieser Menschen sind schon in ihre Heimatländer zurückgereist. Sie sind sehr dankbar für die Gnadenbotschaft. Mit einigen werden wir in Kontakt bleiben. Wir haben dazu E-Mail-Adressen ausgetauscht. Ich selber bin immer noch überrascht.

Die Person, die mich auf die Bühne gerufen hatte, behauptet, dass sie vor einigen Jahren sechsmal unsere

Gottesdienste besucht hatte. Da sie aber in eine andere Fakultät versetzt worden war, hatte sie nicht mehr zu uns kommen können. Ich kann mich gar nicht an sie erinnern. Sie hat mich in der Menge entdeckt …

Gott ist gut!!! Seine Gnade unermesslich und überraschend!

Liebe Grüße
Pastor Juan Carlos, Kuba

Das göttliche Element der Verwandlung

Während wir auf Christus schauen, verwandeln wir uns ganz automatisch. Dabei geht es nicht um eine Veränderung, bei der sich ein zuvor alter Zustand von einem verbesserten, aufpolierten Zustand unterscheidet. Es geht auch nicht darum, sich aus eigener Kraft verändern zu wollen, sondern um eine tatsächliche *Verwandlung*. Eine *Um*wandlung. Sie ist eine durchgreifende Veränderung hin zu etwas völlig Anderem, etwas Neuem. »Du bist wie verwandelt!«, kennst du diesen Ausdruck? Durch Gnade bist du aber nicht nur *wie* verwandelt, sondern *tatsächlich* verwandelt. Der Schmetterling kann nach seiner Metamorphose auch nicht wieder eine Raupe werden, selbst wenn er das gerne möchte oder der Vogel ihn in seinem Beutedenken lieber als Raupe sehen würde.

Wir erleben Verwandlung durch Gnade. Jetzt kommt das göttliche Element in uns zum Tragen. Es ermöglicht uns, nicht darauf zu schauen, wie unvollkommen wir sind, sondern zu sehen, wie vollkommen Jesus ist. Wir sehen seine Schönheit.

Ich bin froh, dass Jesus zu uns kam, damit wir Leben haben und es überreichlich (Quantität) und überragend (Qualität) haben.[346] Durch das Ein-für-alle-Mal-Opfer von Jesus Christus erfahren wir eine Übertragung all unserer Fehlerhaftigkeit auf das Lamm Gottes.[347] Zurück bekommen wir die gesamte Gerechtigkeit Gottes.[348] Durch diesen Austausch erhalten wir Gnade, die durch diese Gerechtigkeit in unser Leben kommt. Wir müssen uns keine Sorgen machen um das, was wir an Essen, Trinken und Kleidung brauchen, denn der Vater im Himmel kümmert sich um die finanzielle und natürliche Versorgung. Wenn es uns zuerst um das Reich Gottes geht und darum, dass wir gerecht geworden sind in Christus, dann wird uns alles Übrige dazugegeben.[349]

GSI Folge 20 – Wir sind jetzt glücklich

Ich hatte ein schlimmes Leben geführt. Während ich Beziehungen mit anderen Frauen pflegte, ging es meiner eigenen Frau und den Kindern sehr schlecht. Sie hungerten und litten sehr darunter. Mir wurde eine CD mit Predigten von Pastor Erich Engler geschenkt. Einige Tage später begann ich, die Predigten zu hören. Während ich zuhörte, wurde mein Herz berührt.

Zuerst habe ich Jesus als meinen persönlichen Erlöser angenommen. Danach habe ich meine Frau und die Kinder um Vergebung gebeten. Als nächsten Schritt rief ich Pastor Bojorge an, um ihm von meinen neuen Erfahrungen zu berichten.

Ich habe die Beziehungen mit den anderen Frauen beendet. Meine Familie und ich besuchen seitdem regelmäßig eine Gemeinde. Ich bin nicht mehr derselbe und wir sind jetzt alle glücklich. Nun gehören wir zu denen, die in Römer 4,7-8 beschrieben werden: »Se-

lig sind die, welchen die Übertretungen vergeben und deren Sünden zugedeckt sind; selig ist der Mann, welchem der Herr die Sünde nicht zurechnet!«

Hiermit drücke ich auch meine Dankbarkeit an die Pastoren Erich und Eduardo aus.

Beto, Nicaragua

Alle haben in allem allezeit Genüge

Grace verändert alles. Denn Gott, der jede Gnade im Überfluss spendet, ist mächtig und wirkungsvoll.[350] Gnade ist also kein kleines Rinnsal. Sondern aus einer exorbitanten Fülle heraus erhalten wir kostenlos und nachhaltig Unermessliches.

»Jede Gnade« zeigt uns, dass Gottes Gunst nicht nur auf einen Bereich begrenzt ist. Sie hat vielschichtige Dimensionen, erfasst »jede Ecke« unseres Lebens und bringt uns hinein in die Tiefe, Höhe, Breite und Länge der göttlich-königlichen Liebe.[351]

Warum spendet Gott uns jede Gnade in einem solchen Übermaß? Damit wir alle in allem allezeit Genüge haben und sogar noch auf verschiedenste Weise Gutes tun können.[352] Wohlstand ist nicht das Evangelium an sich, jedoch eine logische Folge von Gottes Gunst und Gnade. Seine Gunst manifestiert sich nicht nur geistlich, sondern eben auch in materiellem und finanziellem Segen. Erst wenn wir mehr als genug *haben*, können wir auch mehr als genug *weitergeben*.

Es reicht, wenn einer vollkommen ist

Gnade ist kein Wunschkonzert oder ein Wolkenkuckucksheim, wo alles wie in einem rosaroten Traum und fortlaufendem Freudentaumel verläuft. Das wäre ein völlig falsches Bild und ich stimme jedem zu, der so eine Irrlehre ablehnt. Diese Welt ist nicht die vollkommen unbeschwerte Ewigkeit, sondern ein vorübergehender Ort voller Herausforderungen. Die Frage ist lediglich: Versuchst du alles allein zu meistern, oder bist du dir bewusst, dass du in Jesus Christus geschützt und von ihm getragen bist, und dass Vergangenes tatsächlich vergangen ist?

Aber können wir das wirklich annehmen? Wir sind so sehr an Gesetze gewöhnt, dass wir uns unheimlich schwer tun, wirklich in Freiheit zu leben. Unbewusst entscheiden wir uns immer wieder dafür, unter dem Stein des Gesetzes zu sein.[353] Das kennen wir und Gewohntes ist anziehend. Wir können uns stattdessen aber auch eine neue Gewohnheit zulegen.

So wie ich es damals in Singapur plötzlich verstanden hatte, lege ich es auch dir ans Herz: **Du bist deshalb konstant begünstigt, weil ein Anderer konstant im vollkommenen und perfekten Willen Gottes ist.** Darauf kannst du dich verlassen. Wenn ich daran denke, welche Fehler sich schon in meine Predigten eingeschlichen haben … und trotzdem bekommen wir Berichte aus aller Welt, die von wiederhergestellten Ehen, Heilung von schweren Krankheiten oder weitreichender Versorgung sprechen. Gott – der beste CEO aller Zeiten – nimmt unser Unvollkommenes und macht es perfekt für den Zuhörenden, den Kunden, das Umfeld. Das ist eine Offenbarung, die jeder in sein Familien- und Businessleben integrieren kann.

Wie komme ich unter diese Gunst?

»Pastor Erich, ich habe dein Buch bis zum Ende durchgelesen. Wie komme ich denn jetzt unter diese wunderbare Gunst und Gnade?«

Lieber Leser, du bist schon unter Gottes Gunst! – Und falls du es noch nicht bist, werden wir gleich noch ein Lebensübergabegebet zu Jesus sprechen. Aber es ist sehr einfach: **Glaube, dass du unter Gottes Gunst stehst.** Dein Glaube ist der »Zugangscode« zu seiner Gnade und Gunst.

> *Durch ihn haben wir auch den Zugang im Glauben zu dieser Gnade, in der wir stehen, und rühmen uns der Hoffnung der zukünftigen Herrlichkeit, die Gott geben wird. – Römer 5,2 LUT*

Wir stehen und bleiben in dieser Gunst. Im Griechischen steht diese Aussage im Perfekt und bezeichnet damit eine abgeschlossene Handlung der Vergangenheit. Seit dem Tag, an dem du zum Glauben an Jesus gekommen bist, *stehst* du konstant und fortwährend in dieser Gunst. Sünde wird Gottes Gunst nie wieder zunichtemachen können, denn es ist eine abgeschlossene Handlung, die für immer gilt.

Wenn du es glaubst, dann werden von jetzt an deine Tage immer wieder von solchen oder ähnlichen Bekenntnissen begleitet sein: »Danke Herr, dass ich durch Jesus unter deiner Gunst bin« oder »Lieber Vater, diese Woche werde ich wegen Jesus bevorzugt und begünstigt – ich danke dir jetzt schon dafür«.

Der Herr zeigt uns, was wir sprechen sollen. In Sprüche 10,32 lesen wir: »Die Lippen des Gerechten verkünden Gnade …« Im

Griechischen bedeutet das Wort *dikaioo* (dt. *gerecht machen*), dass man gerechtfertigt wurde. Es beinhaltet auch immer, dass man sich selbst für gerecht erklärt, es deklariert und ausspricht. Ein Gerechter deklariert dementsprechend die Gunst, an die er glaubt.

»Ich habe Gunst, weil ich in Jesus gerecht geworden bin – danke Vater. Amen.« So stehen wir morgens auf und es bleibt in unserem Herzen. Von Zeit zu Zeit, wenn es uns einfällt, sprechen wir es wieder laut aus. So kommt dein *eigenes Bewusstsein* konstant und zunehmend unter seine Gunst (denn Gott selbst sieht dich ja bereits als begünstigt an). Wenn du überzeugt bist, glaubst du es, wenn du es glaubst, wird es beginnen, sich zu manifestieren und zu zeigen. Glaube redet …![354]

Bekenne deine Gunst!

Leider zerstören viele Leute durch negatives Reden immer wieder ihr eigenes Bewusstsein, unter der Gunst Gottes zu stehen. Wie du vorher bereits gelesen hast, kann Sünde Gottes Gunst in deinem Leben niemals mehr zunichtemachen oder stoppen. Doch negative Aussagen über dich selbst, dein Umfeld, die Gemeinde und vieles mehr, trüben die Schönheit von *Grace*. Unsere Worte sollten von unserem Glauben bestimmt sein und nicht von den Umständen des Lebens, denn wir wandeln nicht im Schauen, sondern im Glauben.[355]

Gnade kann zunehmen und sich in deinem Leben vervielfältigen, wenn du darüber redest. Gott selbst zeigt uns, wie er den Segen multipliziert, denn er schwor bei sich selbst, weil er bei keinem Größeren schwören konnte, und SPRACH: »Wahrlich, ich will dich reichlich segnen und mächtig mehren!«[356] Gott SPRACH und Multiplikation des Segens geschah! Spreche auch du die Gnade aus, die du durch Christus hast, und Gunst wird mehr und mehr zur erfahrbaren Realität werden.

Menschen unter *Grace* können einfach ihren Mund nicht halten, nicht weil Zweifelhaftes aus ihnen hervorströmt, sondern weil sie die tiefe Offenbarung haben, konstant begünstigt zu sein. Schon der Volksmund sagt: »Wes das Herz voll ist, des geht der Mund über.« Die Lippen des Gerechten reden also Gnade und ermutigen dadurch nicht nur sich selbst, sondern auch zahlreiche andere Menschen.

Vor allem Prediger

Für Pastoren und Prediger ist das ganz wichtig, denn sie ermutigen mit Gottes Wort – sie reden am meisten. Zu oft kommt es vor, dass die Prediger und die ganze Gemeinde am Sonntag nach dem Gottesdienst unzufrieden und unerfüllt nach Hause gehen. Oftmals liegt es daran, dass sie zwar ihre Herde im Wasserbad des Wortes reingewaschen haben,[357] indem sie aufzeigten, was Jesus am Kreuz für uns alle getan hat. Zum Abschluss der Predigt aber rubbeln sie ihre Schäfchen mit Wolle trocken, anstatt mit einem Leinentuch. Als Jesus die Füße seiner Jünger wusch, trocknete er diese – wie wir bereits gesehen haben – mit einem Tuch aus Leinen.[358] Was bedeutet das Leinentuch?

> *Und es wurde ihr gegeben, sich in feine Leinwand zu kleiden, rein und glänzend; denn die feine Leinwand ist die Gerechtigkeit der Heiligen. – Offenbarung 19,8*

Leinen steht in der Bibel symbolisch für die Gerechtigkeit der Heiligen und Wolle steht für das Gesetz. Kein Wunder, dass Jesus die Füße seiner Jünger mit Leinen trocknete, denn sie waren ja schon rein um seines Wortes willen.[359] Heute sind wir genauso rein und wir bedürfen keiner Trocknung durch Wolle. Du kannst es gerne mal ausprobieren: Wasche dein Gesicht mit Wasser und dann nimm dir einen Wollknäuel und versuche dich damit abzutrocknen – geht schon irgendwie, aber es fühlt sich ziemlich komisch an, oder?

So ist es mit der Vermischung von Gesetz und Gnade, denn *»du sollst keine Kleidung aus verschiedenartigen Garnen anziehen, die aus Wolle und Leinen zusammengewoben ist«*[360]. Einmal mehr möchte Gott, dass wir uns als Reingewaschene und Heilige nicht wieder mit dem Gesetz Moses vermischen. Deshalb haben wir Pastoren die große Verantwortung, unsere Gemeinden nicht wieder unter das Gesetz zu bringen.

Zu oft wird eine aufbauende und wirklich gute Botschaft gepredigt, die Glauben in den Leuten bewirkt, doch zum Schluss heißt es dann: »Wenn du alle diese Segnungen von Jesus haben möchtest, musst du mehr Zeit im Fasten verbringen.« Autsch! Und jetzt spürt der Prediger, wie der ganze Gottesdienst mit einem Mal zusammensackt, die Leute mit den Schultern zucken und froh sind, wenn sie endlich Kaffee trinken und Kuchen essen gehen können. Auf dem Nachhauseweg sagen sie sich: »Ich bin halt nicht gut genug und schaffe es einfach nicht wie andere, regelmäßig zu fasten.«

Den Unterschied macht die Art und Weise, wie die Leute getrocknet werden: Vermischen wir Leinen und Wolle, vermischen wir eine ermutigende Predigt mit »tun, tun, tun ...« und machen Gottes Gunst zunichte. Wir fassen das noch einmal so zusammen: *Mit Mose zu flirten, bedeutet Jesus zu betrügen.*

Der Geist des Herrn ist auf mir ... Wofür?

Wenn wir beginnen, Gnade zu predigen, erfüllt uns das wie nichts anderes. Wir können die Hilfe des Heiligen Geistes, unseres Top-Beraters, jetzt richtig in Anspruch nehmen. Ist dir schon einmal aufgefallen, dass der Heilige Geist Jesus zu etwas ganz Bestimmten befähigt hat?

> ***Der Geist des Herrn ist auf mir, weil er mich gesalbt hat****, zu verkündigen das Evangelium den Armen; er hat mich gesandt, zu predigen den Gefangenen, dass sie frei sein sollen, und den Blinden, dass sie sehen sollen, und den Zerschlagenen, dass sie frei und ledig sein sollen,* ***zu verkündigen das Gnadenjahr des Herrn****.*
> ***Der Geist des Herrn ruht auf mir, denn der Herr hat mich gesalbt.*** *Er hat mich gesandt mit dem Auftrag, den Armen gute Botschaft zu bringen, den Gefangenen zu verkünden, dass sie frei sein sollen, und den Blinden, dass sie sehen werden, den Unterdrückten die Freiheit zu bringen, und* ***ein Jahr der Gnade des Herrn auszurufen.*** *– Lukas 4,18-19 NGÜ*

Wow! Uns Predigern und Pastoren ist der Heilige Geist gegeben worden, um das Jahr der Gnade des Herrn, also Gottes Gnade, Gottes Gunst, Gottes Bevorzugung zu verkündigen. Freiheit entsteht, Heilung und Befreiung von Krankheiten geschehen, Bindungen und Süchte verlassen die Menschen. Die Stelle, die Jesus zitierte, stammt aus Jesaja 61,1-2. Es ist dieselbe Stelle wie in Lukas 4,18-19, mit einem winzigen Unterschied: Jesus zitierte nicht alles von Jesaja, denn Jesaja hatte noch aus der Perspektive des alten Bundes gesprochen. Weißt du, was gänzlich fehlt? Die Rache des Herrn!

Lies es selbst nach. Jesus hört beim **Jahr der Gnade des Herrn** auf. Die Rache des Herrn erwähnt er gar nicht mehr, denn in der Gnade gibt es für den Gläubigen keinen Zorn Gottes und keine Rache mehr. Barmherzigkeit triumphiert über das Gericht.[361] Wir Pastoren verkündigen also kein Gesetz der Rache mit Gericht, das an dir vollzogen werden könnte. Im Gegenteil, wir predigen Jesus und nochmals Jesus. Das ergibt pure Gnade, und zwar zu 100 %. Die Folge davon ist Freiheit von Süchten, Bindungen und falschen Angewohnheiten, und zwar nicht, weil wir zusätzlich ein neues Befreiungsseminar angeboten haben, sondern weil wir 100%ig Jesus und seine Gnade predigen.

Buchstaben können töten

Der Apostel Paulus sagte es so: Wir sind fähig gemacht zu Dienern des neuen Bundes, nicht des Buchstabens (Gesetz), sondern des Geistes; denn der Buchstabe tötet, aber der Geist macht lebendig.[362] Versuche nicht, die Zehn Gebote und das Gesetz zu predigen. Dazu wurdest du weder befähigt noch gesalbt. Du wirst scheitern und die Leute unter Verdammnis bringen. Als Prediger kann man im wahrsten Sinne des Wortes Leute »geistlich killen« – wie tragisch. Aber wenn wir Gnade verkünden, werden Menschen »geistlich lebendig« und total erquickt. Wow, wir Prediger leben in den besten Zeiten, die es auf Erden je gegeben hat.

Ist dir aufgefallen, dass Gebote den Verstand ansprechen? Man muss diese auch nicht erklären, denn sie sind logisch. Gnade dagegen spricht das Herz an und ist völlig unlogisch; oder besser ausgedrückt, völlig übernatürlich. Gnade hat an und für sich nichts mit dem Natürlichen zu tun. Deshalb erfassen wir Gnade nicht mit dem Verstand. Alle, die es versuchen, werden sie nie in ihrem Kern und Wesen verstehen. Dann wird Gnade nur als *ein* biblisches Thema von vielen verstanden. Doch Gnade ist nie ein Thema, Gnade ist immer eine Person. Demgegenüber sind Gebote ein Machtinstrument, das missbraucht werden kann. Nichts gegen Regeln in der Gemeinde, und wenn eine Leiterschaft solche aufstellt, sollten diese respektiert werden.

Gerne in die Kirche gehen

Wir von der *Grace Family Church* lieben Jesus und seine Gemeinde. Wir sind begeistert davon, was Gott alles tut. Wir glauben auch, dass jeder gerne in den Gottesdienst gehen sollte, nicht aus Pflichtgefühl, sondern aus Hunger heraus. Jesus möchte nicht, dass wir die Bibel lesen, um herauszufinden, was wir tun oder lassen sollen. Der Herr möchte, dass wir die Bibel lesen, um ihn in den Schriften zu sehen.[363] Wenn du einmal eine Zeit lang nicht die Bibel liest, möchte ich dir sagen, dass du dich nicht schuldig fühlen solltest, sondern vielmehr hungrig.

Wenn wir im Gottesdienst von Jesus hören, nehmen wir die richtige Nahrung auf. **Während wir diese Nahrung kauen und verdauen, entsteht aus diesem Verdauungsprozess die Frucht des christlichen Lebens und korrekte Verhaltensweisen, die dann Gott gegenüber Glaubensgehorsam mit sich bringen.** Du musst verstehen, dass wir voll und ganz an die Frucht des Geistes im Leben eines Gläubigen glauben, denn gegen solche Dinge gibt es kein Gesetz.[364] Richtiges Benehmen kommt nicht durch Gebote oder Verbote, sondern durch den richtigen Glauben. Wir Christen werden ein großes Zeugnis für richtiges Benehmen und Verhalten in einer immer dunkler werdenden Welt sein, allerdings nicht, weil wir unser Leben nach Verhaltensregeln gestalten, sondern weil wir Jesus immer mehr sehen und erkennen, wie er wirklich ist.

Lieber Leser, diese Gnadenbewegung gründet sich nicht auf den Reisedienst einiger Prediger, sondern auf die Pastoren vor Ort. Die globale Begeisterung über Gnade hat ihren Ursprung nicht in Sondergruppen oder Untergrundbewegungen, sie stützt sich auf die Pastoren und Leiter der Ortsgemeinden, die diese Botschaft in ihre Gemeinden hineintragen. Deshalb ist Gnade keine Modeerscheinung des 21. Jahrhunderts. Sie wird bleiben – für den Rest aller Zeiten. Denn Gnade ist das Evangelium, das Evangelium ist Gnade.

> *Ihr habt ja gewiss von der Haushalterschaft der* ***Gnade Gottes*** *gehört, die mir für euch gegeben worden ist, dass er mich das Geheimnis durch Offenbarung wissen ließ, wie ich zuvor kurz geschrieben habe. Daran könnt ihr, wenn ihr es lest, meine Einsicht in das Geheimnis des Christus erkennen, das in früheren Generationen den Menschenkindern nicht bekanntgemacht wurde, wie es jetzt seinen heiligen Aposteln und Propheten durch den Geist geoffenbart worden ist, dass nämlich die Heiden Miterben und mit zum Leib Gehörige und Mitteilhaber seiner Verheißung sind in Christus durch das Evangelium, dessen Diener ich geworden bin gemäß der Gabe der* ***Gnade Gottes****, die mir gegeben ist nach der Wir-*

kung seiner Kraft. Mir, dem allergeringsten unter allen Heiligen, ***ist diese Gnade gegeben*** *worden, unter den Heiden den unausforschlichen Reichtum des Christus zu verkündigen, und alle darüber zu erleuchten, welches die Gemeinschaft ist, die als Geheimnis von den Ewigkeiten her in Gott verborgen war, der alles erschaffen hat durch Jesus Christus, damit jetzt den Fürstentümern und Gewalten in den himmlischen [Regionen]* ***durch die Gemeinde*** *die mannigfaltige Weisheit Gottes bekanntgemacht werde … – Epheser 3,2-10*

Die besten Jahre liegen vor uns, für dich, deine Familie und die Gemeinde!

Schlussgedanke

Die Hauptaufgabe der Gnade ist: Leben spenden! Zeiten großer Gunst stehen bei jedem Einzelnen von euch vor der Tür. Ihr werdet die großartige Gunst Gottes in überschwänglichem Reichtum empfangen. *Grace* ist für jeden – egal wie gesetzlich du aufgewachsen bist.

Alles ist vorbereitet für die Wunder Gottes. Heute wirst du etwas empfangen, nach dem du dich schon lange gesehnt hast. Als Jesus das Mahl des Herrn mit seinen Jüngern einnahm, hat sich ihr Leben komplett verändert, denn er zeigte ihnen den neuen Bund der Gnade. Jetzt trifft der Himmel auf die Erde und manifestiert sich. Es ist, als wäre Jesus hier mitten unter uns. Was für eine wunderbare Atmosphäre der Anbetung des Herrn! Wir dürfen genießen, was er uns gegeben hat.

Während Jesus das Mahl mit seinen Jüngern nahm, sagte er: »Ein neues Gebot gebe ich euch, dass ihr einander liebt wie ich euch geliebt habe.« Aus seiner Liebe heraus fühlst du plötzlich eine tiefe Liebe wie nie zuvor für deine Ehefrau, deinen Ehemann, deine Kinder und all die anderen um dich herum.

Jesus sagte, dass das Brot, das sie gemeinsam aßen, sein Leib sei, der gebrochen werde für viele. Er hat Schmerzen erlitten und ging in den Tod für dich und mich. Er wurde so weit vom Vater getrennt, dass er mit letzter Kraft ausrief: »Mein Gott, mein Gott, warum hast du mich verlassen?«, damit wir heute rufen können: »Mein Gott, mein Gott, du bist so gut zu mir und mir so nah.«

Jesus sagte: »Es ist vollbracht!«, damit wir heute sagen können: »In ihm sind wir vollkommen gemacht!« Es geht um Jesus. In dem Moment, wo es um ihn geht, geht es nicht mehr um dich oder mich oder um Religion. Es geht um die Person Jesu. Diese *Person* ist soviel besser, denn sie ist ganz persönlich für dich da. Seinen Leib hat er gegeben, damit wir körperliche Heilung erleben können. Durch das Essen vom Baum der Erkenntnis von Gut und Böse kam der Fluch – durch das Essen des Brotes des Abendmahls kommt der Segen.

Dann, in der Nacht, als er verraten wurde, nahm Jesus den Kelch. Dieser Kelch repräsentiert den neuen Bund, der durch sein Blut besiegelt wurde. Als Jesus gekreuzigt wurde, zerriss der Vorhang zum *allerheiligsten* Heiligtum Gottes entzwei. Nie wieder wird das Gesetz Moses an erster Stelle stehen. Stattdessen wird von jetzt an immer Jesus an erster Stelle stehen, weil er das Gesetz vollkommen erfüllt hat. Der Vorhang zerriss und Jesus fuhr auf ins Allerheiligste.

Wenn du einmal das Blut Jesu empfangen hast, wirst du es immer haben. Einmal von Jesus befreit und gerettet, wirst du deine Errettung nie mehr verlieren. Denn sein Blut spricht stärker und mächtiger als du jemals schlechte Gedanken haben oder Dinge sagen könntest. Solange er lebt, wird er für dich eintreten und dich bis zum Äußersten erretten.[365]

Es ist und bleibt superspannend. Mein Gebet ist es, dass dieses Buch den Stein des Gesetzes[366] von deinem Herzen wegrollen möge. Und wenn Jesus dich wie Lazarus ruft: »Komm heraus!«, du dich erheben und befreit von einschränkenden Fesseln losziehen wirst, um in das neue Leben der Auferstehung in Christus und seinen neuen Bund mit dir einzutreten.[367] Deine Verwandlung wird sichtbar werden und man wird erkennen, was Jesus getan hat. Das ist die Art von Leben, die Gott für jeden Menschen geplant hat.

Da unser Verstand zu begrenzt ist, *Grace* zu begreifen, können wir nur unsere Herzen öffnen, um zu sehen. Lade doch Jesus gerade jetzt ein, damit er dir seine Gnade in ihrer Vollkommenheit offenbart. Wenn du willst, bete dieses Gebet mit mir, um sein Leben zu empfangen:

> *Vater, ich danke dir für das Blut Jesu, das mich teuer erkauft hat. Sein kostbares Blut wäscht mich rein von jeder Sünde. Ich bekenne, dass Jesus mein Herr, Retter und Erlöser in alle Ewigkeit ist. Ich glaube, dass du, Jesus, von den Toten auferstanden bist und lebst. Ich bin jetzt dein Kind und mein Zuhause ist der Himmel. Danke für das ewige Leben, das du mir geschenkt hast, und dass du mich mit Freude und Frieden erfüllst.*
>
> *Amen.*

Danke, Jesus!

Dank

Vielen lieben Dank an Susanne van Hees, meine Co-Autorin für dieses Buch. Mit Fingerspitzengefühl zog sie das Essenzielle aus meinen Predigten und brachte es durch ihren Schreibstil besser und genauer auf den Punkt.

Ein besonderer Dank geht an Pastor Joseph Prince, der durch seine Predigten, Bücher und unsere persönlichen Treffen in Singapur eindrückliche Inspirationen bei mir hinterlassen hat, deren Spuren in diesem Buch zu finden sind.

Des Weiteren möchte ich mich herzlich bedanken bei unserem Fotografen Pete Ruppert, dessen Fotos meinen Stil widerspiegeln und bei Olaf Johannson, der unser Cover gestaltet hat.

Anmerkungen

1. Psalm 23,6
2. Psalm 23,5
3. Johannes 1,17
4. 2. Petrus 1,2
5. Römer 5,19 HFA
6. Lukas 24,13-53
7. Johannes 8,32
8. Hebräer 6,14
9. 2. Korinther 5,21
10. Jesaja 53,5-6
11. Hebräer 10,8-9
12. Römer 4,15-16 NGÜ
13. Matthäus 5,17
14. Galater 4,4-5
15. Römer 10,4
16. Hebräer 7,18-19
17. Markus 15,34
18. Hebräer 10,12-14 NGÜ
19. Hebräer 10,1-4
20. Römer 4,8
21. Psalm 32,1-2
22. Psalm 23,6
23. Psalm 119,47
24. 2. Mose 34,29
25. 2. Mose 32,15-19
26. 2. Mose 32,33
27. Prince, Joseph. *Zur Herrschaft bestimmt*. Schotten: Grace today Verlag, S. 167.
28. 2. Mose 33,12-23
29. 2. Korinther 3,13
30. Johannes 19,30
31. Johannes 8,1-11
32. Jesaja 53,4-5
33. Jeremia 14,13
34. Johannes 8,3
35. Johannes 8,59
36. Johannes 8,32-36
37. Römer 5,19
38. Römer 5,17
39. Römer 5,15
40. 2. Korinther 5,21 NGÜ
41. Jesaja 53,5-6
42. Jesaja 32,17
43. Galater 2,16
44. 1. Johannes 1,7
45. Römer 5,12-13
46. Römer 3,22-23 NGÜ
47. Apostelgeschichte 13,38-39
48. Hebräer 8,12
49. 5. Mose 31,6 und Hebräer 13,5
50. Jesaja 41,10

51. Ruth 1
52. Ruth 1,16
53. Römer 5,2
54. Ruth 2
55. Ruth 2,2
56. Ruth 2,8
57. Matthäus 13,39
58. Hebräer 1,13-14
59. Prediger 9,11
60. Ruth 3,1-11
61. Ruth 3,5
62. Ruth 3,9
63. Psalm 91,4
64. Ruth 3,11
65. Galater 3,2-5
66. Ruth 3,12-18 und 4,1-15
67. 2. Korinther 8,9
68. Matthäus 5,28
69. Ruth 4,6
70. Ruth 4,2
71. Ruth 4,14-15
72. 2. Mose 33,22-23
73. 2. Mose 34,30
74. Lukas 9,37
75. Hebräer 8,12 NGÜ
76. Hebräer 10,1-18
77. Hebräer 9,26
78. 2. Korinther 5,17-21
79. Psalm 32,1-2
80. 1. Korinther 15,56
81. Jesaja 53,5-6
82. Epheser 3,18
83. Hebräer 10,22
84. 2. Korinther 9,8
85. Markus 3,28-30
86. Johannes 15,26
87. Johannes 16,9-10 NGÜ
88. Nehemia 9,9-12 MB
89. Psalm 105,37 NLB
90. Hebräer 11,24-28
91. 2. Mose 19,8
92. 1. Korinther 10,5-11
93. Hebräer 8,9
94. 2. Mose 19,4-8
95. 2. Mose 20,3
96. Galater 3,24
97. Römer 4,12
98. Römer 10,3 NGÜ
99. Hebräer 12,18-21
100. Jesaja 29,13 HFA
101. Römer 4,13-14
102. Johannes 3,16 NGÜ
103. Hebräer 10,9
104. Hebräer 7,18 NGÜ
105. Hebräer 8,13 NGÜ
106. Hebräer 7,19 NGÜ
107. Markus 10,18
108. 2. Petrus 1,2
109. 1. Mose 14,22
110. 1. Mose 15,1-7
111. Römer 4,13-16 NGÜ
112. 1. Mose 13,2
113. 1. Mose 12,2
114. 1. Mose 17,1
115. 1. Mose 15,8-21
116. 2. Mose 19,18
117. Richter 13,5-22
118. 1. Mose 17,2-8
119. 1. Mose 17,15. Der hebräische Buchstabe *He* bei Sara*h*, wird nur in der *Schlachter Bibel* berücksichtigt.

120. Matthäus 5,18 ELB
121. Galater 4,22-23 NGÜ
122. Galater 4,24-26 NGÜ
123. Römer 7,12
124. Hebräer 7,18-19
125. Römer 10,2-4
126. 2. Korinther 3,5-6
127. Johannes 7,19
128. Hebräer 8,7-8 NGÜ
129. Galater 4,21
130. Hebräer 8,6
131. 2. Mose 20,17
132. Jakobus 2,10-11
133. 1. Timotheus 1,8.10-11
134. 1. Timotheus 1,9 NGÜ
135. Römer 4,4-5
136. Galater 4,1-6
137. Römer 9,23-25 NGÜ
138. Kolosser 2,14 NGÜ
139. Offenbarung 1,8
140. 1. Mose 1,1 (Interlinearübersetzung)
141. Predigtserie von Erich Engler »Jesus ist unser Aleph & Tav« unter www.internetkirche.com
142. Hebräer 7,18
143. 2. Korinther 3,7-9
144. Apostelgeschichte 2,1-4
145. Apostelgeschichte 2,14-41
146. 2. Mose 12,7
147. 2. Mose 12,13
148. 2. Mose 32,15-28
149. Matthäus 17,5
150. Matthäus 17,1-5
151. Matthäus 5,20
152. 5. Mose 28,45
153. Römer 5,19
154. Hebräer 5,8-9
155. Galater 3,13 NGÜ
156. Römer 1,5
157. Galater 5,18
158. 1. Petrus 1,2 NGÜ
159. Galater 5,18
160. Römer 8,14-15
161. Römer 8,15
162. Römer 4,8
163. Psalm 32,1-2
164. Römer 4,6-7
165. Psalm 105,37
166. Römer 4,11-12 NGÜ
167. Römer 4,3-4 NGÜ
168. Römer 4,5 NGÜ
169. Römer 4,8
170. Galater 3,11-12
171. Römer 4,16 NGÜ
172. Apostelgeschichte 15,5
173. Galater 4,24
174. 1. Mose 21,9
175. Galater 4,30
176. 1. Mose 21,13-20
177. Johannes 13,5-10
178. Hebräer 10,17
179. Epheser 5,26
180. 1. Timotheus 6,12
181. Hebräer 10,12
182. Hebräer 10,11
183. Epheser 2,5-6 ELB
184. Epheser 2,7
185. Matthäus 22,39
186. Johannes 13,34
187. Matthäus 22,37
188. 1. Johannes 3,23

189. Hebräer 8,10-13
190. Hebräer 10,16
191. Lukas 4,18
192. Jakobus 1,21-25 NGÜ
193. 1. Johannes 4,17
194. 1. Mose 1,26-27
195. Römer 5,20
196. Lukas 7,47
197. Matthäus 6,14-15
198. Epheser 4,32
199. 1. Johannes 2,2
200. Offenbarung 20,12 NGÜ
201. Hebräer 11,11 und Römer 4,1-25
202. Galater 3,7-9
203. 2. Korinther 5,17-19 NGÜ
204. Römer 4,1-9
205. Hebräer 10,22 NGÜ
206. 1. Mose 42,23-24; 43,29-30; 45,1-2; 45,13-14; 46,29; 50,1-2
207. 1. Mose 50,15-17 HFA
208. Sacharja 13,1
209. 1. Johannes 1,7
210. 1. Johannes 3,2-3
211. 1. Johannes 1,8
212. 1. Johannes 1,3
213. 1. Johannes 4,1-2
214. 1. Johannes 1,5-7
215. 1. Johannes 1,8-9
216. 1. Johannes 1,8-2,2
217. Psalm 32,5
218. Daniel 9,20-21
219. Sprüche 28,13
220. 1. Johannes 2,1
221. Hebräer 10,1-18
222. 3. Mose 16,5
223. Matthäus 27,46
224. 3. Mose 16,21
225. 1. Johannes 2,1
226. 1. Johannes 2,12-13 NGÜ
227. Hebräer 10,18
228. 1. Korinther 11,27-30
229. Jakobus 5,16 NGÜ
230. Johannes 13,25-26
231. 2. Mose 12,1-13
232. Psalm 91,6
233. 2. Mose 12,11
234. Psalm 105,37
235. 1. Korinther 11,33-34
236. 1. Korinther 11,24
237. Die Bibelschule Grace Academy ist ein Zweig der Grace Family Church, Industriestrasse 5, CH-8608 Bubikon, www.graceacademy.ch
238. Hebräer 9,22
239. Apostelgeschichte 20,32 GNB
240. Galater 4,1-3
241. Hebräer 5,13-14
242. Römer 8,1
243. Römer 7,6
244. Römer 7,4 GNB
245. Römer 7,6 GNB
246. Galater 3,13
247. Epheser 2,13-19 NGÜ
248. Johannes 14,16
249. Johannes 8,3-11
250. Hebräer 10,29
251. Johannes 16,10
252. 2. Korinther 5,18-20
253. Johannes 3,17
254. Matthäus 12,22-32

255. Johannes 16,8-9
256. Johannes 16,8
257. Matthäus 25,1-13
258. Psalm 119,160
259. Offenbarung 19,17
260. Offenbarung 19,9
261. Hebräer 10,26-27
262. Apostelgeschichte 20,24
263. Johannes 11,39-41
264. Hebräer 10,29
265. Johannes 5,24 NGÜ
266. Jesaja 53,5
267. »Heaven's Re« ist vom englischen Wort Re (kurz für reinsurance = Versicherung) abgeleitet.
268. Hebräer 13,5
269. Johannes 10,28
270. Johannes 10,29
271. Johannes 8,12
272. Jesaja 58,8
273. Johannes 15,1-2
274. Johannes 15,6
275. Johannes 15
276. John Gill, Engländer und fundierter Bibellehrer und erfolgreicher Autor, lebte von 1697-1771 und erhielt den Ehrendoktor in Theologie der Universität Aberdeen, Schottland.
277. 2. Korinther 2,15
278. Matthäus 17,20
279. Matthäus 8,5-10.13
280. Matthäus 15,21-28
281. 2. Korinther 12,9
282. Lukas 22,32
283. Joel 4,10
284. Markus 9,24 ELB
285. Galater 2,20 (Nestle-Aland)
286. Matthäus 15,28
287. Matthäus 9,22
288. Matthäus 21,22
289. Markus 9,23
290. Johannes 21,15-19
291. Johannes 13,23
292. Johannes 13,1
293. Johannes 21,7
294. Johannes 21,21-23
295. Johannes 21,20
296. Markus 12,33
297. 1. Johannes 4,19
298. Johannes 17,23
299. 1. Johannes 4,16
300. 1. Korinther 13,8
301. Galater 5,6
302. Jeremia 29,11
303. 1. Johannes 4,18
304. Galater 5,4
305. Römer 8,31
306. Psalm 105,4
307. Römer 11,27
308. 1. Johannes 1,7
309. Johannes 17,19
310. Hebräer 8,12; 10,17
311. Römer 3,26 NGÜ
312. Lukas 3,22
313. Lukas 3,23
314. Galater 3,27
315. 1. Mose 39-45
316. 1. Mose 39,2
317. 1. Mose 42,24
318. 1. Mose 43,29-30

319. 1. Mose 45,1-2
320. 1. Mose 45,13-14
321. 1. Mose 46,29
322. 1. Mose 50,1-2
323. 1. Mose 50,15
324. 1. Mose 50,16-17
325. 1. Mose 50,19-21
326. Johannes 15,7-9
327. 1. Mose 41,45
328. 1. Mose 29,16-18
329. 1. Mose 29,26
330. 1. Mose 35,16-18
331. Römer 4,25
332. 1. Mose 43,29
333. 1. Timotheus 4,16
334. 1. Mose 43,34
335. Johannes 4,34
336. 1. Mose 45,22
337. 1. Könige 19,19-21
338. 1. Mose 43,31
339. Jesaja 53,5
340. 1. Mose 49,27
341. 5. Mose 33,12
342. Lukas 15,5
343. Jesaja 9,5
344. 1. Mose 43,32
345. Psalm 23,6
346. Johannes 10,10
347. Hebräer 7,26-27
348. 2. Korinther 5,21
349. Matthäus 6,25-33 NGÜ
350. 2. Korinther 9,8
351. Epheser 3,18-19
352. 2. Korinther 9,8 NGÜ
353. Galater 4,21
354. 2. Korinther 4,13
355. 2. Korinther 5,7
356. Hebräer 6,13-14
357. Epheser 5,26
358. Johannes 13,5 ELB
359. Johannes 15,3
360. 5. Mose 22,11
361. Jakobus 2,13
362. 2. Korinther 3,6
363. Lukas 24,27+44-45
364. Galater 5,22-23
365. Hebräer 7,25
366. Johannes 11,39
367. Johannes 11,43-44

Bleibe mit uns in Kontakt

Wenn du das Gebet um Errettung gebetet hast oder uns nach dem Lesen dieses Buches gerne dein Zeugnis erzählen möchtest, schreib uns: **info@gracefamilychurch.ch**

Grace Family Church – Gnade unlimitiert

Besuche unsere Gottesdienste im einmaligen Church Dome.

Church Dome | Industriestrasse 5 | CH-8608 Bubikon
www.gracefamilychurch.ch
www.internetkirche.com
Finde uns auf Facebook: Gracefamilychurch

Getragen von Gnade – TV-Sendung mit Erich Engler

Auf Sendung in der Schweiz und in Deutschland! Als Pastor, Autor und Präsident der Grace Academy bringt Erich Engler in seinen Predigten das Evangelium der Gnade auf den Punkt - humorvoll und tiefgründig.

Im TV auf *Schweiz 5*, *Channel55* und *Anixe*.

Weitere Bücher über
das Evangelium der Gnade
findest du unter:
www.gracetoday.de